扉をひらく

人権を守る歴史を刻んで

弁護士　村山　晃

著者近影

発刊によせて──我が〝父〟村山晃先生

弁護士　渡辺輝人

　この度、村山晃先生の喜寿を迎える日に『扉をひらく　人権を守る歴史を刻んで』の発刊を迎えることができた。この本は、村山先生が自らの半生を記したものであり、弁護士としての活動を振り返ったものである。

　村山先生は今まで、弁護士活動を振り返った記録を書かれたことがなかった。私は、前々からそういう本を出した方がよいのでは、と思っていたので、村山先生が決意をされ、このような本をまとめられたことを事務所の後輩としても大変嬉しく思っているところである。また、この本は、目次を見れば分かるように、座談会にご出席頂くなど、沢山の方々のご協力によって内容に厚みを増している。ご協力頂いた皆様にまずは御礼申し上げたい。

　本書には、人々の権利を守る取り組みやこれからの労働運動を組み立てていく上での重要な経験が詰まっているし、また、若手の弁護士が今後の活動を意義あるものにするためのヒントにも溢れている。ぜひ、若手の労働者や弁護士、広い市民の皆様にも手に取っていただきたいと思う次第である。

　村山先生のこれまでの活躍は本書をお読みいただくことにして、ここでは、登録以来約18年間ずっと隣の席で指導を仰ぎながら活動してきた私の目から見た村山先生の横顔を紹介しようと思う。

懐深き人

　村山晃先生と出会ったのは、私が司法修習生だった2004年の夏であった。自由法曹団の事務所に入ることは決めていたが、出身地の千葉県で地元密着の活動をする自分は想像できなかった。それなら東京で就職するのが順当だが、大学時代に交通機関のラッシュアワーに嫌気がさしており、「どこか面白い地域の事務所に就職しよう。でも寒いのは苦手だし、新幹線で実家に帰れるくらいが良いな。」などと、ウィンドウショッピング的な不遜な態度を取っていた。

　京都第一法律事務所の門を叩いたのも偶然の要素が強かった。私自身、クセのある性格であることは自覚しており、年長者が私をもてあます風景は子どもの頃から見慣れていた。何日かお邪魔して、そういう色が見えるようなら次に行こう、くらいのつもりだった。「何日か」というのがミソで、自分の夏季自由研究日を使って3日ほど押しかけで弁護修習をやらせてくれ、と事務所に電話を掛けたのである。私は、自分で電話を掛けておきながら、内心、迷惑がられるだろうと思っていた。

　そして、その時電話に出た山本友三事務長が取り次いだのが村山先生だった。これまた偶然と言えばそれまでだが、修習生の面倒な飛び込み営業を受けた事務長の直感が「これは村山弁護士マター」だったのかもしれない。実際、電話口の向こうの村山先生は、私の予想に反し「どうぞ、来るなら来なさい」とあっさりOKしてくれた。そして、実際、3日ほど事務所で色々と見せてもらったのだが、その間も、村山先生は私をもてあましている風は全くなく、父性すら感じさせる懐の深さがあった。実に居心地が良く、それで、3日目には京都第一に就職したい、と自分から

言い出していた。

　それから約18年、村山先生を横で見ていて思うが、その懐の深さは、割と全方位的なものである。弁護士会のなかでも外でも、顔の広さは顕著で、道行く弁護士や、同行した通行中に先生の旧知の人から声を掛けられるシーンさえよくあった。他会派の（当時の）若手弁護士が気軽に話しかけてくる時の表情を見ると「この人なら気安く声を掛けても邪険にされない」という安心感のようなものを見てとれた。私が共同でやる事件の相手方代理人が「お友達」（と先生は言うが、会務の関係の知り合いか飲み友達なのだろう）であることもよくあった。そういう時も、相手方の弁護士が「やあ、村山先生」などと言ってニコニコしているのである。京都の中国残留孤児国賠訴訟の原告団長だった奥山イク子さんは、私から見ると大変肝のすわった方である。その奥山さんも、弁護団長の村山先生に全幅の信頼を寄せており、いつも、父を見るがごとき眼差しで先生を見ていた（奥山さんの方がだいぶん年長だったのだが）。

ひゃっひゃっひゃっひゃっひゃー

　村山先生の懐の深さは、あの何とも言えぬ大きな笑い声と合わさることで、村山先生の人柄を形作る。私の修習先である広島の某先生は「蛙の潰れたような声で笑う人」と言っていたが、そう形容できなくもない。

　先生の笑い声については、面白いエピソードがあり、某弁護士が旅行先の外国の地下鉄に乗っていたところ、近くから例の笑い声が聞こえてきたので、おやっと思ってそちらに行ったら、実際に村山先生がいた、というのである。この「外国」が、フランス

になったり、ドイツになったり、と変遷しながら、京都弁護士会ではもはや伝説の域に達している。

私自身の結婚式の時、披露宴に、18人もいる所員弁護士全員を呼ぶのは無理があり、一律基準で若手だけを招いたのであるが、ベテラン弁護士では、村山先生だけ特別枠でお招きした。これは、村山先生が所内で私の指導担当だった関係もあるが、私の配偶者が「村山先生の笑い声は場を明るくするのでぜひ」と言ったためである。あれは、招福の笑い声、なのである。所内の会議で深刻な議論をしている時でも、あの笑い声に救われたことが幾度もある。

笑い声は、依頼者との関係でも力を発揮する。ある時、一緒にやった筋の良くない事件で、敗訴的な和解をせざるを得なくなり、依頼者に面談して報告した。敗訴的なので、私が説明している間にどんどん深刻な雰囲気になっていき、説明が終わった時にはお通夜のような沈黙が漂った。その時突然、村山先生が例の笑い声をあげながら、一言「という訳で仕方ないんですわ」というようなことを言ったら、依頼者も苦笑しながら、そうですねえ、と納得してくれた。私は、少々強引な展開に目を白黒させるばかりであった。弁護士がサービス業である以上、依頼者の納得は何よりも重要であり、それを得るために、あの招福の笑い声が重要な役割を果たしているであろうことは、想像に難くないのである。ただし、私があれを真似しても依頼者は納得してくれないだろうが。

訴訟指揮をする弁護士

私が新人だった頃、誰から聞いたのか忘れたが、「村山弁護士は訴訟指揮をする弁護士である」と言われた。実際、村山先生は、裁判官の仕切りが悪いと、期日の場で裁判官にあれこれと注文を

つけて進行を早めたり、相手方の弁護士に、もっと早くできるでしょう、というようなことを言ったりする。裁判所が訴状審査をダラダラとやっている時も、さっさと裁判所に電話を掛け、督促するのである。

　尋問中の異議の出し方も独特である。私は、司法研修所で、尋問の異議事由は訴訟規則のどこどこに書いてあって、と教わってきた。しかし、村山先生のは違った。村山先生と、藤澤眞美弁護士と、私が一審を担当し、勝訴した京都市新採教員分限免職事件（これ自体、公務員の分限免職の事案としては先例性の高いものとなった）の原告本人尋問の時である。反対尋問の冒頭、被告（京都市）の代理人が原告の髙橋さんに「あなたは分限免職にされる理由は全くないと考えておられるんですか。」と聞いた。当時の私は経験不足でこの尋問の危険性に気付かなかったが、ここで「はい」と単純に答えてしまうと、その後の尋問で自分の至らない点を認めにくくなり、裁判所に独善的な人格だととられる危険性があったのである。その時、村山先生は「異議あり」とも述べずに立ち上がり、要旨次のように張り上げた。「私だって、あなただって、裁判官だって、みんな課題を抱えているんですよ。それで当たり前じゃないですか。そんな質問がありますか。」と。残念ながら、今日、この村山先生の異議は調書には記載されておらず、村山先生の発言を受けた、髙橋さんの無難な回答が記されているのみである。いまだに、あの異議が民訴規則のどの条項にかかるのか、よく分からないが、裁判官まで巻き込んで反対尋問の出鼻を挫くのは愉快と言うほかないし、今でも日弁連のホームページに「臨時総会・司法修習生の罷免に関する決議」が掲載されている、いわゆる阪口事件以来、「司法の危機」と闘い続けてきた村山先

生ならではのものだったのだろう。

　なお、今でこそ「愉快」と書けるが、実際には尋問の後で、先生から「ああいうのは一番若い弁護士がやるんだ」と発破を掛けられ、それ以来かなり長い間、私は裁判所の指揮が気に入らないと番犬の如く吠えていた。

バランスと動物的勘の人

　このように、割と大胆な弁護士と思われがちな村山先生であるが、実際は、かなり、周囲への配慮と社会的なバランス感覚を前提としつつ動物的な直感で仕事をする人である。

　依頼者との関係にかなり気を使っているのは、横で電話を聞いていれば分かるし、村山先生と依頼者の関係がこじれて問題となったことも記憶にない。

　直感と書いたが、私の推測では、それを支えているのは先生の驚異的な記憶力であり、すなわち、村山先生自身の職業や人生の上で得た経験そのものである。広大な海のように蓄積した自身の知見から、その場の最適解を導いているように見えるのである。それが様子見であることもあるし、対症療法であることもあるし、即決的な和解である時もあるし、強硬策である場合もある。その意見は、結論において的確であることが実に多く、処理が悩ましい事案にぶつかったら村山先生の意見を聞くのが私の常となっている。

　一方で、村山先生の事件処理はやはり動物的でもある。先生に意見を尋ねても、あの判例がどう、とか、あの条文の解釈がどう、とか、よくある弁護士同士の問答になることは、ほとんどない。「それはアカン」とか「こうするのが良い」とか、いつも具体的な方策の話になる。その他にも、ご自身が夫の過労自死事件を闘い、

今や過労死防止法制定運動で全国的に有名になった寺西笑子さんは、元々、村山先生の依頼者であり、先生は、過労死・過労自死問題では先端を走ってきたはずである。その後も、例えばブラック企業大賞にノミネートされた「ウェザーニューズ事件」も村山先生が新人だった谷文彰弁護士と手がけたものである。そうなのに、この分野についてまとまった著作がある訳ではない。なぜ、専門書を書かないのか、と尋ねても、村山先生は「専門化してないから」と笑って答えるのである。

すねかじりではあるんですが……

このように、私にとっても、恐らく他の所員弁護士にとっても、事務所の大黒柱であり続けている村山先生であるが、なんと、喜寿を迎えられた。かつて、村山先生は、ほぼ私と入れ替わりで事務所を〝卒業〟した川中宏先生が嬉しそうにお孫さんの話をすることについて、「あの川中さんが」と言っていたが、先生にも次々とお孫さんができ、携帯電話の待ち受け画面がちゃっかり孫仕様になっているのである。先生の嬉しそうな顔を見ると、やはり、「あの村山先生が」と思わざるを得ない。

そういう村山先生のすねをかじってばかりで、なかなか事務所の柱にはなれない私としては、心苦しい部分もあるのだが、一方で、京都で建設アスベストの訴訟をやるとなったら「徳本とやろうってずっと言ってたんや」(「徳本」:京都建築労働組合の徳本茂氏)と言って、押っ取り刀で出かけていった村山先生である。健康には気を遣いながらも、末永く事務所を見守って頂きたい、と思う次第である。

扉をひらく ─────────────────────────────── 目　次

第1章

あゆみ

▲自由法曹団京都支部幹事長として

▲演劇を夢みた高校時代
　演劇コンクールで優勝

▲ショパンコンクールのワルシャワへ。旧市街市場広場にて

1 77年の人生、それから

　私は、1946年6月19日京都市伏見区に生まれた。伏見稲荷大社の近く、路地のどんつきの小さな家である。日本国憲法が誕生したのと同じ年であった。

　5歳の時、祖母や叔母の住む京都市南区、東寺の近くの家に転居した。東寺は、当時から縁日はあったが、観光客はまったくおらず、私の貴重な遊び場所だった。

　10歳の時に父が他界し、4歳上の兄は、そのために大学進学をあきらめ、工業高校に進学した。私は、京都市立の南大内小学校・八条中学校、洛陽高校普通科と進み、同校から分離して設立された塔南高校を卒業し、何とかぎりぎりで京都大学法学部にすべり込んだ。

　浪人をできる状況にはなく、国立大学は、当時学費は年間で1万2千円、奨学金でおつりがきたし、バイトもできた。もしも京大が駄目な時は、国立の大阪外国語大学の受験に臨むつもりでいた。そうなっていたら、その後の人生は大きく変わっていたと思う。

　その後、1971年4月からは弁護士としての歩みが始まる。結婚は、当時からすると少し遅く、31歳の時で、それを機に向日市に転居、妻の実家のすぐ近くで、新しい生活が始まった。妻が、父を亡くし一人娘のため、実母の近くに住むことを強く希望したためである。他方、私の母も、私との同居を強く希望し、結果、私は母を連れて向日市に転居することとなった。

一緒に暮らすことを望んだ私の母と、近くに転居してきたことに感謝してくれた妻の母とは、共通の孫に囲まれながら穏やかに暮らし旅だって行った。もっとも晩年は、それぞれの母とも時期は違ったが、介護が必要な状態になり、妻の介護に頼った。

　私自身は、仕事に追われ、家庭責任を到底果たしたとは言えないが、二人の母のおかげで、妻も仕事を続け、3人の子どもたちは健やかに育ち社会人となり、それぞれ家庭をもって、今では孫が7人にまでなった。もっとも、上が8歳で、下が2歳なので、少しでも長く孫たちの成長を見ていくことが、今の私の使命となっている。

　健康上の課題は、やまほどあるが、今のところ顕在化しているのは、右目が見えにくくなっていて、文字を追うのがつらいことである。それに老化が加わって、こうしてパソコンに向かうと、肩こりが強くなって長続きしない。この本の出版についてももう少し早かったらもっと書けたと思う反面、時間は、いまほどは取れなかったことを考えると何とも言い難い。

　もっとも、コロナが始まって以降も、何年間にもわたり、一日も休むことなくあゆみを続け、何とかこうして喜寿を迎えることができたことは奇跡のように思える。

　弁護士の仕事は、事務所のみんなの援助を得て続けていけているのも幸いである。

　自分の好きな美味しいものを食べ、量的には少し多すぎるかもしれないが休肝日のない日々を送っている。機会を見つけて行きたいところに旅もできる。この間、過剰なインバウンドに悩まされず、のんびりできたのは幸いだったが、こちらも海外に行けないのはつらかった。

　そして、何よりも、新しい課題にチャレンジができるのもすごい

ことだ。他方で、80 の壁やいまだ先が見えない 90 の壁がま近かに迫っている。

あしたはだれにも分からない。まだ一度も誰も見たことがない世界が、風景がそこにある。

2 「闘えば勝利する」 私を創った 10 代・20 代の実感

ずっと「危ない時代」を歩んできた

私の文章の中には、「闘い」という言葉が多く出てくる。しかし、私は、喧嘩が大嫌いで、喧嘩はしない。何より和を好み、穏やかに生きてきたつもりである。にもかかわらず、「闘い」がついて周ったのは、ずっと「危ない時代」を歩んできたという実感に拠っている。同時に、立場の弱い人々に社会の矛盾が集中し、何とかしなければという思いに駆られてきたことにも大きく起因している。

中二の時の 60 年安保闘争、そして中三の時には全国一斉学力テスト反対闘争で当事者になって闘うことを余儀なくされた。大学では、学園紛争のまっただ中に放り込まれ、憲法改悪や小選挙区制の「危機」との闘いにも参加してきた。司法修習生の時は、激しい青法協攻撃と阪口罷免に遭遇し、「司法の危機」をこの身で受け止めた。

その後も現在まで、「時代に対する危機感」が途切れたことはない。幸いだったことは、いつも闘いを共にする人たちに恵まれ、いくつもの攻撃を跳ね返し、自由と人権、平和と民主主義を前進させ

ることができたと思えることだ。

この耳で聞いた「変革の音」

1965 年に入学した京都大学では、60 年安保の後、いろんな学生運動の流れが入り乱れ、激しい抗争を繰り返していた。

そんななかで、大学を社会変革とともに学びの場にしようという民主的な勢力を集めて全学連が再建され、私が入学した頃は、京都大学も、同学会という全学的な自治会で、民主化を進める学生が執行部を務めるようになっていた。日韓条約反対闘争や小選挙区制反対闘争、学内での自衛官入学反対闘争などなど、無数の闘いがあるなかで、自然と多くの人たちとのつながりが生まれ、社会のありようを語り合うようになり、自治会の取り組みに首を突っ込むようになっていった。

そして一歩大学の外に足を向けると、公害問題や、労災問題、労働問題に取り組む人たちの姿に触れる機会があった。

そこで、闘いを作ることで、事態が変わっていくことを知らされた。「変革の音」を聞いた。こうして「変革の音」を聞き、その取り組みを体感しながら、近い将来変革の中に身を投ずる弁護士としての生き様を描くことができた。それが強いインセンティブとなって、いろんな活動をしながらも集中的に司法試験に取り組むことができたと痛感している。

京大の卒業式中止と東大生優遇に対する司法研修所での闘い

1968 年、卒業を控えた 4 回生の秋、大学では、「学園紛争」が勃発し、翌 69 年 3 月、京大は卒業式を取りやめた。この時、東大は入学試験を取りやめ、卒業そのものも 7 月に延期した。これを受け

て、69年4月に入所した司法研修所では、最高裁判所が、卒業の遅れた東大在学中の司法試験合格者を7月に入所させ、彼らだけを3ヵ月遅れで司法修習を開始するという異例の措置を取った。東大生だけを優遇する措置を取ったことに、研修所では反対する修習生大会が何度も開かれ、ほとんどの修習生がこれに参加し、圧倒的な反対の声が起こった。この時期、「闘い」は、こうして司法研修所にも受け継がれていったのである。

ちなみに、特別待遇を良しとしない現役の東大生は、3月末に東大を中退して、研修所に入所した。

京都の民主府政擁護の闘いと自民党300議席

1970年3月、私は、司法修習生として京都で実務修習を行っていた。

この時、京都では、蜷川民主府政の継続発展を期して、自民党・公明党・民社党の反共三党連合との激しい知事選挙が闘われた。そして、その選挙での民主勢力の大勝利は「闘えば勝てる」ことを改めて私に実感させてくれた。

しかし他方、その頃、司法研修所では、私の先輩修習生が2年の修習を終える式を迎えていたが、青年法律家協会という憲法擁護の法律家団体に加入していることを理由に、初めて二人の修習生の裁判官採用が拒否されるという事件が起こった。研修所の指導教官は、修習生を前にして「先の選挙で自民党が300議席を上回った」という政治情勢を背景事情として指摘した。

70年を前後して、京都以外にも、東京・横浜・名古屋・大阪・福岡などで革新首長が生まれ、革新の時代を実感させたが、他方、国のレベルでは自民党300議席の余勢をかって反動政治の車輪も

激しく回り始めた。特に、司法の分野では、激しい青法協攻撃が
展開され、裁判所の中から良心的・進歩的な裁判官が一斉に攻撃
され遂には冷遇排除されていく道が作られた。「司法反動の嵐」が
吹き荒れたのである。

荒れ狂う司法反動の嵐

　こうして私は、司法研修所でも「闘う」ことに大忙しの毎日を余
儀なくされる。この青法協パージのピークは、私が研修所を卒業
する71年3月に訪れる。7名もの裁判官希望者が採用を拒否され、
良心的な裁判官として職責を誠実に果たしていた宮本裁判官が再任
を拒否（事実上の免職）されるという事件が起こる。その最大の理
由は「青法協加入」である。そして、卒業間際の私たちは、最高裁
への修習生デモを挙行、裁判官に採用された修習生たちも異例の申
し入れをするなど、運動はまたたく間に大きくなり、卒業式を迎えた。
ここで式開始当初にクラス委員長の阪口徳雄修習生が所長に申し入
れをしたところ、所長は突然式を中止し、最高裁は、阪口修習生を、
式を妨害したとして「罷免」してしまったのである。

　恥ずかしい話かもしれないが、私は、この時初めて「権力」とい
うものを、この体で受け止めた。「権力」―それは、私たちの常識
や世論を超えて有無を言わせず暴力的に襲いかかってくるもので
あるということを。

闘えば勝利する―権利闘争の教訓

　このような経緯から、弁護士になってからも、司法反動との闘い
は、私の大きなライフワークとなった。この反動の嵐のなかでも、
労働裁判や公害裁判では、圧倒的な勝訴を続けた。それは、まさ

に闘いがあったが故であろう。映画の大映やKBS京都放送の再建、多くの首切りの撤回や差別の撤廃、スモンや森永など薬害・食品公害被害者の救済などなど、法的には困難と思われた闘いも次々勝利を収め、まさに「闘えば勝てる」ことを実感させられた。そのことは、学生時代・修習生時代を通しての実感と重なった。

罷免された阪口修習生も、国民的に司法反動の闘いが広がる中で、さらには、最高裁判所裁判官の国民審査で、不信任とする×票を飛躍的に増加させる中で、罷免からわずか2年を経て、これを事実上撤回させ、その身分を回復させ、阪口弁護士が登場することとなった。彼は、自身を一度は地獄に突き落とした最高裁判所を頂点とする司法の在り方を厳しく追及する立場に立ち切って、現在もなお多方面で活躍している。

労働者の権利闘争や様々な人権闘争は、政治的な力関係では動かない独自の力学を持っている。しかし、その前進と勝利には、それを支える人たちの力の結集が不可欠である。人々が闘いをつくり、闘いが人と時代を変える。時として重苦しい閉塞感に襲われるなかで、そんな若い時の実感が、今までの私の活動を支えてきた。

3 52年を超えた弁護士人生

偶然、しかし必然の出会いが弁護士活動の原点

私は、1971年4月に故郷京都の京都第一法律事務所に所属し、弁護士としてのスタートを切った。

入所後、待ち受けていたのは、事件と活動の山であった。

　入所してまず与えられたのが、30件ほどの民事事件・家事事件・刑事事件であった。借金を返せ、借家を明け渡せ、賠償金を支払ってほしい、離婚したい、泥棒して捕まった、などなど多様な案件を引き継ぎ、同時に、入所早々から新件が次々と飛び込んできた。事件数は、みるみる間に増えていった。一時期は、百数十件を超える案件を同時進行で抱えていた。市民の困難に寄り添う若い弁護士が圧倒的に足りていない時代だった。それは長く続いた。

　労働者の闘いをはじめいろんな分野の闘いも旺盛だった。入所して間もない頃に出会った事件が、私が、その後もおつきあいをする事件群となる。出会いは、偶然であるが、必然であったのかも知れない。

　教職員組合は、当時、組合の執行部9人が被告人席に座らされる3・30団交弾圧事件が、始まったばかりであった。

　労災・職業病では、「けいわん」が社会問題になり、滋賀銀行で行員が銀行から裁判を起こされるというとんでもない事件が発生していた。それも契機となって労災・職業病問題に首を突っ込むようになった。

　関西電力の労働者が、会社の人権侵害を暴く画期的な労務資料を持って事務所を訪れ、長い裁判の始まりとなった。

　KBS京都放送労組の差別を受けた組合の副委員長が事務所を訪れ、その後の会社再建にいたる長い闘いが始まった。

　合同繊維、化学一般、全国一般、京医労、国労、京建労、東映労組、大映労組、などなど、事件が相次いだ。

　森永ひ素ミルク中毒事件やスモン訴訟との出会いもその頃である。

　警察の弾圧・干渉も半端ではなく、多くの警察署に出向いた。公

判では、入所して間なくして大阪高裁段階から関与し、立て続けに逆転無罪判決が出された事件も、印象深いものがある。事件は、こうして勝っていくのだと実感を強めた。

　いろんな運動もまた盛んだった。とりわけ私は、司法反動と闘うため市民の中にとび込んでいくことに努めた。必然的に、事務所を離れることが多い。ある先輩弁護士と論争になったことがあるが、私は、事務所にとどまっていることの方が問題だと今でも強く思っている。

　自由法曹団、青年法律家協会、総評弁護団（当時）、弁護士会など、機会があれば、どこででも活動し、どこへでも出向いた。

市民の生活と権利に関わって

　52年間に扱った件数を数えることは難しく、またあまり意味があるとは思われないが、この間、解決した事案は数千件を数え、相談件数は万を超えると思われる。民事関係・家事関係・刑事関係の事件の処理は、広く立場の弱い市民の方々の駆け込み寺を旨としてきた私たちの事務所の根幹をなす仕事であり、弁護士として最善を尽くしてきた仕事でもある。

　そこでは何よりも「信頼してもらう」「満足してもらう」「納得してもらう」ことを心がけてきた。その人にとって真に頼りがいのある存在となることは弁護士としてのいのちであると確信し依頼人と向き合い仕事を進めてきた。

　また、40歳を超えてからのことになるが、民事・家事の調停委員を務め、調停協会の役員も務めた。ある市の情報公開審査会の委員や京都刑務所の視察委員会委員長なども歴任し、紛争の未然防止や紛争の円満解決、そして、人々の人権の伸長に尽力をしてきたと自負している。

弁護団活動は宝の山

　事件活動には、それに応じて弁護団が作られる。私が、本書で紹介している事件は、どれもが弁護団の活動によって、はじめて勝利が得られた性格のもので、弁護団の果たす役割は大きい。

　また、全国的に広がる事件では、各地に弁護団が作られ、それを全国的にまとめていく作業も必要となってくる。

　若手の頃は、弁護団の末席にいて、諸先輩の活動を自身で受け止める機会が得られたことは極めて貴重なことであった。弁護団は、教訓の宝庫だと確信している。

　そして、経年とともに、事務局長的な職責をこなし、やがて団長という職責を担うこととなった。どのポジションにいても、集団で検討に検討を重ねて事件活動を行うことの意義は計り知れないし、語弊があるかも知れないが、大変面白い。弁護団は、人間関係を豊かにするうえでも大きな力を発揮してくれた。

　全国的な事件となると、さらに世界は広がっていき、全国に散らばった旧友と旧交を温める機会も生まれる。

4　京都第一法律事務所とともに

　私は、在所52年を超えたこととなる。別に在所期間の長短で何かが変わるわけではないが、過去・現在に所属した弁護士の中では、最長期間になった。

　こうして在所を継続できたことは、活動の最大の拠点である法

律事務所で、所員みんなと仲良く楽しく仕事をしてこられたことに起因している。「同じ目的を目指している」ということもあるものの、やはり人間的なつながりが共同事務所を支える肝だと思ってきた。時に応じてメンバーは変遷したが、常に事務所内は、和気あいあいと意思疎通ができて、そんな人たちの輪ができていて本当に良かったと思う。

　私が弁護士になった頃は、弁護士は自分の個人事務所を構えるというのが一般的であり、「先生は、いつ独立するのですか」と尋ねられることもよくあった。私は、「弁護士になった時から独立しているよ」と言ってきた。そして、今では、共同事務所が一般的になっている。

　事務所の最大の特徴は、弁護士は、2年経つと（以前は、入所後すぐにであった）、みんなが共同事業者になり、事務所の代表者については、年ごとに選出し、次々と交代していくというシステムにあり、いわゆる「ボス」は作らないし、存在しないところにある。

　事務所は、事業体であるとともに運動体である。いろんな運動は、自由法曹団や弁護士会などで行われ、そこに参加していくことが多いが、事務所は、事務所らしい運動に取り組んできた。しかし、やはり最大の課題は、40人前後の所員を常に擁して事務所を維持発展させるために、経営的な安定をはかることである。この間の「司法改革」によって、弁護士が増加し、必然的に競争が起こる。多くの人々にとって、弁護士へのアクセスが容易になったことは評価されるが、弁護士の側からすると、ちょっと大変なのだ。事件収入だけに依存する私たちの事務所では、受任事件がないとなかなか安定しない。特に、日本社会では、「事件にすることを避ける傾向」が強いし、「裁判沙汰にしたくない」という言葉で表現される社会

現象は、簡単に変わらない。また、この間、日本の労働者の実質賃金は下降の一途をたどっていて、「経済的余裕がない」とする人たちも増えている。

　私たちの事務所の一番の依頼者層は社会的経済的な弱者が多いが、そういう人たちへの国の支援のレベルは極めて低い。

　司法改革を経て、初めて国が支援する法テラスが設立されたが、その認知度は低く、援助額も低い。日弁連などを中心に、何とか底上げをさせようと尽力しているが、政権党には、そのような政策がなく、まだまだこれからの課題である。

　先ごろ、事務所は、創立60年を迎えた。私より10歳年上である。そして、若い弁護士が次々と入所してきていて、バトンタッチは、順調に進んでいると言ってよい。また、私が入所した頃と違って、志を同じくする事務所は、京都市中心部にも増えたし、舞鶴・福知山・伏見区へと広がっている。

　この流れは、さらに大きなものになっていくことは間違いがない。というよりは、第一法律事務所は、もう一回り大きく強くなって欲しいと思っている。こういう形で集団的に課題に取り組み、活動を承継していける体制は、得難いことだと思っている。

　私は、先に若い頃の闘いの「実感」を述べた。今、そのような実感を持てる機会が少なくなっていることはちょっと残念である。では闘いが必要のない社会になったのかと言えば、決してそうではない。「闘えば勝利できる」という方程式が通用しなくなったのかと言えば、決してそうでもない。

　闘いを必要とする社会状況は、むしろ加速していると言っても良いかも知れない。それだけに、京都第一法律事務所の出番は、これからももっと増えていくに違いない。

5 余暇と旅のこぼればなし

余暇

　何しろ忙しく動き回ってきた。では「余暇」がなかったかと言えば、決してそうではない。一番時間を使ったのは、旅だと思う。次に会食がくる。残念なことはスポーツが出てこないことだ。

　スポーツはいろいろとアタックしたが失敗（？）を繰り返し、かつどれも続かなかった。卓球は結構強かったがマイナーなものとして次第に見放され、部活でハンドボールにチャレンジしたが体を壊した。スキーに誘われ満を持して赴いたが、3日目に骨折し仲間に迷惑をかけた。テニスを始めたが仕事に追われ教室に行く予定が何度も崩れてついに挫折。ゴルフならできると言われたが、いつまでも110を切ることができず、ハンディすらもらえないまま脱落。ボーリングは、200を超えるスコアを出したことも複数回あって、かなりできたが、続けるには面白みにかけ、やがて行かなくなった。

　自身の持久力が乏しい性格によるのだろう。それでも健康づくりで、50歳の頃から早朝ウォークとラジオ体操をはじめた。定点でのラジオ体操には、次第に人が集まり、今では30人を超える大所帯となった。年齢を重ねてきた今、唯一の健康法となっているし、新しい人間関係も生まれた。

　飲み会を余暇と言っていいのかどうか分からないが、人間関係を作っていくうえで果たした役割は、計り知れない。事務所会議、

弁護団会議、弁護士会役員会などのあとに飲み会をすると、正規の会議では出なかったいろんなアイデアが出てくる。今まで知らなかったその人の別な顔を見、別な人生を知ることができる。

　旅は、学生時代から熱中していた。貧乏旅行は、鉄道のエリア乗り放題を学割で購入して、お金の要らない「大学の寮」や、「ユースホステル」「国民宿舎」などを利用した。大学時代に、東北・九州・四国・中国・北陸などのエリアを回った。弁護士になってからは、全国各地で会合が持たれることを奇貨として、その必要で赴いた際に、もう一日確保して、周辺に赴いた。年に4、5回の機会があったし、家族旅行や同窓会旅行なども加わり、結果、47都道府県で行っていないエリアはまったく存在しない。

　ここ数年は、コロナ禍で遠方での会合がなく海外も行けないので、もっぱら近くの観光地や温泉・ホテルめぐりをしているが、これはこれで新しい発見があって結構楽しい。

　若い頃、海外は、まだまだ費用が高く大変だったが、30歳を超えた頃から、行く機会が増えた。最初に降り立った地は、ローマだったが、街づくりのあまりの異なりように強いカルチャーショックを受けたことをいまだに覚えている。

　街並みの美しさに投影された文化は、その後日本でも見られるようになった。私たちの大きな反対運動にもかかわらず、京都では路面電車が撤去されたが、街中への車の流入を極力減らし、電車を走らせるまちづくりにも感嘆した。

　ヨーロッパの鉄道のターミナルは、文字通り「終着駅」である。時間通りに走らない、ダブルブッキングが平然と行われるなど、大変な思いをしたこともあったが、どこのまちのターミナルも、旅情に溢れていた。

ナポリで食べた「ボンゴレビアンコ」に感動した。ナポリタンしか知らない時代だった。ロンドンで食べた「北京ダック」にも驚嘆した。香港の「点心」もおいしかった。今や、日本は、このような食文化を取り入れて、日本流にアレンジしたおいしいお店が増えていて、ご当地で食べるよりもおいしいと思うことが多い。幸せなことだ。逆に海外でおいしい日本料理には出会うことがない。

　いろんな人々と出会えることも最高だ。

　そして、今、行った国々を数えると、41ヵ国になっていた。好きなイタリアやドイツ、中国などは、何度も行った。どこにそんな余暇があったのだろうと、問い返している。

調査・交流・視察

　余暇と言うものの、海外旅行のうち、相当割合は、調査・交流・視察目的であったり、それをかねたものである。司法問題が多かったが、欧米では、裁判所の果たす役割が我が国と比べて格段に大きく、何時行っても強い羨望を抱いた。弁護士もそれだけ大きな役割を担っている。そして裁判所は、およそ官僚システムの埒外にあり、裁判官の自立性・独立性が高い。わが国で目指すべき司法改革の大きな参考になる。人権救済システムについても、裁判所の果たすべき役割は当然として、それ以外にいろんな制度が作られている。日本は、いろんな意味で後進国であることを、いつも痛感させられる。

　ただ、アジアに目を転じると、制度の整備が遅れていて、日本の援助を必要としているところも多い。しかし、韓国では、日本より一足早く「個人通報制度」を採り入れ、「憲法裁判所」を作り、陪審制の導入や法曹一元までやってのけている。それがどこまで成功しているかは、今後の検証にゆだねられるが、私たちも見習わな

いといけない。海外は、間違いなく学びの場である。

旅のこぼればなし

　旅の本来の目的ではないが、まったくの異郷の地で、出会うはずのない人との出会いは、人生の偶然と必然と感じさせるものがある。

　1989年3月、自由法曹団京都支部有志でイタリアへ向かう途中、乗り継ぎのためパリで一泊した。シャンゼリゼ通りの夕食場所からホテルに戻る地下鉄の車内で、突然「村山さんじゃないの」と離れたところから声が飛んできた。高知や大阪の弁護士数名が同じ電車の同じ車両に乗っていたのだ。フランス革命200年の記念行事で、パリを訪れているという。「笑い声ですぐにわかった」と言われた。こんな偶然があることに驚いた。

　2000年代に入って、偶然は、スイスアルプスでも起こった。マッターホルンをもっとも近くに臨む3000メートルを超えるゴルナーグラートという展望台で、すれ違いざまに突然声をかけられた。しばらく前に他地裁に異動になった裁判官だった。

　その数年後、今度は、南半球で起こった。ニュージーランドのマウントクックの遊歩道で自由法曹団の団員夫婦とすれ違った。この時は、お互いにすぐに分かった。

　いやはや地球は丸くて狭い。

　そして、日本では、ほとんど災難にあったことがないのに、外国では、いろんなトラブルに巻き込まれた。

　一番の災難は、空港から市内に向かうパリの地下鉄で、窃盗団から受けたものだ。私は、数名の同行者と同じ車両のすぐ近くにいた。席に余裕があったから四人掛けのところを二人ずつ座り、自席の横に携行用バックを置いていた。これが被害にあった。いくつ目

かの駅の停車直前に、席の横に立っていた男性がコインを落とした。「チャリン」と音がし「あっ」と声があがり、みんなの視線は、必然的にコインの行方に集中した。その隙に別な人物が私のバックを取って、停車した電車から降り去ったのだ。最初に乗ってきたのは捜索役、彼は、終点まで乗っていた。私たちの様子を見るためだ。しかし、彼を犯人とする証拠はどこにもない。そして、途中駅で乗り込んできた何人かの人物がその情報をもとに動いた。コインの落とし役、それに集中するように声をあげる役、そしてバックを持ち去る役、役割分担は「見事」だったと言うしかない。海外の旅行客を狙った窃盗集団の存在をこの身で感じた事件である。

　私はと言えば、降りる用意を始めた時に、初めて気づいた。そして、周りの人たちに尋ねたが、誰も答えない。どうしてバッグがなくなっているのか、僕たちで振り返った。コインが落ちた直後に何かをつかんで電車を飛び降りた人がいたということもわかり、真相は窃盗集団によるものだと解明できた。しかし、打つ手はなかった。

　犯人の特徴が良くわからない。幸い、被害品にパスポートや財布はなかったため、保険会社に事情を説明して、警察への届けのないままに保険金を払ってもらった。盗られたカメラの中の多くの写真は、戻ってこない。

　他にも、スーツケースが旅先に届かず、着の身着のままの旅を強いられたことや、ダブルブッキングで汽車の席に座れなかったこと、予定された飛行機が突然キャンセルになり、目的地にたどり着けなかったこと、マチュピチュに向かう電車が豪雨で走らず、一時は、断念かと嘆いたこと、などなど。

　旅は、自分だけではどうにもならない。いろんな人々に助けられてはじめて楽しむことができる。人生そのものである。

第2章

なぜ勝てたか、
どうすれば勝てるか

▲79年京都スモン事件で勝利判決

▲18年完全勝訴、建設アスベスト大阪高裁判決

1 なぜ勝てたか

　私は、勝ち切ることが弁護士としての私に与えられた責任だと思って仕事を進めてきた。とりわけ、弱い立場にある人々にとって、権利を確保し救済の道を切り開くには訴訟などで勝つということが決定的な役割を果たすこととなる。

　なぜ勝てたのか、という問いに対する最大の答えは、その人の正義である。その人の受けた権利侵害が不当なものであり、救済されなければならないという事実の存在である。それを抜きに勝利はない。

　私は、弁護士になってすぐに多くの労働関係事件や被害者救済事件に関与することとなり、そのほとんどの事案で勝利を収めてきたが、それはとりもなおさず、私たちの社会で、それだけひどい権利侵害が横行していたこと、横行してきたことを示している。

　そして、残念ながら、権利侵害はいまだあとを絶たない。なので、勝訴は続く。もっともそのやり方に巧妙さが加わり、救済機関である裁判所が期待される役割を果たさないなど、新たな問題事象に出くわし、勝訴することは決して容易ではなくなっている。

　なぜ勝ててきたのか、についてさらに言えば、その人の闘う意志やエネルギーの強さ、そして、支援する人たちの輪の大きさと強さ、また、「時代の勢い」も無視できない。70年の安保闘争は、結果的には「敗北」するが、人々の闘うエネルギーを蓄積させた。そして、その後、さまざまな闘いで前進を切り開いていった。それから半世

紀を経て、社会には、一種の閉塞感が漂うが、人々が持つエネルギーに違いはない。正義を守る・権利を守る闘いをどう再生させるか、私たちに課せられた大きな課題である。

　日本社会は、人権が守られている、と言う人たちもいる。しかし、それは私の実感とは大きく異なる。そして、私が関与してきた事案において、勝訴をしてきた事実が、人権侵害が横行してきた事実を示していると思っている。

　残念ながら、日本の裁判所は、権利について敏感なわけではない。

　その要因はいくつかあるが、裁判官が権利について、人権について学ぶ機会、触れる機会が少ないことが指摘できる。また、個々の裁判官が、権利をどのようにして守っていくのかについて、自身の意思で積極的にアプローチしていくことが求められているが、戦後日本の司法官僚制度のもとにおいては、そのことについては抑圧的であっても、積極的に勧められることがなかった。このような日本の司法制度の持つ様々なゆがみは、判決に露呈し、権利侵害を許す結果を生んでいるが、それについては、別なところで言及したい。

　しかし、個々の裁判官について言えば、その道を志した動機に、人々の権利を守りたいとの思いをもっている人たちが多くいることも看過されてはならない。そして、当然のことながら、不当な権利侵害について、まじめな裁判官であれば、それを救済しないといけないと考え判断する。

　「本件については、権利救済が求められている」裁判官が、そう考えた。だから勝てる。それをしっかりとつかみ取らないといけない。

　そのためにどんな取り組みが求められるのかについても、項を改

める。

　もっとも、勝って当たり前と考えた事件が、例外なく勝利できたかと言えば、そうではない。敗訴した事件が、その人に正義がなかったからではない。どうして敗訴したのか、その要因には、様々なものがからみあって決して単純ではないが、どうしても打ち破れない壁に出会うこともある。その最大のものは、裁判所も国家機関の一翼であり、「国を守る」ことに腐心することが避けがたいことにある。その壁を前にした時、何ができるのかを見極めるのは、大変難しい。

　同時に、裁判は結果がすべてではない。その過程で、制度が変えられたり、相手の対応が変わることがあり、そのことも裁判の成果として、正当に評価していく必要がある。そのためにも裁判で闘うことが必要となり、重要となることがある。

　いずれにしても敗訴した事例から、何がその要因かを見極めていくことは、私たちの重要な仕事である。同時に、権利侵害の明らかな事例で敗訴をした場合、その人の権利救済をどうはかるかが、私たちの重要な課題となる。

　正義があるから、権利があるから、と言って、簡単に勝てるものではない。勝つために、常に私たちは、あらゆる力を注ぐことが求められる。

　また、裁判になるまでに権利を獲得することは、当事者の負担を少なくするためにも重要であり、時として認めさせやすいこともある。ここに力を投入するのも弁護士の重要な職責である。

　また、裁判になったとしても、法廷だけが闘いの舞台ではない。

　権利救済のための制度は、いくつかある。どの制度活用が有効かを選択することも、勝ち切るためには、重要なことだと思う。

私自身は、どんな手続きであっても自身の口で語ること、対面で論議することを重視してきたが、ウェブが大きな割合を占めるようになると、どんな工夫が必要かは、改めて考える必要がある。もっとも、それさえも勝つための工夫の応用編にすぎないことは確かだ。

2　仮処分手続きで切り拓いた勝利

　労働事件の多くは、時間をかけずに勝つ必要がある場合が多い。また実効力のあることが求められる。
　そこで、仮処分が一番の力になる。

化学一般日之出化学労組の事例から

　舞鶴の肥料メーカー「日之出化学工業」で、会社は86年5月、組合活動家14名に対する指名出向を強行しようとした。私たちは、直ちに「出向命令を出してはならない」との仮処分申請をし、即日決定を勝ち取った。審尋に回ると、その間に命令が発行されてしまい、拒否をすると解雇が待ち受けている。そんな時に、仮処分決定は力強い。この決定で、会社の組合攻撃の出鼻をくじくことができ、あせった会社は、どうして組合をつぶすのかという作戦計画文書を作成、それをこちらが入手した。組合攻撃は激しくなっていったが、その文書のおかげもあって、その後も優勢に闘いを進めることとなった。労働委員会でも勝ち進み、勝利解決したことは言うまでもない。
　改めて指摘するまでもないが、緒戦で勝利することはとりわけ大

きな力を発揮する。

京医労加茂川病院労組の事例から

　話は、少しさかのぼるが、71年秋、私の初めての労働案件の一つとなった加茂川病院閉鎖反対の闘いで、裁判所は病院側が申請していた明け渡し断行の仮処分を認める決定を出した。何としても、施設の一画でも占拠を確保したいとした組合は、常時組合が使用していた食堂部分を組合活動にとって不可欠の場として、直ちに執行停止を申し立てた。申し立てにともなって、裁判所に申し入れをしたが、組合員を含めて数十人の人たちが裁判官室の前に集まっていた。私は、「組合関係者と一緒に裁判官に面談したい」と申し入れ、裁判官室に入った。書記官室を通って裁判官室に入っていくことになるが、結局、その場に集まっていた全部が裁判官室に入った。これは想定していなかったが、まったく制止をされなかった。

　申し入れは、内容的には、切実な訴えを行っただけであり、問題にされる余地はなかったが、書記官が、先輩弁護士に連絡して、やめさせてほしいと頼んだようだ。直接、私に言えばいいのに、裁判官は熱心に訴えに耳を貸していたので、口をさしはさむことができなかったのだと思われる。もとより、私自身も威圧することはまったく目的にしていないし、仮処分断行がどれだけ死活にかかわるかを理解してもらうことで精いっぱいだった。なので、先輩弁護士が引き揚げようと言っても、すぐにその気にはならなかった。そして、この訴えが裁判官を動かした時は、率直にうれしかった。

　翌日、申立てどおり施設の一部について執行停止が出て、組合の病院占拠はその後も続けることができた。審尋までいった仮処分事件での執行停止は、きわめて異例であることを当時の私は、知る

由もなかった。

　あきらめずに闘うことは何よりも大切なことなのだ。

京都製作所熊沢解雇事件から

　解雇事件になると、早期に仮処分決定を取ることが極めて重要となる。何しろ、長期の裁判になると生活がもたない。

　率直に私は、裁判所に「労働者は、賃金が唯一の生計の糧であり、それが途絶えることは最大の人権侵害である」と告げ、解雇事件では、労働者であるだけで、保全の必要性を認めるべきことを求めてきて、裁判所もこれに応えるようになってきていた。しかし、その後、経営陣からの巻き返しが強まり、裁判所が、これに屈服していったことから、数十年を経た今では様相を変えてしまっている。残念なことだ。

　また、最初のころは、解雇事件では、弁論を開くことが原則、と述べる裁判官も少なくなかったが、弁論を開くと長期化が避けがたいことから、これを阻止することにも努めてきた。さらに仮処分で命じられる仮払い賃金額も、低く抑え込まれることがあり、これにも激しく抵抗してきた。低い賃金が抑えられたらそれも死活問題である。

　これに関連した事件が、京都製作所の熊沢さん解雇事件だった。1973年6月、京都製作所で、熊沢さんに対し、数ヵ月間北洋漁業の母船に乗り込み、船内で昼夜をわかたず自動包装機器の保守・点検・修理などの作業をするという出張命令が出された。

　なぜ思い出深いかと言うと理由が二つある。一つは、出張命令を拒否した場合に勝てる可能性があるのかどうかについて、事前相談を受けたからだ。無定量の長時間残業を強いられることから

勝てる可能性の強いことをアドバイスした。負けるわけにはいかなかった。二つは、2週間で、弁論に持ち込まずに仮処分決定を取ったことである。しかし、事件は、仮処分を終えたあと、起訴命令が出され、本訴でも最高裁まで徹底的に争われ、一時は、敗訴寸前まで追い込まれたことがあった。出張命令の出た時、たまたま３６協定の期限が切れていて再協定までに空白のあったことで最終的には救われた。これは偶然だった。

　仮処分手続きは、労働者の権利救済にとって、大きな役割を発揮してきた。しかし、経営側の反撃が強くなり、裁判所が次第にこれに屈服していった。

　解雇を仮処分事件で勝訴した時、その効力を本訴で確定するまで維持させてきたが、この仮処分の期間を制限する動きが強まった。次いで保全の必要性をいたずらに否定する動きが強まった。仮処分手続きを権利救済に役立たせることを困難にする動きには、徹底的に立ち向かっていくしかない。

　仮処分手続きを労働者の権利闘争のために使えるようにしてきたのは、粘り強い闘いの蓄積であった。であれば、権利救済を阻害する動きを跳ね返せないはずはない。解雇されたら、権利回復がはかられるまで生活に困るのは、社会常識なのだから。その常識を認めさせることは、それほど困難とは思われない。

　もっとも、経営陣の横暴をよろこばせる方向に裁判所が舵を切るところに、日本の司法の深い闇がある。

化学一般帝国化成労組の事例から
　また、証人尋問がどうしても必要と思われる事案には、弁論を開かせずに、労働委員会と並走することで、これを乗り越えた事案も

あった。

　一つは、本書のあとで触れることになる KBS の偽装請負の解雇事件があり、あと一つは、1997 年に起こった帝国化成におけるリストラにもとづく指名解雇事件がある。後者の事案は、その典型であり、以下敷衍する。

　帝国化成のリストラ解雇は、組合つぶしを狙ったものであったが、会社が大きな赤字経営をかかえていただけに、事件は複雑性を持っていた。もっとも、親会社の経営は安定したものであり、私たちは、ここに着目した。

　しかし、複雑な争点のもとで、書面審理による仮処分手続きでは事態の打開は困難だった。会社の「嘘」「からくり」を暴くには、会社側証人の反対尋問が欠かせない。他方、労働委員会では、公開の場で早期の証人調べができるが、審理全体には結構時間がかかり、結論が遅く、不服申立があると実効力がない。

　結局、地労委での会社側証人への反対尋問を含む証言結果を仮処分に持ち込み、早期に仮処分で決定を出させるという作戦をとった。作戦は見事成功し、およそ 9 ヵ月を経て、京都地裁は、仮処分の決定を下した。

　仮処分決定の内容は、仮の地位を認め賃金の全額について仮払いを認めたものであり、完全な勝利の決定であった。このころ、既述のとおり東京地裁などでは、期限を区切り、賃金全額を認めず、減額する傾向が出てきていた。

　また、本件では、仮処分では極めて異例な通常の判決より詳しい「理由」が裁判所より示されたことであった。指名解雇についても、裁判所の中では「整理解雇」の 4 要件を緩和させる動きが加速していた。しかし、当該裁判官は、そのような悪しき傾向に流さ

れず、4要件を極めて厳格に適用した。そして、必要性の要件において、「経営の実態」を見る際に、親会社と子会社の関係を正確に捉え、子会社が常に赤字であっても親会社が子会社を生かし続けた実態に着目した。そして、子会社の赤字だけでは、整理解雇の必要性のないことを明確に指摘したのである。

　労働委員会で、会社側証人を追い詰めた尋問結果が鮮やかに裁判所で生かされたのだ。

3　勝ち切るためにどう取り組むか

法廷に臨む姿勢（法廷を創る）

　法廷は、私たち（当事者・弁護士・サポーター）が主人公であり、裁判官のお客様ではない。私たちには法廷を創る責任があり、勝つための条件を整える主体は、私たちである。とりわけ弁護士に課せられた責任は重い。

　弁護士は、その言葉通り、弁論で権利を護るのが職責である。弁論でもっとも重視する必要があるのは、誰にでも理解できる言葉、できるだけ短い言葉、核心をついた言葉で、裁判官や相手方、当事者やサポーターに語りかけ理解させることである。　また、私は、できるだけ原稿を読まず、話す相手の顔をみて、その反応も確かめながら、自分の言葉で語りかけるように努めてきた。語りかけは、相手に届かないとなんの意味もない。

　また時には、相手方と徹底的に闘う弁論を展開することも必要であり、逆に、常に当事者を励ます弁論が求められる。サポーターや

傍聴者には、弁論を通して共感してもらい、確信を深めてもらうことが求められている。

　その日の裁判を終えたあと、当事者やサポーターが「前進している」と共感しあえる法廷が常に求められている。そのために法廷を自身が創り上げていくことが必要なのだ。そして、そう感じられる法廷は、必然的に裁判官や相手方に大きな影響を及ぼしている。

　勝利への第1歩なのだ。

　法廷を創る機会は、いわゆる弁論をする時だけではない。

　証人尋問において、異議・意見を述べる場であったり、期日の設定をしたりする時においても重要となる。

　勝ち切るためには、できるだけ早期にということも重要だ。そして、「早期に」という意気込みは、勝利への道を作ることにもつながっている。審理の期日を決めていく手続きでも攻防がある。

化学一般日之出化学労組の事例から

　労働委員会の事例になるが、先に述べた日之出化学の不当労働行為事件で、代理人には、東京の弁護士がついていた。期日が入りにくい。一方職場では会社の組合攻撃は時を待たない。一日も早い審理と決定が待たれている。「都合が悪い」を繰り返す会社側代理人に、「事件の遅延は不当労働行為に手を貸す行為であり、事件のスムーズな進行がはかられないのなら代理人を務めるべきではない」と迫った。先方は、「先に入っている事件の都合は変えられない。あなたも弁護士ならわかるはず。天に唾している。」と開き直った。私は、自分の手帳を伏せて「あなたの好きな日時に決めてくれたらいつでもよい」と迫り、何とか期日を確保させた。

関電賃金差別事件から

関電の賃金差別事件で、会社側代理人が毎回大勢が出廷していた。途中で、他地裁でも同様の裁判が起こり、代理人が日程の確保が難しいと述べ期日が先送りされそうになった。私は、「法廷にきて一度も発言していない代理人が何人もいる。そもそも市民の払ったお金（電気料金のこと）で出廷していて、何をしてきたのか。分担して各地の裁判所に出れば、期日は簡単に入る。」と感じたままに思いを述べた。結果、代理人数は半減し、期日もさくさくと入るようになった。

会社の代理人と敵対しているのではまったくない。当然のことを常識に従って述べることが肝要だと思っている。

法廷を創るというのは、そういうことだ。

裁判官だからと言って、例えば尋問中にどんな介入でもできるというわけではない。のちに述べる中国残留孤児の原告団長の証言に対する介入は、容認しがたいものがあり、待ったをかけたこともある。裁判長も介入しすぎたことを反省したと思われ、その後、完全に介入がなくなった。

反対尋問で相手の信用性を打ち砕く

私は、反対尋問を成功させることこそ、勝訴の原動力だと確信してきた。なので、徹底的に準備する。弾劾するためにかなり離れたところにあるものも含めて関連すると思われるものにあたり、何倍もの資料を集める。どれが有効になるかは、使ってみないと分からないこともある。使い方は、個別案件で異なってくるので、ここで具体的に述べるのは難しい。

裁判官の中には、「反対尋問は期待していない」と述べる人もい

たが、この人がどこでどう勘違いしたのか分からない。ただ、そう思い込むあまり尋問時間を制限しようとするのが大きな問題だ。やたら尋問時間ばかり気にする裁判官は要注意である。ここでは時間確保の闘いが必要となる。尋問があまりうまくいかないと、それだけ全体の時間がかかることは避けがたい。

しかし、証言の一部でも崩れると、証言の信憑力は、全体として大きく揺らぐ。結果、裁判所は、全体として採用しづらくなる。それは反対尋問の大きな役割であり、それで十分なこともある。

とりわけ、こちらの証拠が薄い場合、反対尋問を成功させる（相手方の主張と当該証人の信用性を打ち砕く）ことが、必須となる。「直接立証することができる証拠」よりも、間接的であっても「崩せる証拠」「否定できない客観証拠」を探し出し、使い方を工夫して信用性を失わせることが重要だ。また複数の証人を出させて、お互いの矛盾を引き出すことも効果的だと思う。複数の証言は、ほぼ必ず矛盾する。そして、この矛盾を証人に突き付けると、普通に動揺して、証言が揺らぐことがある。

録音媒体なども、直接的な証拠になりにくいことが多い。そんな時は、反対尋問用に取っておく。反対尋問で使える証拠は意外と多い。あとは、先にも述べたが、裁判官の妨害との闘いが必要となるし、何よりもその弾劾証拠の使い方にかかってくる。

市教組髙橋分限免職事件から

複数証人への反対尋問の事例として、次章の座談会で紹介している髙橋先生分限免職取消訴訟を紹介しておきたい。新採の先生が分限免職され、処分理由は42項目におよび、こちらには証人がいない、市教委は、校長・教頭・教務主任が証言した。しかし、

この３人に対する反対尋問は逆に学校側の問題事象をあぶりだした。判決は、次のように指摘して、分限免職処分は無効だとした。３人に対する反対尋問と高橋先生に対する主尋問の成果である。

裁判所は、高橋先生の問題事象と称されるものは「管理職や学校の被控訴人に対する態度」や「管理職の指導・支援態勢が不十分」であることに起因していると判断。また「管理職らの被控訴人に対する評価が客観的に合理性を有していない」とも断定した。

主尋問で固める

主尋問では、その人の言葉と思いで語れるようにすることが何よりも必要だと考えてきた。ひたすら覚えてきたセリフを語らせることは賢明とは思われない。なので、私は、あまり詳しいシナリオを作らない。

伝えるべきことを伝えきる。主尋問でこちらの立証課題を固めきることは何をさておいても欠かせない。主尋問で固めることは勝利のために必須である。

尋問のための打ち合わせでも、発する言葉が、どんな役割を果たすかを証人や本人がしっかりと自覚してこそ、反対尋問にも備えられる。そんな打ち合わせが欠かせない。

また、反対尋問に対しては、本人が答えに困るような尋問をされることも少なくない。そうした時に、適切に異議を述べることも重要である。これは、正当な援助である。

主張書面で決める

主張は、できるだけ簡潔・明瞭に、かつ確信的なものにする必要がある。最低限、それだけを読んだ時には、絶対に勝訴させるべ

きだと誰もが確信できるような内容にしないといけない。こちらの主張に迷いがあってはいけない。

　相手方の主張を長々と引用して、反論していくという書面も見かけるが、これは避けたい。こちらの反論が弱いと、何をしているのか分からないし、相手の主張をいちいち紹介してあげる必要はない。相手方の主張への反論をしていくうえでは、反論をもっとも的確にできるところを分厚くすることも大切なことだと思う。

　いずれにしても、こちらのストーリーが自然にしみこんでいくような論述を何よりも心がけたい。

　分量については、ある裁判官が、「長い書面は、勝ち目の薄い証拠だ」と述べたことがある。短くできれば、それにこしたことはないし、何よりも、こなれた文章を端的に表現していくことは大切だと思う。しかし、いろんなことを述べないと難しい事件もある。

立証責任の壁を崩す

　勝つためには、立証責任の壁を崩すことも不可欠だ。

　ひどいと思ったのは、労災や公務災害で、業務外認定を争った時に、「因果関係の存在の立証責任は、原告にある」として、なんの協力もせず、逆に妨害する当局の対応だった。もともと、業務外になったのは、認定のためにまともに動かなかった認定機関にある。それもかもみんな原告に押し付けられる。そんな制度が許されてよいはずがない。被災者は、そのためにどれだけ苦戦を強いられてきたことか。

　同じ職場の同僚の人たちが熱心に資料集めをし、組合の援助も得られたので、何とか勝訴を続けてこられた。もっとも、裁判所も、「推定」を働かせて、立証責任を転換する流れがあった。そうでな

いと被害者救済は到底果たせないからだ。

その最近の典型が、建設アスベスト事件の企業責任である。ここでは、最高裁判所が、判決で、一定の要件が満たされれば、立証責任が企業に転換されることを明言した。

立証責任の壁は、訴訟にはつきものであり、それを超えることも勝利をするための必須の課題である。同時に、正義があり、救済されないと正義が果たせないと裁判所が考えた時、その壁が音を立てて崩れていくことも常識となった。

事実のチカラを引き出し、社会の共感を大きくする

公害事件などで「裁判闘争は、被害に始まり被害に終わる」ということを何度も聞かされた。被害の実態をどれだけ浮き彫りにし、どれだけ裁判官に訴えきれるかが肝であり、ある意味、あらゆる理屈を超える。事実の持つチカラをどれだけ引き出すことができるかが、勝敗を分ける。

さらに、社会の共感をどれだけ広げることができるかが、勝ち切るために重要なテーマであることも論を待たない。先の法廷での闘い方は、こうした社会の共感を広げるためにも不可欠であり、さらに、共感を広げるための独自の取り組みも欠かせない。弁護士は、法廷の外でも分かりやすく、かつ人々の胸を打つ話ができるように心がけることが求められている。

そのためにも、当事者や支援する人たちの声にしっかりと耳を傾けていかないといけない。どこまでできたかは、人々の評価にゆだねるしかないが、自身では常に心掛けてきたつもりである。

第3章

座談会でつづる権利闘争

▲寺西過労自殺訴訟勝利判決報告集会

▲建設アスベスト、最高裁で国と企業に勝訴

▲髙橋分限免職訴訟高裁勝利判決

▲ KBS 京都、会社再生へ

第1部 いのちと健康をまもる闘い

---

1 ◆対◆談◆
京都での労災・職業病闘争を
ともにして

清水良子　　　　　　　　　　**村山　晃**
元京都労災職業病対策連絡会議

対談のお相手は、保育士のけいわんをともに闘ったあと、京
都労災職業病対策連絡会議の専従として、多くの案件をとも
に取り組んだ清水良子さんです。

村山　僕が弁護士になった 1971 年 4 月、滋賀銀行の行員らが何人も
けいわんで労災認定されていました。銀行の組合が行員の権利を
守り、労災申請を支援し、次々と認定させました。

　しかし、資本側の攻撃は凄まじいものでした。銀行協会は、け
いわんの労災申請に激しく対峙し、滋賀銀行は、職業病で苦しむ
行員を相手に、労災認定を否認するために債務不存在確認の訴え
を起こしてきました。僕は弁護団に加入し、憤りをもって臨みま
した。これが僕とけいわんとの出会い。もちろん勝利和解解決。

　（けいわん：頸肩腕症候群の略称。当時、事務系の様々な職場に多発し、
大きな社会問題となった。経営側は、銀行だけでなく、ぐるみでこれを「職

50

業病ではない」として組合や被災者に攻撃をしてきた。職業病としての
けいわんは、保育労働や様々な仕事の分野に広がった)

清水　私は、1975年に京都の保育園で保育士として働き始めましたが、
　　　保育職場では、けいわんの労災集団申請の闘争の真っ最中でした。
　　　髪をとくこともできない、箸も持てない等、いかに苦しいのかを
　　　まのあたりにしてすごく驚きました。そして私は、その再審査請
　　　求時に、私保労の役員として関与するようになりました。それが
　　　村山弁護士との出会いです。

　　　（私保労：京都私立保育所労働組合の略称。現在の全国福祉保育労働組
　　　合京都地本の前身）

国の認定基準を変えさせる

村山　僕は再審査請求時に依頼を受けました。それまでは組合が中心
　　　となって、医師の協力も得て認定闘争をしていましたが、何とか
　　　して再審査請求で勝てないか、もう一回り力を尽くそうというこ
　　　ととなったのです。当時の国の認定基準は、普通の保育業務では
　　　けいわんにはならない、としており、認定基準が絶対だとされて
　　　いました。僕らにできることは、保育業務が、いかに上肢に負担
　　　を強いるかを、できるだけリアルに突きつけること、そして深刻
　　　な被災の実態を明らかにすることでした。
　　　　結果、約3年の闘いを経て、労働保険審査会が「上肢に負担を
　　　かける業務」と正面から認定し、逆転勝利した時には、本当にう
　　　れしかった。労働省（当時）が慌てて「個別事案であって今まで
　　　の通達が誤っていたのではない」という文書を全国に出すくらい
　　　の衝撃が走った事件でした。

清水　8人が業務上認定を受けました。しかも、個々人が特別に過重

な業務をしたからという理由ではないところも画期的でした。闘ったら勝てるんだ、認定基準はこうやって変わっていくのだ、ということを知るきっかけとなりました。

　そして私は、この8年に及ぶ大変な闘争をきっかけに、職業病で苦しみながらも懸命に闘う人たちを支える存在になりたいと思い、1989年に職対連の専従になりました。幸い、相談を聞いて寄り添うことは得意でしたので、保育しか知らない、一生保育士だと思っていた私でも、労働組合や専門家の大きな力を感じて、勉強しながら頑張ることができました。

　（職対連　京都労災職業病対策連絡会議の略称。1984年1月、組合・支援者などを中心に組織され、その後の京都の労災職業病の闘いを創る核となってきた。）

公務部門での闘い・公務災害裁判4連勝

村山　けいわんは、1960年代から70年代にかけて、「労働組合病」と言われるくらい、労働組合が職業病になった人たちの権利を守っていこうと積極的に取り組んでいましたが、いろんな要素から、下火になっていました。

　労災職業病闘争や労働組合運動の前進により、労働時間その他の労働条件が改善されていったという面もあります。他方、自分が病気になったのは仕事をさせた当局や経営側に問題があるからだと問題提起するのではなく、自分自身が悪かったから、弱かったからだと捉える風潮も出てきました。その結果、声を挙げないまま退職し、表に出ないケースが多々あると思います。

清水　けいわんで、少し遅れて闘われたのが公務部門。当局を通さないと申請できないことなどから、申請そのものが難しいということ

もあり、被害が浮かび上がってこないし、運動にもなりにくい。また、認定機関も当局から独立しておらず、決定も忘れた頃に行われます。養護学校の教諭については、1985年に申請し、ずっと放置されて結局公務外認定され、その後1999年に京都地裁で勝訴判決を取った事例もあります。この年は、養護学校の教諭が2件、学校の給食調理員と合わせて3件の公務外決定を京都地裁でひっくり返しました。これに過労死裁判が加わり、その年4連勝となりました。

村山 1999年の公務災害4連勝は、すごい成果だったと思いますが、どれもが長く、辛い闘いを余儀なくされました。公務災害の認定制度の改善は、今なお続く大きな課題だと思います。

　　もっとも保育部門では、京都市職労民生支部が大きな取り組みをしていて、審査会に公務上を認めさせた事例もありました。

ユニチカ宇治工場の二硫化炭素中毒事件

清水 職対連が大きな力を入れて取り組んだ労災問題に、ユニチカ宇治工場での二硫化炭素中毒事件があります。二硫化炭素とは何かという学習を経て、相談会を開き、何人か相談に来てくれた中で、認定闘争が始まっていきました。第一弾の申請は、1985年1月のことです。

村山 ユニチカは原因の調査もせず、ひたすら労災隠しに走り、労災申請をする時から大変な事件でした。

清水 ユニチカは、二硫化炭素という有毒なものを扱っていると知りながら、労働者には知らせず、中毒に対する何らの予防的措置もとらせていませんでした。他方、後日開示された給料明細書には「ガス手当」という手当があり、会社がその危険性を認識していた何よりの証拠になりました。

それまで行政相手の闘争が多かった中、大企業がいかなるもの
　かということを私が知った最初の事件でした。そんなひどいこと
　をするのかと、たびたび驚かされました。

村山　申請して認定させる取り組みは当然のこととして、申請をして
　　表に出ることによって、企業がその人たちを押しつぶしてしまう
　　のではないかという不安が強かったです。

清水　実際、2〜3人が業務上認定された後、追加で相談者が現れた
　　ため、民医連で検査してもらうために迎えに行ったところ、それを
　　阻止すべく迎えにきた会社の者と鉢合わせして、被災労働者の左
　　右の腕をそれぞれ引っ張り合うようなこともありました。被災労働
　　者も、悩んだ末に民医連で検査を受けてくれて、無事に労災申請
　　ができました。

村山　そして、労災認定された労働者の大半が、企業の安全衛生管理
　　の不十分さで病気になったとして損害賠償請求裁判を起こそうと
　　いうことになりました。これはいつもある話だけど、この時も「裁
　　判には何年かかるか」というのを聞かれました。「早く決着つけ
　　ること。勝ち切ること。これが僕たちの仕事。しかし何年かは少
　　し覚悟してほしい」と申し上げました。追加提訴もありましたが、
　　結局、勝利和解まで10年を費やしました。

清水　新しく裁判に加わってもらう時、またまだ先が見えにくい時、
　　闘うことの意味、それが人間らしく生きることと深く関わってい
　　るのだということを丁寧に伝えるようにしていました。

村山　企業の中でどういう出来事が起きていたのか、特に二硫化炭素
　　がどのような状態でどのくらい発生していたのかを明らかにする
　　のが難しかったです。残されていたものは、企業側が、職場をき
　　れいにした上で測定していた結果しかありませんでした。

清水　裁判所が工場内を立入調査するという日は、その前に窓を開けて必死で掃除をしていたという話もあったくらい…。

村山　最終的には、全面的に企業の責任を認める内容の和解でした。判決の道もありましたが、全員が勝てるかという点に一抹の不安がありました。全員を救済したかったのです。

過労死・過労自殺をめぐって

清水　ユニチカの次は、いよいよ過労死・過労自殺。私が専従になってから始まったのは、大日本印刷の過労死事件。大企業ということで箝口令が敷かれる等、なかなか証拠が集まらずに苦労し、業務外認定となりました。

　　　しかし、職場の仲間が調べてくれたものが少しずつ積みあがってゆき、高等裁判所でようやく業務上の死亡だと認定されました。

村山　監督署・審査会・中央審査会で業務外、地方裁判所でも認めてもらえず、4回も肩を落としています。高裁でも認められなければ、最高裁で逆転するのは極めて困難ですから、高裁は負けられない闘いになります。ただ、高裁で逆転するケースが過労死事件では結構あります。僕は、地裁段階で敗訴になった方を支援する会合で「過労死事件は高裁で逆転勝利する法則がある」という話をしていました。そしてその事件も高裁で逆転勝訴しました。

清水　大日本印刷の事件は解決まで16年かかっています。しかし遺族は諦めないと言い続けていました。無茶苦茶な働き方をさせられて命を奪われたという悔しさや、夫や父親を思う気持ちが、これほどまでに力を持つのかと痛感しました。

村山　この件は、僕は直接担当していませんが、当事者が諦めずに頑張りぬいてくれたことが最大の勝利の要因です。同じころ僕が担

当した城陽市の教育次長の過労死事件も同じ。やはり10年をは
るかに超える闘いでした。

清水　先人の闘争の中で少しずつ情勢が変わり、認定基準が良くなっ
てゆき、後に申請した人が先に労働基準監督署段階で業務上認定
されるという状況が出てきました。

舞鶴日立造船下中事件、審査会で勝利

村山　舞鶴の日立造船で起きた過労自殺事件も、当初は、認定基準が
極めて厳しかったのです。基本的に自殺だから業務外という認定
基準でした。

　　　労働基準監督署の段階では業務外の認定でしたが、闘争の過程
で疲労性・過労性の事象を取り入れた認定基準ができ、労働保険
審査会で認められました。その後の損害賠償請求訴訟の最中に、
後から申請した過労自殺の遺族が、労働基準監督署段階で業務上
認定を受けるようになりました。

清水　娘さんは、父の自死が業務上と認定されず、父の弱さで起きた
ことだと言われたら、父が家族を見捨てて逝ったという受け止め
しかできなくなるが、そういう父ではなかったと絶対に証明した
い、と強く語っていたのが印象的でした。

家族に責任を押しつける判断に憤り

村山　労災認定闘争で一番許しがたかったのは、死亡の原因が家族に
あるかのような判断がなされることです。家族には、大切な人が
自殺するのを止められなかった、働きすぎている状況を止めるこ
とができなかったという後悔があります。その精神的なショック
は計り知れません。にも関わらず、監督署や裁判所が、自殺を止

められなかったのは家族のせいだと、家族の心の傷に塩を塗るような判断は有り得ないと憤りを覚えていました。

清水　労働基準監督署が、相談に出向いた過労死・自死遺族にすぐに手を差し伸べてくれるか、積極的な調査をして業務上認定をしてくれるかと言えば、そうではありません。資料を集めるのは自分たちで、本当に苦労します。だけど、とにかく申請だけしてほしいという相談も一定数寄せられます。

村山　職対連ができ、弁護団も動き出し、早い時期に相談や依頼にくるケースが増えてきました。それまでは、審査会までは自分で頑張ったが、裁判となれば自分たちではできないということで弁護士のところにくるケースが多かったのですが、その時点で被災から10年たっていると、我々ができることはほとんどなくなってしまっているのです。

　職対連の積極的な相談体制と、証拠集め、これに弁護団が加わると、それまでと様相が大きく変わりました。被災から時間を置かずに相談に来られる人が増え、認定段階で勝利する事例が増えました。

清水　労働相談が定着し、労災申請を考える人はすぐに職対連に繋がっており、全体として動きは早くなっています。

　また、専従になった翌年に、過労死家族の会を発足し、個別事件を越えて協力・共闘するようになっていたため、遺族も孤立せずに頑張れるようになりました。誰もが苦労しながら闘っている、自分だけではないと思える場があるというのは重要です。そして、自分の闘争が上手くいかなくても、自分のやってきたことの意味を感じとれる人は、家族の会の活動を支える立場で関与し続けます。

村山　遺族は深い悲しみの中にあります。また、勝ち筋の事件ばかりで

はなく、必ずしもうまくいくとは限りません。私も、弁護士として
相談者の話を聞くことが大切だと思っています。しかし、我々弁護
士は、メンタルのケアにまで手が回らないこともあります。そのため、
遺族に寄り添い、そのメンタルをケアするために伴走してくれるの
は非常にありがたかった。清水さんには、大変お世話になりました。

心強い弁護団の存在

清水　裁判闘争となると、私たちは弁護士を頼りにしないと前に進め
ません。初めて出会った弁護士が村山弁護士でした。

　　　相手方の主張の意味もよくわからず、見通しが立たなかったもの
が、法的な観点を踏まえて説明をしてもらうと、先が見えてきて、
安心感があります。正念場もよく分かりました。裁判の尋問では、
きちんと相手に届く声、言葉で表現してもらえましたので心強かっ
たですね。勝ち筋でなくとも、遺族が納得のいくまで一緒に闘って
もらえました。

　　　そして、弁護団として取り組んでもらえるのが良かったです。複
数の弁護士がいろんな意見を交わしていると、自分たちもその中
に入って意見が大変言いやすかったです。知恵を寄せ合う感じが
良かったですね。

村山　現在も、認定を巡る攻防は続いています。特に精神疾患につい
てのハードルが決して低くない。なかなか救済されない人たちが
まだまだたくさんいます。けいわんとよく似ています。

　　　疾病と業務との結び付きについて、診断書で言及してくれる医
師が少ない。発症や業務起因性について医学的に対立した時は、
医師の意見書が必要になってきます。私なんかは、遠山医師に助
けられました。意見書だけでなく、証言台にまで立ってくれました。

教員1年で分限免職された髙橋先生のケース。生徒から回収した答案をなかなか返せず、後期にはかなり溜まり、年末年始には家にまで持ち帰り、採点しようとするもできない。それが分限免職の根拠にされたのですが、できなくなった原因にメンタル不調があります。しかし、医療機関を受診したのは分限免職処分の後。いつの段階で発症していたのか、遠山医師は裁判資料を全部読み込んで、準備書面より詳しい意見書を書いてくれました。

被災者の立場に立つ医師の存在

清水　今も職対連は、被災者にいろんな医師を紹介しています。やはり、その職業病の専門性が高い医師に診断書を書いてもらいたいという思いがあります。そうでなくとも、依頼状を出し、時には診察に同行して、「こんな風に書いてください」と頼むことで、何とかやっている現状があります。

　　また、訴訟でサポートしてもらうのも大切ですが、そもそも認定基準を変えるためにも力になって欲しいという思いがあります。メンタル関連の指針、過労死認定基準も不十分です。職対連でも要求書を出していますが、広く市民に署名運動を広げられていません。労災認定闘争も、そういうことに繋がる形にしないといけないし、現行の認定基準の範囲内でなんとか理屈を駆使して認定させるばかりでなく、時には認定基準のおかしさを前面に出して闘うべき案件もあるように思います。

村山　近時、難しいと感じるのは、パワハラに起因するうつ病です。以前は、会社の管理も緩やかで、組合の力もあったので、職場の仲間が協力してくれましたが、今は労働者同士の繋がりも希薄となっているし、会社の締め付けも強いので、職場の中で証言をもらうと

いうことが極めて困難です。被害者自身が、証拠を残すべく録音していることもありますが、そうでない場合、労働基準監督官が会社から聞き取ったものが、そのままの事実として認定されるのです。

　労働基準監督署で働く職員を組織している全労働も、人減らしがある等、大変な状況です。認定調査で動く監督官は、忙しさもあり、どこまで一件一件に思いを入れてやってくれているのか分かりません。過労死基準80時間が全てではありません。個別の事象をしっかり捉えて判断してほしいと、強く思います。

清水　やはり、労災を防ぎ、なくすことが大切。そのためには、労働条件を抜本的に変えていくしかありません。組合の力をもっと強くしてほしいですね。

　また、一人で相談に来て、淡々と申請手続の援助を受けて認定され、職場の誰も知らないまま去ってゆく。他の労働者が、働き方を見直したり、労災について知る機会がない。そういう状況を変えて、積極的に情報発信をする必要があると思います。

村山　会社や同僚に迷惑をかけるということで、闘えない人も多い。自己責任論が、労働者に対して巧みに浸透させられているように思います。

　ただ、組合がなかなか育ちにくい中でも、被災者や遺族が声をあげて、そこに人々が寄って来て、支えて闘おうという動きは出てきています。それを加速させながら、ニセの「働き方改革」ではなく、本当の意味の「働き方改革」を進めていかないといけないと思います。

　そして我々弁護士は、職対連のような運動体の中にしっかりと入っていくとともに、何よりも一つ一つの事件できちっと勝っていくことが大切だと思います。

（以上）

2 労災・職業病の闘いを切り拓いてきた 「けいわん」

1960年代・70年代に激増した「けいわん」

　労災職業病の闘いは、この50年で確かな前進を遂げてきた。しかし、その内容が、当初のけいわんや腰痛から、過労死・過労自殺・精神疾患など深刻なものになってきていることからすれば、「前進した」とは言うものの、単純に時代が良くなってきたとも言い難い。

　1960年代、日本の高度経済成長政策は、企業の外の人々に対しては、重大な公害を撒き散らし、内の働く人たちに対しては、労災職業病を激発させた。その代表的なものが「けいわん」と呼ばれる疲労性・過労性の疾病である。頸部から肩・腕にかけて痛みやだるさ、運動障害など多様な症状を呈する頸肩腕症候群の略称であるが、仕事が原因で発症する場合、頸肩腕障害と呼ぶ。

けいわんが経営者と労働者の対立軸に

　けいわんは、産業優先の考え方のもと、労働者の健康を軽視して異常な働かせ方を強いたため発生した疾病の典型的なものであり、「職業病」という言葉のルーツの一つだ。それは、経済最優先の社会の落し子以外の何物でもなく、その全面的な解決は、真に人間らしい働き方の確立にゆだねるしかない。

　しかしそれゆえ経営者たちは、その前に立ちはだかる。彼らは、この病気が仕事から発生することを強く否認し、私病だというだ

けにとどまらず、「労働組合病」だ「なまけ病」だという名前までつけて、これに真っ向から敵対してきた。「病気ではないのに、権利を獲得するために（仕事を怠けたいために）おおげさに騒いでいる」というのだ。本人の愁訴が中心で、医学上病気の実像と原因を見極めるのが難しいということが、この攻撃に拍車をかけた。労働と疾病の関係にメスを入れることが不可欠であるのに、エックス線の異常の有無だけを重視する、古典的な整形外科との闘いでもあった。

「職業病」か「労働組合病」か、という呼称の対立を見れば一目瞭然たるように、経営者と労働者の対決の典型をここに見ることができる。1960年代から70年代にかけて、経済成長を何よりも優先させる経営側と、合理化と健康破壊を許さないとする労働者の総力戦が、この病気を軸に展開されたと言っても過言ではない。

私のけいわんとの出会い

私が弁護士となった1971年4月、はじめて出会った事件の一つに滋賀銀行の行員が、銀行から裁判を起こされるという事件があった。

当時、行員の多くが「けいわん」に罹患し、苦闘のうえ、監督署で業務上認定をさせたが、銀行側は、あくまでもこれを否認し、なんと、その行員らを相手に裁判を起こしてきたのだ。監督署の業務上認定について、企業は裁判で争えないシステムになっている。そこで、銀行は、業務上認定された行員らが、銀行内で有している諸権利の行使について、それを履行する債務はないという裁判を提起してきたのである。

疾病に苦しむ行員に対し、銀行が裁判を起こすという前例のな

い暴挙であったが、ここに当時の経営者らの厳しい対決姿勢を読み取ることができる。もっとも、このような無謀な裁判に展望があるはずもなく、行員側の勝利解決で終結はしたのだが、労災認定をとると裁判を起こされるとする恫喝は、行員の足止めには、一定の役割を果たしている。

私保労のけいわん認定闘争

70年代、京都では、事務部門だけでなく、保育労働にも急激にけいわんが広がった。京都私立保育所労働組合（当時・略称私保労）は、全力をあげてこの課題と取り組んだ。保育園という「福祉職場」に多発した原因は、あきらかであった。圧倒的な人手不足のなかで、十分な保育をしていきたいという保育士の熱意は、貧弱な体制で、多くの課題をこなすことを余儀なくさせた。この点、現在の教員の働きすぎ問題ともつながる面を持っている。

問題に拍車をかけたのが労安行政である。時の資本が「けいわん」に敵対するなかで、労働行政もその認定にきわめて消極的であった。けいわんの業務上認定基準は、きわめて厳しいものがあったが、特に保育業務については、上肢に過度の負担をかけるものではなく、一般的にはけいわんとは結びつかないとされていたからだ。私保労の集団認定申請は、ことごとく退けられた。

労働保険審査会で逆転勝利裁決

1981年、労働保険審査会が「保母の業務は、上肢に負担をかける仕事である」「休憩・休息が十分取れない」などと認定し、「認定基準」とそれに基づく監督署の判断を覆し、私保労の集団申請に応えた。8年に及ぶ私保労の闘いは、審査会で大きな勝利をも

ぎ取った。当時、口頭審理にはあまり積極的でなかった審査会が、異例の丸一日を費やして、当事者や同僚、医師や私たち弁護士の訴えに耳を傾けた。実態を克明に再現し、集団的観察も取り入れて、因果関係を解明し、それが逆転認定の裁決書に書き込まれた。

　当時の認定基準と実質的に異なる審査会の判断に、経営側も労働行政にも激震が走った。直後に労働省が発出した「これは個別事案についての判断であり、一般化すべきでない」という異例の通達に、その慌てぶりを見ることができる。そして、その後、認定の流れには明らかな変化が見られた。

　また、この判断をきっかけに何よりも働かせ方が変化していった。

けいわん公務災害、裁判で３連勝

　その後もけいわんとの闘いは、さまざまな職場で展開されたが、地方公務員の職場の認定闘争は、一層困難を極めた。

　1999年度、私は、京都弁護士会の会長を務めていたが、ちょうどその年度に、３件のけいわん・背腰痛に関する京都地裁判決が相次いだ。公立の養護学校の教諭のケースが２件重なり、もう一つは学校給食の調理員についての事件だった。事件は基金支部・支部審査会・本部審査会を経て、裁判の終結までには10年を要する大変な闘いとなっていた。

　こうした長い闘いを支えられたのは、被災者本人が「なんとしても」という強い思いを持っていたのはもとより、養護学校の事案では府立高教組が、給食調理員の事件では宇治市職労が全面的に支えてきたことが大きな役割を果たしている。

　けいわんは、疲労性・過労性の疾病であり、年月をかけて疾病

が強くなっていき、非災害性であることから因果関係を立証していくのは容易ではない。労働の実態を丁寧に立証していかないといけない。そこに拍車をかけるのが、基金が意見を求める整形外科の医師が、こうした疾病に対して冷たい対応をすることであり、医師の問題は、支部審査会で委員を務める医師が、消極的な対応をするという構造的なところにもあった。

こうした整形外科医が、基金側の証人として出廷し、公然とけいわんを否認する証言をしたケースもあった。

こうして、30年前に決着がついたと思われたけいわんが、その後も続いていたのである。

しかし、裁判所は、職場ぐるみの徹底した立証に対応して勤務の実態を見極め、いずれについても職業起因性を明快に認めて、基金の判断を覆した。そして基金は、いずれの事件についても控訴を断念し、勝訴判決が確定した。

早期に認定し、早期に治療することが、こうした過労性疾病については、不可欠である。それを認めない行政の対応で、被災者は、十分な休養や治療の機会を奪われるだけでなく心まで傷つけられ、そのうえに長い闘いを余儀なくされた。

この地裁3連勝（教員の過労死判決とあわせ4連勝）は、多くの労災・職業病の被災者が、理不尽な闘いを余儀なくされてきたことを示してあまりある出来事なのである。

けいわんと精神疾患

過労死や過労自殺、それにつながる精神疾患が、労働行政が後退につぐ後退をしていくなかで、激増していき、大きな社会問題となっている。過労性・疲労性の疾病は、けいわんに典型的にみら

れたように、その病像や原因を掴み難いところにその特徴がある。

他方、これらは「働き方の是正」と「病気の初期の対応」で、多くが解消可能なところにもう一つの特徴がある。しかし、経営者や行政はこれをもっぱら本人の問題にして対応を放置するため、事態を深刻にさせている。業務上認定すら否認することが、これに拍車をかける。

速やかな認定は、今大きな問題になっている精神疾患についても不可欠である。そのことを私たちは、長年のけいわんとの闘いから学び今後に生かしていかないといけない。

「けいわん」は労災・職業病の原点

私たちの目標は、けいわんの早期の労災認定にとどまらない。それを実現させることは当然のことであるが、けいわんや精神疾患を生み出さない職場を作ることである。それは、人々が健康的に働ける職場環境を作ってこそ実現できる。それはまた、過労死・過労自殺を含むあらゆる労災・職業病を生まない職場づくりを意味している。「けいわん」が職業病の原点だと私が考えるゆえんである。

3 過労死・過労自殺の闘い

急性死から過労死へ

1980年代のはじめ、京都でも「急性死」に何とか対応したいという声が強まり「急性死問題研究会」という組織を作って闘いに

立ち上がった。

　突然に死という重大な転帰に至るが、直前に「アクシデント」がなかったことから、当時の認定基準では、業務外とされていた。しかし、被災者が激務に追われていたことは明らかで、過重労働に起因する疾病であり、労災であることを私たちは確信した。

　全国的に様々な裁判を通して局面が切り拓かれていった典型的ケースである。過労死問題も、仕事に殺されたのに、仕事のせいではないと言われる。その闘いの当初は、過労死を認めない「認定基準」を根拠に、過労死と認定しない行政を相手に、処分の取り消しを求める裁判が続いた。

「過労死は高裁で勝利する」法則

　1990年10月、同じ京都地裁で、初めての三つの過労死事件が、同じ日に判決を迎え、この時は、1勝2敗という結果となった。もっとも、この敗訴した二つの事件は、その後大阪高裁で見事逆転勝訴したのではあるが。その後も大阪高裁での逆転勝訴事例が相次ぎ、京都で本格的に闘われた過労死裁判は、勝訴を積み重ねていった。ただ、結論は、大阪高裁までもつれ込んだ、苦闘の末の勝利であった。

　申請に始まって、審査請求、そして再審査請求、その後地方裁判所、こうして4度も業務外（公務外）だと言われ、それでもあきらめずに闘い抜いて、事実審の最後で勝利をするという、勝利の瞬間は大きな感動に包まれたが、被災者遺族等にとっては、ギリギリの闘いを余儀なくされてきた。

　私は、全教のある一審敗訴の原告を励ます集会で講演をした際、勝手にではあるが「過労死事件は、高裁で逆転勝訴するという法

則がある」と強調した。幸いなことに、その事件も東京高裁で勝訴した。

監督署で認定、さらに企業の責任追及へ

そして、ようやく90年代に入ると、監督署で認定させる事例が増えていくこととなった。その要因は、いくつかあるが、まず、裁判闘争の蓄積を経て認定基準そのものを変えさせたことが大きい（95年を皮切りに次第に「過労」重視になっていく）。そして、監督署に申請をする当初より弁護士が代理人となって認定闘争に取り組んだことが大きい。徹底した事実の解明と証拠の集積は、認定の最大の力である。弁護士の力量がいかんなく発揮される局面である。

そして、より高い壁が立ちはだかっていた過労自殺の事案も、過労死問題の後を追うようにして、次々と裁判闘争で課題を切り拓いていくようになった。

過労自殺でも進む認定とブラック企業

こうして過労死事件だけでなく、過労自殺事件がこれに加わり、しかも、高裁までいかずに、監督署や基金支部、また審査会レベルで認められる事例が相次ぐようになった。

さらに、単に、労災認定だけでなく、その責任を追及し、損害賠償を求める訴訟でも勝訴が相次ぐようになった。そして、そうした企業を、人々が「ブラック企業」と呼ぶようになり、マスコミでも、それが取り上げられるなど、社会的反響となって、広がっていった。

そのイメージダウンを回避するため、先手を打って被害賠償に任意に応じる企業がつぎつぎ現れた。

ただ、被災者が証拠を揃えて初めて労災認定に持ち込むことができるという「立証の壁」は依然として厚い。これは、我が国の労災認定制度の大きな限界と言ってよい。

　職場を知らない遺族にすべての立証責任を背負わせる、労災認定制度の高く厚い壁は、いまだに残されたままである。弁護士の活動の必要性は、一層強くなっている。

そして未来へ。

　50年前、「労働組合病」と揶揄して、経営が労災闘争をつぶしにかかってきた時代と比べると、労災・職業病の闘いは、大きな前進を切り開いてきたことは疑いがない。この間の認定闘争や裁判闘争の勝利の積み重ねは積極的に評価されてよい。そして、それを、次の世代が、きちんと受け継ぎ、共有していくことが何よりも強く求められている。

　しかし、他方、同じくして進んできた労働法制の規制緩和と労働組合活動の後退、そして、それが職場に与えている深刻な影響を見る時、「前進」と言って喜ぶことのできない現実を目の当たりにすることになる。例えば、かつても存在したかも知れない過労死に、光が当たるようになったのであれば、それ自体極めて好ましいことである。しかし、過労死はもっと増えているのに、職場の状況から問題にできていないという側面も否定できず、それでは、時代が逆行していることになる。

　過労死や過労自殺の認定例が増えているにもかかわらず、時代は、労働分野での一層の規制緩和を広げる方向に進んでいる。それが、健康破壊・いのちの破壊に結びつくことは、容易に分かることでありながら。

特に、いろんな職場での精神疾患の増加を看過することはできない。労災・職業病との闘いは、これまでの成果をきちんと確認しつつ、次の新しい問題に積極的に切り込み、これらを解決するプログラムを用意しないといけない段階にきている。

---

4 寺西過労自殺事件・パーフェクトな勝利解決の大きな意義

はじめに

1996年2月、京都の和風飲食店の店長をしていた寺西彰さんが、自ら命を絶った。店舗経営上様々な課題を担わされ、長時間労働やストレスに起因してうつ病になり、自殺に追い込まれた典型的な過労自殺事件であった。

しかし、会社側は当然のことのように、店長という立場の特殊性に反論を集中させ、フレキシブルに仕事ができることを強調し、過失責任はもとよりのこと、因果関係も強く争ってきた。中間管理職の典型とも言うべき店長という立場は、従前より、無定量の労働を強いられることから、もっとも過労死に陥りやすい職種の一つであったが、同時に、労働時間の把握が難しく、立証の困難な職種でもあった。会社側は、本件のような働き方は店長としては極めて一般的なもので、過労が原因ということになれば、他の店長もみなそうなってしまう、とまで述べていた。

この事件は、解決まで、およそ10年の歳月を要した。しかしな

がら、この事件の解決は、考えられる過労自殺事件の被害者の救済という面から見た時、パーフェクトの勝利と呼べる内容であった。

労働基準監督署で労災認定をさせることの大きな意義

過労自殺の監督署での認定事例は、まだまだ少なかった時代、先ず、京都上労働基準監督署が、被災者の自殺を、仕事の過労に起因するものであることを認め、労災認定した。多くの過労死や過労自殺事件が、長い年月をかけて、裁判になってようやく認めさせることができた中で、監督署で認めさせたことは、本当に画期的なことである。

そのことの意義は、概ね次の点に求めることができる。

第1に、裁判になると行政は必死に争う体質がある。自らの処分の非を絶対に認めない。従って、監督署での認定が、どれだけ遺族や私たちの負担を少なくするかは計り知れない。

第2に、会社や代表者相手の損害賠償事件で、因果関係の立証の負担が少なくなることである。もちろんこれは事実上のことで、監督署という国のプロフェッションの機関が認めたことを、裁判所は簡単に覆えせないという、裁判所に与える影響が極めて大きいことである。

しかし、このように監督署で認定をさせるためには、監督署での闘いから、裁判と同じ体制を組むことが極めて大切なことである。

弁護団を組み、精神科医に意見書の作成を依頼し、多くの同僚の人たちからの聞き取りを精力的に行い、それらを丁寧に監督署に反映させた。

同僚の人たちの発掘は、遺族にお願いした。聞き取りは弁護団が行った。精神科医は、主に遺族である配偶者から故人の具体的

な状況を聞き取り、同僚の証言と合わせて、どのような精神状態にあったかをリアルに浮き彫りにしてくれた。

そして監督署との交渉は京都職対連という運動組織が中心になった。手慣れていると言うと語弊があるが、いろんなものをコーディネイトしてくれた。貴重な存在である。まさに、いろんなものが折り重なって本件の勝利があったと言ってよい。

会社の責任を明確に認定した地裁判決

遺族らは、労災認定を受けて、会社を相手に責任追及の訴訟を起こした。この時は、社長を加えなかった。それは、事件当時の社長は、すでに会社を「対立的に」辞めており、共同戦線を張らせない方が良いとの戦術的な理由も加わっていた。しかし、この元社長は、本件訴訟において、証言台に立ち、会社をいたずらにかばいだて、結果、遺族は、彼を許し難いとして、途中から、この元社長にも裁判を提起することとなった。

さて、この会社相手の裁判でも、一審である京都地方裁判所が、会社の責任を正面から認める判決を下した。判決は、全面的に会社の責任であり、被災者には、何の落ち度もないということを明確に認定し、遺族の請求を全面的に認める判決を下した。これも画期的なものであった。

過労自殺事件で、いつも問題になるのは、本人の責任や家族の責任であり、それを根拠に過失相殺されるケースも相当あるからである。

労災認定時に集めた資料が大きく役に立った。こちらに協力してくれた精神科医は証言台で厳しい反対尋問にさらされたが、これを乗り切り、逆に、会社側は、反論のための医者の確保ができなかっ

たのである。

　過労自殺で、もう一つ大きな争点は、「会社の予見可能性」であろう。「家族でさえ気がつかなかった自殺という結果まで予見できるはずもない」と主張してきた。これに対して判決は、いくつかの事実から、「異常な精神状態にあったことは知り得たはずであった」にもかかわらず「何らの措置も取っていない」、だから「会社の責めによらずに自殺が発生したとは言えない」と、判断したのである。いたずらに予見可能性のハードルを高くしなかったことは特筆に値する。

高裁で和解解決

　会社は、控訴した。しかし、この件も影響し、経営上の見通しが立たないことなどを理由に、途中で全店舗を閉鎖し、精算を始めた。もっとも本件については、経営陣の責任追及を意識してか、和解の申し出を行い、高裁で請求額は相当減額させられたが、和解が成立し、京都地裁の一切「過失相殺」をしないという、画期的な判決内容が確定した。

　裁判所の和解の席で、当時の会社の代表者が出てきて、お詫びの言葉を述べた。これもあまり例がない。しかし、長年闘いを余儀なくされてきた遺族の人たちにとっては、お金に代えることのできない、貴重な成果だった。

元社長への責任追及と謝罪解決

　会社相手に裁判を進めている途中、すでに会社を辞めている当時の社長が証言に立った。弁護団と遺族らは、監督署の認定が下りる前に、この元社長と面談の機会を持つことができた。それ自体、

遺族の人たちのねばり強い努力の賜物である。会社と喧嘩別れ状態と聞いていただけに、正直、もう少し、内容のある話を聞けることを期待したが、やはり、自身をかばっていることもあり、問題点はそれなりに把握できたものの、直ちに認定に役立つ話にはならなかった。

ところが、その彼が、証言に立った時、以前私たちが聴取した話とも大きく食い違う話を公然と行い、会社を全面的にかばった。遺族は、当時の聞き取りにくい録音テープを起こし、あまりにも異なる証言を糾弾した。その結果、この元社長の証言は、信用性が薄いとして採用されなかった。墓穴を掘ったのである。

しかし、遺族は、このような証言を平気でして開き直ることを容認できず、会社の元社長個人の責任を追及する訴訟の提起に踏み切った。ただ、不法行為責任を追及するには、すでに時効の期間が過ぎていたこともあり、商法の取締役の個人責任追及の条項での訴訟となった。(その後、会社法となった429条である)

裁判官は、この条項だけを根拠に過労死・過労自殺の取締役責任を認めた前例がないこと、そもそもこの条項は、本件のような場合を射程距離に置いて生まれたものではないのではないかと考えられること、などを理由に、当初消極的な面を見せてきた。私は、たまたま懇意にしている同級生が、京大の商法の教授をしていたことから、彼に意見書の作成を依頼し、これを裁判官に提出した。学説・判例の流れは、当然のこととして本件のような場合を射程距離においており、労基法違反という違法行為をしているのであるから、その点について何の問題もないという明快なものであった。

この裁判、あるいは意見書の作成について、大きな力になったのは、京都地裁判決である。これが和解で事実上確定している。それを本件の裁判官も事実上、前提とすることとなる。そして判決は、

事実認定中に、わざわざ元社長の具体関与を何箇所にもわたって引用しているのである。

　なお、別件であるが、会社法にもとづいて代表者の責任を断罪する判決が、その後2011年に京都地裁で出され、実務の流れになっている。

　裁判官は、彼を強く説得し、ついに、元社長は、その責任を認め、賠償金の支払いを認め、和解が成立した。この事件は、一審の判決を待たずに、それ以上の成果を得た点で、またまた画期的なものであった。

　和解文言の一文は次のようになっている。

　「1被告は、故寺西彰氏に、多大の労苦をかけ、同人が自殺にまで至ったことにつき、会社の当時の代表取締役として、率直にその責任を認め、同人及びその家族である原告らに対し、衷心から謝罪する。

　2被告は、原告らに対し、原告らと会社との間の訴訟における被告の証言に、原告の心情を傷つける内容があったことを認め、謝罪する。」

　このように会社の社長個人の責任が、明確な謝罪文言で裁判所の和解調書に刻まれるということ自体、大変珍しいことである。

　また、この元社長は、裁判所の和解の席上で、彰さんの遺影を前にして、お詫びの言葉を述べた。現在の社長も、そして当時の社長も、こうして揃って謝罪をし、「事件」は終結した。

むすび

　こうして成果を書き連ねると、そのような道筋をたどって当然の事件のように受け止められるかも知れない。しかし、私たちは、

そうは思っていない。悪戦苦闘を続けた事件の一つであったと言ってよい。どこかでチャンネルが狂うと、まったく異なった経過をたどることも考えられた事件である。

　大きな背景に、過労自殺をめぐる社会の認識、とりわけ監督官や裁判官自身が、自らに忍び込んでくる危険性を認識し、「働き過ぎ社会」への警鐘を鳴らす必要があるという共通の思いが、どこかで本件を突き動かしてきたのではないかとさえ思われる。

　本件の解決は、同様の事件が勝利することへのハードルを下げることに大きく寄与したことは間違いがない。

　その後、裁判によらない損害賠償の解決事案は、大きく増加する。

労災と裁判で勝利して　　　　　　原告　寺西笑子

　このたびは喜寿を迎えられ誠におめでとうございます。また、50年もの長きにわたって社会的立場の弱い人の権利を守り大きくご貢献されておられることに、心からご尊敬申し上げます。

　振り返りますと、村山先生との出会いは27年前（1996年）に飲食店店長だった夫が過労自殺したため労災申請についてご相談したことから始まります。

　当時、自殺の労災認定基準はなく国は労災と認めない時代でした。そうした困難で厳しい状況のなか、村山先生に弁護団を受任いただいたことに大変心強く思いました。当初の弁護団会議では、私は何もわからぬまま黙って先生のお話を聴き、私がしなければならない証人探しなどご指導を受けるのですが、夫の職場はかん口令が敷かれ、同僚・部下の協力が得られず、なす術もなく辛い日が続きました。

弁護団の熱意でいろんな案を考えてくださり、その後退職者が現れて証拠が揃えられ、労災申請することができました。申請後に支援体制を整えてくださり、さらに弁護団のご尽力で精神科専門医の意見書を提出でき何度も要請に行き、終盤に寺西署名運動に取組み世論の後押しも得られ、2001年に夫の過労自殺は労働基準監督署で労災認定されました。自殺の認定が困難を極める時代に労基署段階で認定されたのは全国的に珍しく京都で初めてと伺いました。しかし、会社は責任を認めず反省も謝罪もしなかったため、安全配慮義務違反で京都地裁へ提訴しました。裁判の山場になったのは、夫を自殺に追い込んだ前社長の証人尋問でした。反対尋問をご担当いただいた村山先生の核心に迫る鋭い尋問で夫の身に何があったのか解明いただき心が救われました。裁判官からの質問で、「貴方は当時の代表取締役だった、証人というより被告ですので、被告にお尋ねします。被告は、」と質問されたことに私は確かな手応えを感じました。弁護団のご奮闘で4年の審理を経て判決を迎えました。原告側の主張がすべて認められ、「過失相殺はありません」との全面勝訴判決を勝ち取ることができました。ここでも自殺事件は必ずと言ってよいほど過失割合が示される中で、過失なしの勝訴判決は前例がないことで注目されました。しかし会社は控訴し大阪高裁へ上がりました。

　私は地裁の途中で夫を自殺に追い込んだ前社長をどうしても許せず無理を承知で前社長の責任を問う追加訴訟をお願いしました。すでに時効になっていることで周りから無謀とのご指摘がありましたが、どうしても諦めきれず願い続けたところ、数か月後の弁護団会議で村山先生が、「訴状を書こう！」と応じてくださり、本当に嬉しかったです。しかし前例がないため門前払いの可能性があり楽観で

きないことや審理を進めるに当たり会社法専門家の意見書が必要とされ、村山先生にご尽力いただきました。最終的にどちらも裁判所から和解勧告が出されました。私の和解条件は被告が出頭し明確に直接謝罪することでした。容易に応じられず時間はかかりましたが、叶えられ勝利和解で終わることができました。これで地裁判決が確定され、後に続く人に貢献できたことを実感し、あらためて裁判を闘ってきたことの意味をかみしめています。

　村山先生には何かとご無理ばかりお願いして本当にご苦労をおかけしました。遺族の思いに寄り添っていただいたおかげで、私は悔いを残さない闘いができました。この御恩は生涯忘れません。

　私は11年の闘いで多く教訓を得ました。それらが今後の課題であり生きて行く力になりました。村山先生のように壮大な社会貢献は到底できませんが、同じ方向をめざして歩んで行こうと思っています。

　村山先生におかれましては、これからもよりよい社会の実現に向けて一層のご活躍をお祈り申し上げます。

5　早期の完全勝利和解・ウェザーニューズ過労自殺事件

「予選期間」という名の「競争期間」

　事件発生2008年10月2日、労災申請2009年10月、労災認定2010年6月、裁判提訴2010年10月1日、そして12月14日、完全勝利の和解解決に至った。相手はウェザーニューズ。1986年に

創立されたこの会社は、当時、気象情報業界の最大手になっていた。

　亡くなったのは、25歳の青年気象予報士。入社後、丁度半年が経った直後のことだ。会社では、最初の半年間を「予選期間」と呼んでいる。そこで勝ち残った者が真の正社員になれるという構図である。「予選期間」が終わったその直後、彼は自ら若い生命を絶った。

　「会社の急成長のかげには、いつものように厳しい労働環境がある。」それは、今の日本社会全体を覆う黒い雲。

労災申請へ

　京都に住む遺族が、私のもとを訪れたのは、事件発生から８ヵ月後だった。遺族は会社の門を叩いたが、会社はどれだけ待っていても何もしてくれなかったと言う。会社は、千葉県海浜幕張にある。監督署は千葉市にあり、事件に関わりのある人は全部東京や千葉にいた。私は、当時、日弁連の仕事で週に一度の東京通いが続いていた。この機会を最大限利用することにし、依頼を受けた。

　こちらで可能と思われた資料収集のあと、会社を直撃した。会社は、それなりに私たちに対応し、また資料の提供にも応じてくれたが、勤務時間の鍵を握ると思われた「日報」の提出は、頑なに拒絶した。そして「彼だけが特別長時間勤務をしていたのではない。仕事によるものだとは思っていない。」と冷たく突き放した。「その点は、監督署の判断に委ねたいので、必要な協力は必ずするよう」申し入れ、あとは更なる証拠収集と監督署の認定へ向けての取り組みを進めることにした。

同僚の証言で浮き彫りになった会社漬けの実態

　この種の事件では、パソコンや携帯メールは貴重な宝庫である。

仕事が終わった後、同僚にあてたメールを見ると、いつ仕事を終えたかが分かる。同時に、彼と親しかった同僚が生々しい証言をしてくれ、これが最大の拠り所となった。こうした同僚の存在は、彼の人柄を示している。

彼は、会社のすぐ近くに居を構えた。会社の求めに応じたのである。その理由はどれだけ遅くなっても帰宅できるということや、休日にも緊急対応できるようにするためだという。長距離通勤も大変だが、こうした職住接近も却って息を抜く時間をなくしてしまう。いかに「会社漬け」であったかは、ここからも理解できる。

監督署の判断は、当時としては早い方で、過労自殺の業務上認定まで8ヵ月だった。もとより、詳細な資料を準備し、何度も監督署に足を運び、そうした取り組みの上での話ではあるが。

ただ、労災の補償額は、独立生活をする単身者の場合、あまりに低い。

他方、資料収集の過程で、この会社には、労働時間管理が全くなく、彼の同僚が会社に配慮を求めたが、相手にされなかったりするなど、明らかに企業責任を問える事案と思われた。

企業責任を追及

そこで、業務上認定が出たことを受けて、会社に再度、然るべき補償措置をとることを求め、話し合い解決を申し入れた。しかし、しばらくして、「会社には責任はないので、一切応じられない」と木で鼻をくくった三行半の冷たい返答が、弁護士名で届いた。

自殺案件では、被害者の遺族が公になることを懸念するし、裁判を起こしたり、記者会見をすることをはばかるケースは少なくない。しかし、自殺まで追い込まれたことをうやむやにすることは遺族とし

ても耐え難い。であれば、訴訟を起こすしか道はない。そして、社会にも告発していくことが必要である。遺族の人たちは決意した。

他方、会社は、訴訟になって、記者会見までされれば、どんな社会的反応が出てくるか、読み切れなかったようである。気象は一定予知できても、当時、提訴の先は、読めていなかったのである。

提訴して直後に勝利解決

提訴に踏み切り、遺族も顔を出して記者会見をした。マスコミの力は大きい。ニュースは全国を巡った。提訴の記事に対して、会社のコメントに「誠意をもって対応してきたのに」という文言があった。提訴まで、およそ何の「誠意」も示されたことはない。しかし、その嘘は、私たちが言わなくても、多くの人たちが、「誠意をもってあたってきたのであれば、どうして提訴されるのか？」と切り返してくれた。会社に対し、批判・非難の声が次々と突きつけられた。

そして提訴後、会社の対応は、180度変わった。三行半の回答文をこちらに送付した弁護士は辞めさせられ、新しい弁護士が登場し、早期の和解解決を申し入れてきた。

ニュースの力が、会社の対応を変えた原動力となった。自身が情報産業に身を置いているだけあって、ニュースが出た後の会社の対応の変化は早かった。訴訟が続くと、その間、ずっと会社は言い訳に終始し、どんどん追い詰められていく。そして判決になれば、もっと大きなインパクトを会社に与える。それは、日本に上陸した台風が列島を横切り、全国に大きな影響を与える様子によく似ている。台風が上陸することを拒めなかったが、1日も早く通過させた方が良いとの判断があったと思われる。

提訴して2ヵ月半で完全勝利の和解は珍しい。会社は、事実と

責任を全面的に認めて謝罪した。そして補償金を支払った。さらに、再発防止の諸措置を約した。

　2年ほど経って、会社から、どんな措置を取っているのか、遺族に説明したいと言ってきた。それ自体は、大いに評価できるが、報告された内容には慄然とした。時間管理は極めて不十分で、みなし残業時間があまりにも長いのに驚いた。それで平気なのである。

　話は変わるが、事件が起こって月日を置かず、弁護士の門を叩く被災者が増えている。それが解決に大きな影響を与えていることは間違いがない。

　同時に、若い人たちが希望を膨らませてこれからの人生を歩めるよう、この事件が問いかけたものを、これからも私なりに訴え続けていきたい。

6 ユニチカ宇治工場の二硫化炭素中毒事件
大企業と組合が一体となった「労災かくし」との闘い

明るみにでた二硫化炭素中毒

　「紡糸の職場は年二回特別検診をしているが、職業病を訴える従業員は一切いなかった」ユニチカ宇治工場環境安全課長は、被災者の苦しみをよそに、こう断言した。

　1985年1月23日、ユニチカ宇治工場で働いていた二人の労働者が、労災認定を求めて、京都南労働基準監督署に申し立てを行った時のことである。その年の10月、監督署は、二人の病気が紡糸

の職場で発生する二硫化炭素ガスによるものであると認定。会社は、ようやく重い腰をあげざるをえなくなった。労働者の健康診断をやり直したところ、二硫化炭素ガスに起因して疾病に罹患しているものが次々と現れた。

　会社の健康管理体制が、まったくおざなりであったことが、白日のもとにさらされたのだ。

　レーヨンの製造に、二硫化炭素は必需品とされていて、紡糸作業の際、それがガスとなって大気中に放出される。作業に従事する労働者が永年にわたって、それを吸引すると、重篤なガス中毒をひきおこすのである。このことは、はるか以前から、業界では、よく知られていたことだった。40歳前後のはたらき盛りの労働者が、意識障害・言語障害・上下肢マヒなど重篤な脳血管障害をひきおこす。若くして死亡した人たちも全国的には認定されただけで二桁にのぼっている。

立ち上がった被災労働者

　1987年3月31日、その後、労災認定された1人をくわえ、3人の被災者が、ユニチカの企業責任を追及して京都地方裁判所へ損害賠償を求める訴訟を起こした。さらに、その後、新たに労災認定された2人が追加提訴に加わり、5名の原告団となった。

　原告の一人は、40歳の時に発症、はじめに運びこまれたユニチカ中央病院（会社の経営する病院）は、「原因不明」とはねつけた。

　彼は、こう語る。「倒れてから右半身が不自由になり、言語障害や物忘れもひどくなり、人と話すことも苦労するようになりました。また体は脳血栓による発作の多発、全身のシビレやかゆみ等、何度も死にたいとおもうことがありました。ユニチカに入社して、ま

さか自分自身がこんな体になるとは考えもしませんでした。21 年間もレーヨン工場ではたらいてきた結果が、こんな病気に苦しめられるとは、悔しくてなりません」と。

　別な原告は、11 年前、37 歳の時に発症。それまで病気知らずで、残業をくりかえし、人の倍はたらいてきたことを誇りとしてきた。「一番悔しいのは、子どもたちが父親の元気な姿を知らないことです。発病した時、長男が六歳で、二男が四歳でした。父子でキャッチボール、ドライブなど一緒に遊んでやった記憶がありません。一家の幸福を奪った二硫化炭素ガス。弱い立場の労働者の無念の思いを裁判にかけて、会社責任を明らかにしたいとおもいます」と語っている。

　またもう一人の原告は、やはり 40 歳の時に発症。発症以来、医師からは「原因不明」と告げられ、入退院をくりかえす辛い生活のなかで「二人の患者さんが労災を申請した時のよろこびは忘れられない。世の中がパーッと明るくなって……生きていてよかった」（支援集会での妻の発言）と思ったという。「田舎から出てきて、仕事しか趣味がなく、それで仕事ができないとなって『この仕事もできないんなら死んだ方がましや』言うて、ごはんも食べなかった。毎日二人で泣いていたんです。」（前同）。そんな生活から健康を破壊し、仕事を奪った会社の責任を追及する生活へ、先の二人の労災申請は、その原告と家族の生活を 180 度変えさせた。重度の言語障害のため思うように話のできない原告の声を妻が代弁しながら闘いが続いた。

　組合が取り組んでくれたら……
　5 人の原告が口をそろえて強調しているのは、会社がガスの危険性について、何一つ労働者に教えようとしなかったことだ。ユニチ

カ中央病院の果たした役割も犯罪的だった。会社と病院とが一体となって、職場には安全上何の不安もないものと決めつけ、現に発生していた諸症状をすべて「私病」として葬り去ってしまっていたのだ。この会社の労災かくしを支えてきたもう一人の立役者は、ユニチカ労働組合だ。「多少なりとも組合が安全対策に取り組んでいたら」こんなひどい状態が続いていたとは到底思われない。

　会社はこう言う。「安全対策は、組合と協議を尽くして十分な措置をとってきている」と。

　原告らが倒れた時も、労災申請をした時でも、組合は、まったく動こうとしなかった。

　そもそも労働組合とはなにか、という原点を置き忘れてきているところに最大の問題があると痛感する。

困難を切りひらいた闘う潮流

　それでも闘いの火の手はあがった。この闘いをつくりあげるのには、いくつかの要因があった。

　一つは、熊本県八代市の興人八代工場における先駆的な労災認定闘争である。これを支えた医療機関と労働者は、闘いを全国のレーヨン工場にひろげることを試みた。

　二つは、ユニチカ宇治工場のなかで、会社の専制的な職場支配にも屈せず、民主的な労働運動の芽を育んできた労働者の存在である。かれらが、会社の労災かくしをあばき、多くの被災者を発掘することによって、闘いがはじまった。

　三つは、労災闘争に積極的に取り組む医療機関の存在である。慢性の二硫化炭素中毒症は、症状に特異性がなく、現に原告らもそれまでは「原因不明」と言われていたなかで、熊本の医療機関

と連携をとって患者を掘り起こしていった。

　四つは、京都労災職業病対策連絡会議などを中心にした労災・職業病を支える運動と、宇治市職労をはじめとする地域の民主的労働運動の存在である。こうしたぐるみの支援が、被災者の決起をうながし、ユニチカの自覚的労働者を励ました。

　さいごは、被災者の決意だ。こうした状況のなかで、多くの不安を抱えながらも、三人の労働者が闘いに立ち上がった。

　これらのうち、どれ一つが欠けても、この闘いははじまらなかったに違いない。同時に、あるべき労働運動、労働者の闘いとはどのようなものか、ということを私たちに手にとるように教えてくれているといっても過言ではない。

会社を追い詰めた裁判闘争

　裁判では、会社が「完全に安全性の管理をするのは不可能」とか「この程度のガス濃度では発症しないと思っていた」として徹底的に責任を争ってきたため、それを覆すのに大きな労力が注がれた。こちらには資料らしいものがなく、会社側が資料を独占していて、さらに「化繊協会」という企業の連合体とも闘うことになった。しかし、人の連帯がこうした事態を克服していく。化繊関連企業の中に働く人たちの中で、協力をしてくれる人たちの存在は貴重だった。ユニチカに労働省（現厚労省）が立入調査をし、独自の濃度測定をした結果、企業が測定しているより高濃度であることが他の企業の報告書などから明らかになったのだ。

　会社は最後の切り札として「化繊協会」の専門医師を証人に出してきたが、私たちの反対尋問が圧倒した。その証人尋問の結果は会社の思惑と180度異なり、かえって「いかに安全性が確認さ

れてこなかったか」を浮き彫りにするものとなった。これに被災者の悲惨な実態が裁判所を動かし、和解勧告へと追い込んだ。

和解に応じざるを得なくなったユニチカ

1997年5月、裁判で企業が負けると与える影響が余りにも大きいと判断した会社は、裁判所の勧告に従い、賠償に応じて和解解決することを申し出てきた。裁判が始まってからすでに10年という歳月が流れ、発病から数えると実に20年という年月が経過する中で、次第に容体が悪化する原告やその家族にとって、これ以上裁判を続けることは大きな負担であり、被災者救済のための早期解決の道を選んだのだ。

被災者の救済と、二度と被害を生み出さない職場づくりのため、この闘いの果たした役割は限りなく大きい。

ユニチカ二硫化炭素中毒事件をともに闘って

日本共産党宇治市議会議員　宮本繁雄

話は1983年(昭和58)頃に遡りますが、上京病院(当時)の職員から、宇治のユニチカの労働者に「ユニチカ宇治工場でガス中毒患者（二硫化炭素中毒）は出ていないだろうか。熊本の民医連から問い合わせが来ているが」と連絡がありました。この一本の電話が、ユニチカ宇治工場における二硫化炭素中毒症の闘いの始まりでした。

ユニチカの労働者は、「二硫化炭素中毒」と言われても、どんな病気か分からないし、「そんな患者、聞いたことがない」と返事をしていました。

ところが、民医連の職員も強引で、「ユニチカはレーヨンをつくっているんやろ。そしたら絶対おるから探してくれ」としつこく言ってきました。

　「レーヨンをつくっていたら絶対おる」「二硫化炭素中毒」と言われても、どんな病気か分かりません。そしたらいっぺん勉強しようということになり、上京病院の職員に仕事を終えてから宇治にきてもらい何回も勉強会をしました。

　「レーヨンは化学繊維で、パルプを水酸化ナトリウム水溶液で処理し、アルカリセルロースとし、二硫化炭素と反応させてビスコースをつくる。これを凝固溶液中に押し出すと糸状のセルロース繊維にかわり、レーヨン糸ができる。この紡糸の工程で二硫化炭素ガスが発生し、この二硫化炭素ガスに被曝すれば重篤な脳血管障害を起こし、脳血管障害で運動麻痺や言語障害など現れる」という説明を聞きました。

　ユニチカの前身の日本レイヨンは、1926年（昭和元）に宇治でレーヨンの製造を始めました。工場誘致条例などを制定し行政は特別の支援をしてきました。最盛期には5〜6千人の労働者が働いており、市議会でも4人の民社党の議員を出し、「企業城下町」と言われていました。

　それでも、「そんな患者はまわりにはいない」ということでしたが、ねばり強く「チェックシート」をつくって探してみると、何人かの労働者が浮かび上がってきました。

　古くから宇治では、「レーヨンのガスぼけ」と言われていました。ユニチカでは、山陰地方や四国から多くの若者が来て、寮で生活をしており、病気になれば郷里に帰らされるので、まさか二硫化炭素ガス中毒症の患者が発生しているなどとは分かりませんでした。

　第一次で労災申請したAさんは、現役の労働者でした。40歳を過

ぎたばかりでしたが、右手のシビレや歩行障害、言語障害をきたし、足を引きずるようにして仕事に行っていました。Bさんは50歳前でしたが、右半身マヒ、言語障害をきたし、物忘れも酷い状況になって、すでに退職していました。2人は、会社のユニチカ中央病院では、脳梗塞と診断されていました。会社では、「彼らは酒の飲み過ぎであんなになったんや」と言われていました。

当時上京病院におられた吉中先生らにも診療を終えたあと宇治に来ていただいて、2人の診察をしていただきました。上京病院での検診などを経て、二硫化炭素中毒症と診断され、労災申請をしたのが、1985年（昭和60）です。労災申請まで2年かかりました。

しかし、どのように労災申請をするのか分かりませんでした。そこで、保育士の労災や教員の過労死などの支援に取り組んでいた「京都職対連（京都労災職業病対策連絡会議）」や村山先生らの弁護士に相談しました。大企業のユニチカを相手にするので、地域の労働組合などが中心になって、「ユニチカ宇治工場の二硫化炭素中毒症患者を支援する会」（代表は地区労議長）を結成しました。労働組合や多くの市民に支えられた運動になりました。

1985年、労災認定はされましたが、会社は労働者に謝罪もしません。「会社はガスについて何も教えてくれなかった」「一生懸命に会社のために働いてきてこんな身体になった」「こどもと遊んでやったことがない」など、労災認定された3人が1987年（昭和62）、会社の責任を問う民事訴訟をおこしました。裁判では第一法律事務所、京都法律事務所、市民共同法律事務所、京都南法律事務所からそれぞれ2人の弁護士が代理人なって頂きました。その中心が村山先生でした。

裁判は10年続き、54回の口頭弁論がおこなわれました。その都度、弁護団会議を行い、患者の家族やユニチカの労働者などが集まり、

喧々諤々の議論が続きました。その時、村山先生の一言で、会議が
まとまることもありました。

　長い裁判闘争が続き、裁判に参加する患者も増えましたが、一方
で亡くなられる患者も出てきました。

　1997年（平成9年）に裁判所から和解の話が出てきました。「支援
する会」のメンバーからは、「判決で会社の責任を認めさせたい」と
の意見も出ました。弁護団は、「弁護士的には、できれば判決という
形で責任を認めさせたいという気持ちと、その通りになるかどうかは
別に、勝っても控訴されたらさらに裁判が長引く」との意見もあり、
和解となりました。和解では、ユニチカは実質的に責任を認める画期
的な内容となりました。

　裁判が終わったあとの座談会で村山先生が語ったことが印象に
残っています。「ちょっと時間がかかったけれども、最終的には会社
を追いつめて、こういう解決を引き出した。そういう意味で、何でも
物事は、やっぱり闘っていかなくちゃいけないと、やっていかなくちゃ
いけないと、最初から諦めてはいけないということではないでしょう
か」（「ユニチカCS2中毒裁判闘争報告集」）と言われたことにつきる
と思います。その後、宇治では調理師の公務災害の認定闘争などに
も繋がりました。

　私自身も、「たとえ一人のことであっても、周りがしっかりと支え、
理不尽なことは許さない、声をかければ協力してくれる方は必ずい
る」そういうことを学びました。

　弁護団会議の後、患者や家族、支援のメンバー、弁護団、医師
らとの交流会をよく行いました。よく飲んで、よく喋り、楽しい一
時でした。

第2部　建設アスベストの闘い

事件の概要

　建設アスベスト訴訟は、建設現場でアスベスト建材を取り扱っ
てアスベスト粉じんに曝露し、肺がん・中皮腫等の重篤な病に罹
患した建設作業者とその遺族が、アスベスト建材を製造・販売し
た建材メーカーと規制を怠り流通を促進した国とに損害賠償を求
めた訴訟である。同種訴訟は札幌、仙台、さいたま、東京、神奈川、
京都、大阪、福岡で取り組まれ、原告総数は 1000 名を超える。

　私は京都訴訟の弁護団長を務めており、原告団、「原告は代表
選手」と全面的にバックアップしている全京都建築労働組合（京
建労）、弁護団の三者が一致団結して闘ってきた。京都地裁では
建材メーカーの責任を認める判決を全国で初めて勝ち取り、大阪
高裁ではこれも初めての「全員勝訴」を勝ち取った。最高裁判決
で国・建材メーカーの責任が確定し、国との間では救済に向けた
基本合意書も締結されている。

　最高裁では屋外工に対する国と建材メーカーの責任が否定され
るなど被害者が線引きされ、建材メーカーはなお争いを続けるな
ど、課題も残っているが、闘いの中で原告団長や副団長をはじめ
たくさんの方が亡くなるという大きな悲しみを乗り越えて獲得し
た画期的な勝利判決であった。

座 談 会
関西建設アスベスト京都訴訟が
切り拓いてきたもの

座談会は、第1陣の遺族原告の義經さん、京建労で全国に先駆け建設アスベスト問題を提起した元書記長の徳本さん、第1陣の訴訟提起から現在に至るまで裁判を牽引してきた現書記長の酒井さん、弁護団で企業担当の責任者であった谷さんにご出席いただきました。

出席者

義經若枝
第1陣遺族原告

徳本　茂
全京都建築労働組合元書記長

酒井仁己
全京都建築労働組合書記長

谷　文彰
京都訴訟弁護団

村山　晃

10年の裁判闘争を振り返って

村山　建設アスベスト被害は最高裁判決をきっかけに国の救済制度ができました。しかし、残る課題も多く、闘いが続いています。そこで今までの裁判闘争を振り返り、これからの課題についてもお話をしたいと思います。

谷　　裁判闘争は10年かかりましたが、一人親方に対する国の責任と企業責任という、大きな目標をクリアすることができました。

義經　この被害が救済されないなら裁判所や国がおかしいと思っていました。ようやくここまで来たことにはほっとしています。

酒井　経験したことのない闘いだったので不安もありましたが、「原告

92

は代表選手」と組合を挙げて取り組んだことが大きかったと思います。

徳本 みんなの力で国や大企業に勝てたことは本当に嬉しいことです。

裁判闘争の始まり―初めて企業責任を勝ち取った京都地裁判決

村山 義經さんは1陣訴訟の原告として、裁判はもちろん、厚労省交渉やニチアス包囲行動、首相官邸での当時の菅首相との面談などにも参加されましたね。

谷 裁判の原告になるというのは初めてのことでしたか？

義經 はい。裁判の支援はいろいろなところで関わってきましたが、自分が原告にというのはこの裁判が初めてでした。

村山 どのようなお気持ちで裁判に立ち上がったのでしょうか。

義經 生前、夫からは「国や大企業に勝てるはずがない」と言われたことがありますが、私はそれを聞いてむしろ気持ちが燃えましたね。国民や労働者のいのちと健康を軽視する国・企業を許してなるものか、と。

酒井 義經さんには組合の様々な集会にも顔を出してもらい、支援を何度も訴えてもらいました。

義經 何としても勝たなければということで訴えをさせてもらいました。それでも、初めて裁判所に足を踏み入れた時は震えましたね。

村山 義經さんは、実はご主人自身が原告にということでわれわれも準備していました。原告目録まで作っていたのですが、追加提訴の4日前に亡くなられたためやむを得ず次の追加提訴にご遺族として参加して頂きました。

徳本 次々と仲間の命が奪われていく、アスベスト被害の非常に深刻な部分です。

谷　義經さんは故寺前団長を引き継いで原告共同代表にもなり、先頭に立って闘われました。

義經　国と企業を許さない、被害者を一人でも減らしたいという思いで駆け抜けた10年間だったと思います。

村山　最初の判決となった2012年5月の横浜地裁判決は、全面敗訴判決でした。

德本　まさか、と思いました。

義經　私は逆に、このままでなるものか、こんな判決を出す裁判所が間違っているんだと思いましたね。

村山　この判決は、かつては労働組合も含めてアスベストに反対しない雰囲気があったというようなことも指摘していて、国や企業に一定の責任はあるが、社会全体に責任があるように決めつけ、国や企業だけに責任を問えないとした切り口の悪い判決でした。

谷　でも、その全面敗訴判決からきちんと学ぶことで、後の東京地裁、そして、京都地裁での勝利へとつなげられた面もありました。

村山　2014年10月に泉南アスベスト訴訟の最高裁判決があり、国の責任が認められましたが、責任を認めた期間が非常に短かったり、建設アスベスト訴訟で主要な争点だった防じんマスクについては国の責任を否定したりと、問題もありました。

谷　それでも、その後も国の責任を認める裁判所の流れは変わりませんでした。

村山　しかし企業責任はなかなか認められず、京都の判決の時には「風穴を開けてくれ」と全国から強いメッセージが寄せられていました。

德本　京都では絶対に勝ってくれと。

村山　それだけにすごくプレッシャーを受けましたが、判決の言い渡しで、企業の責任が認められた時は、義經さんが裁判所に入った

時の話ではありませんが、感動で体が震えました。

谷　判決は、風穴というよりは、壁が崩壊したというほど、全面的に企業責任を認めるものでした。

酒井　京建労は良くやってくれたと全国の仲間から喜ばれた時には感無量でした。

村山　京都地裁で初めて企業責任を勝ち取ったあとで実施されたニチアス包囲行動は今でもよく覚えていますよ。しばらく前に僕がけしかけた責任もあったのですが。

酒井　2016年2月2日ですね。全国から1000人が集まり、ニチアスの責任が京都地裁判決で認められたとあってたくさんの人が参加してくれました。

義經　街宣のやり甲斐がありました。

村山　しかしニチアスの対応はひどかった。交渉に応じないどころかガードマンが玄関口に立ちはだかり交渉の申し入れをすることすら拒否し、その上現場に弁護士を派遣してわれわれの様子を見張らせるんですから。

德本　負けてる企業の対応じゃないね。

村山　企業の対応のひどさは今も続いていますが、企業攻めの第一弾としては成功だったと思います。

大阪高裁は一人親方も勝訴し、全員勝訴

谷　京都地裁では全国初の企業責任を勝ち取ることができました。国や企業が控訴して始まった大阪高裁での控訴審では、どのような点が課題だったのでしょうか。

村山　いろいろありますが、やはり、企業責任を広く認めた京都地裁判決を守り抜くこと、それから一人親方に対する国の責任を認め

させること。この２つが最大の課題でした。

酒井　建設業界はもともと一人親方が多く、京都の原告でも半分くらい
　　　がそうでしたから、何としても勝たなくてはと思っていました。

谷　　現在はどの業種でも雇用によらない働き方の拡大やフリーランス
　　　化が問題になっていますね。

徳本　建設業界はその走りです。ただし、最近は後継者問題もあって
　　　逆に雇用していくという流れになっています。

村山　一人親方の問題で初めて勝利を勝ち取ったのは 2018 年 3 月の東
　　　京高裁判決でした。

酒井　組合にとっての悲願だったので、この流れをぜひ京都でもと大い
　　　に盛り上がりました。

義經　本当に嬉しかったですね。次は京都で、と思いました。

村山　企業責任についても京都地裁判決に続く勝利判決が出ていまし
　　　た。その中で、やはり京都でもさらなる勝利を、と期待が高まって
　　　いたわけです。

徳本　一人親方責任や企業責任を全国の力で前進させ、京都での勝利
　　　の機運も高まっていったのですね。

谷　　そして迎えた 2018 年 8 月 31 日の大阪高裁判決ではその両方を勝
　　　ち取り、「全員救済」判決となりました。

義經　みんなで闘ってきただけに、喜びもひとしおでした。

酒井　京都地裁判決では一人親方の点だけみんなが引っかかっていま
　　　した。国の責任が正面から認められてほっとしました。

村山　控訴審では舞台が大阪高裁になるので、地理的にはかなり遠い。
　　　組合としてそういう面での支援の難しさはありましたか？

酒井　あると思っていたのですが、意外にそうでもありませんでした。
　　　支部の幹部中心に支えなければならないという思いで団結していま

したし、原告のためにとしっかり意思統一できていました。大阪訴訟との連携もあったとも思います。

徳本　そうした引き続いての取り組みが、高裁判決につながったと思っています。

裁判所からの和解勧告を拒否した国と企業

谷　　京都・大阪訴訟の控訴審では、結審にあたり、裁判所から和解の動きがありました。京都訴訟の控訴審では和解の意向確認、大阪訴訟の控訴審では和解勧告。でも国も企業も完全に拒否しました。

義經　とにかく腹が立ちました。争いを続けるせいで何人もの被害者が命を奪われているのに、まだ認めようとしないのかと。

村山　裁判所が和解に向けて動いたのは、弁護団が強く働きかけたということも背景にありました。世論を盛り上げるという観点でも大きな意味があったと思います。

酒井　判決後、上告せずに話し合いをと国や企業に申し入れをしましたが、この時もすべて拒否されました。

徳本　何回負ければ認めるのか、被害者にいつまで闘いを強いるのかと憤りを覚えます。

村山　国は最高裁判決を受けて方針を転換し、謝罪や救済制度が実現しましたが、企業は今なおまったく動こうとしていません。

義經　絶対に許せません。必ず救済制度を実現してみせます。

最高裁判所で国と企業の責任が確定

村山　2021年1月28日、京都1陣について、最高裁判所が、国と企業の上告処理申立を1人を除いて認めず、被害者24名について

勝訴が確定しました。

酒井　10年かかってようやく、です。

村山　昔はもっと時間がかかりました。関電の事件なんかは24年かかっています。これだけ複雑な事件で10年というのは、むしろ早い方かもしれません。

義經　でもその間にたくさんの仲間が判決を聞くことなく亡くなってしまいました。本当に悔しい思いです。

村山　今日法廷で証言された方が次の法廷にはいらっしゃらない。そんなことが何度もありました。私の50年の弁護士人生の中でも本当にまったく経験のないことです。

酒井　ひとり、またひとりというのは本当に辛いことでしたが、必ずご遺族が遺志を受け継いで立ち上がってくれたので、私たちもより一層の支援をと団結しました。

義經　私は最高裁にも行きました。2021年3月22日の弁論の時です。

村山　私たちは屋外作業者についても救済すべきだと、しっかり準備して弁論を行いました。屋外工だった木村さんのご遺族にも魂のこもった弁論をしてもらいました。でも残念ながら、弁論を開く時にはもう結論は決まっているんです。

徳本　それが分かっていたからやりきれない気持ちでした。

谷　　それでも何とかという思いで弁論を行いました。

村山　最高裁判決は、神奈川・東京・京都・大阪の四訴訟についてまとめて2021年5月17日に言い渡されました。最高裁判所の結論としては、国・企業の責任を広く認めるという原告勝利でした。他方で、責任を認める期間を区切ったり、屋外作業を救済対象から外したり、問題もあります。良い面、悪い面が凝縮されているのです。

酒井　国と大企業に勝利したことは運動の成果だと思います。でも被
　　　害者を線引きしたことはどうしても許せません。

国を動かし救済制度を実現

谷　　義經さんは、判決翌日の首相面談に参加しましたね。

義經　菅首相（当時）が私たちに頭を下げている様子を見ながら、1
　　　つの区切りだとは思いながらも、どうしてこんなに引き延ばした
　　　のかと怒りの気持ちは消えませんでした。

谷　　義經さんと村山先生は、その日の厚労大臣との協定締結の場に
　　　も参加しましたね。

村山　ええ。私は国との基本合意書にサインしました。

酒井　このあと一気に救済制度ができました。

村山　一人親方についても責任が認められたことで、労働安全衛生規
　　　則が改正され、現場でも一人親方保護が図られることになりまし
　　　た。

德本　これも大きな成果です。

谷　　これから働く人にとっては大きいですね。

村山　吹付作業についての責任が1972年10月から認められたのは、
　　　文字通り義經さんが原告として立ち上がったからなんですよ。

義經　そうなんですか？

村山　ええ。京都地裁の裁判官が義經さんを見て、ちょうど義經さん
　　　が救済されるような判決を書いたんです。それが最高裁でも確定
　　　しました。

谷　　なので、義經さんが立ち上がったことで救済の範囲が拡がった
　　　んです。たくさんの人が立ち上がることの大切さを端的に示して
　　　いると思います。

村山　２陣訴訟・３陣訴訟と多くの人が今でも立ち上がっていること
　　　は、残された課題を克服するためにも重要なことです。

京都のアスベスト闘争のはじまり

村山　この到達点は、やっぱり京建労の力なくしては勝ち取れませんで
　　　した。

谷　　経験したことのない闘いで不安もあったとのことでしたが、組
　　　合として裁判闘争に立ち上がるということはすんなり決まったので
　　　しょうか。

酒井　すんなり決まりました。首都圏でもう始まっていましたからね。

徳本　首都圏で裁判が始まった 2008 年、私は東京の方で組合の仕事を
　　　していました。ちょうどその時、村山先生も東京にいましたよね。

村山　ええ、ちょうど日弁連の副会長をしていた時期で東京にいたので、
　　　徳本さんとは、よく酒席をともにしましたし、冷蔵庫いっぱいのビー
　　　ルがある徳本さんの住まいに行ったりもしました。そんな折に、こ
　　　の裁判のことも話しましたね。

徳本　いずれ京都でも、とね。

酒井　それは知らなかった（笑）。

徳本　私が村山先生を知ったのは 1980 年代のことでした。京都職対連
　　　を通じた、宮津支部の組合員の網膜剥離の事件での労災闘争だっ
　　　たんです。

村山　もう 40 年になりますね。その闘いも、労働保険審査会でみごと
　　　な逆転勝利でした。

徳本　それから学習会を依頼するなど付き合いが始まり、アスベストの
　　　問題についても相談しました。

村山　僕も「こんな問題があるのか」と知り、国などへの働きかけをし

たのですが、そこから長い時間が経ってしまいました。そのことについては今でも忸怩たる思いがあります。

徳本　そういうことがあったので、裁判を京都でもと話し合ったわけです。

酒井　なるほど。でもその時取り組んだからこそ、今の裁判闘争の下地が京建労にできたのでしょうね。

勝利の鍵は京建労にあり

義經　京建労のみなさんは、文字通り我がこととして裁判を支援してくれました。

酒井　被害者とか原告とかいうより、組合の仲間という思いが強いですね。だからこそ「原告は代表選手」と組合全体で支え、団結して闘い続けることができました。

徳本　誰が病気になるか分からないということも大きかったと思います。昨日まで一緒にやってきた仲間が病気になって、その原因がアスベストだと。

義經　誰でもがアスベストに関わっているわけですから。

村山　そういう意味では恐ろしい病気ですね。だからこそ、みんなが闘ったのでしょう。

酒井　原告が必死になって闘っている、これから仲間に被害が広がらないようにと頑張る姿に、みな心を打たれたんだと思います。

谷　　原告の方には各支部の役員をされていた方も多いのですね。

徳本　ええ。長年各支部を支えてきた人が原告として闘ったことで、お世話になったその人を支えようという機運も盛り上がりました。

酒井　原告団長の寺前さんは、みんなのために頑張らないといけないということを一生懸命言っておられました。

村山　その言葉がまた共感を生み、輪が広がっていったのでしょうね。
　　　ところで、全国的に見ると1つの組合が裁判を全面バックアップ
　　　するというスタイルは珍しいですね。

酒井　横浜なんかもそうですが、組合の規模が全然違いますから。

谷　　例えばカンパ活動なんかはどうでしたか。

酒井　正直お金の面が一番心配でしたが、この点でもみんなが協力し
　　　てくれました。

義經　自分の問題だからという思いで集まったのではないでしょうか。
　　　次の被害者は自分かもしれない、と。

村山　やはり京建労の中ではアスベストの危険性に関する情報が共有
　　　されていたのでしょうね。だからみんながバックアップした。

谷　　ほかにはどのような運動に取り組みましたか？

酒井　署名集め、街宣、ファックス要請、裁判長へのはがき運動など、
　　　考えられることはどんどんやりました。

村山　署名は、全国の協力もあって地裁でも高裁でも何十万筆も積み
　　　上げることができましたね。

酒井　京建労でも、署名を集めるのは苦労することもあるんですよ。
　　　でも、この署名に関しては、一人で100も200も集める人も出て
　　　きました。やっぱり、原告が頑張っているのがよい影響を与えた
　　　と思います。

徳本　原告が頑張って集めている姿を目にすれば、周囲にもどんどん
　　　広がっていきますからね。

村山　原告がそこまでやるからこそ、立場を超えて共感をしてもらえ
　　　るのでしょうね。

義經　アスベストの問題は関心が高いんです。私も取り組みました。

酒井　原告が次々と亡くなったのも、こういうことがあっていいのか

という意味で、組合員の強い思いを引き出しました。

村山　裁判所にも影響を与えたと思います。正に命がけで勝ち取った判決ということになりますね。

全国に先がけて問題提起していた京建労

村山　さきほど少しふれましたが、京建労とアスベスト問題は深いつながりがあります。1980年代に日本で初めて問題提起をしたのが京建労だったのです。

徳本　きっかけは山科支部からの問題提起でした。こんな危険な物質を組合として放っておいていいのか、とね。

酒井　まずは実態調査から始めたんですよね。

徳本　ええ。まず専門家を探して協力を依頼し、学習会をしました。でもアスベストは目に見えませんから、実際にどのくらい曝露しているのか、実態調査をしたんです。

村山　それでご協力頂いたのが、名古屋の久永先生なわけですね。その調査結果は各判決にも引用されています。

谷　　判決に引用されているという点では、当時のマスクの使用状況調査も使われています。こうした調査もされたんですね。

徳本　そうですね。先生にして頂いた調査によって、建設現場で組合員が非常に危険な状態にあるということが見えてきたのです。次はアスベストの入った建材の調査ですが、これがまた大変でした。

村山　「アスベストが入っています」なんて表示されてませんからね。そんなことを書いたら買う人がいなくなるということでしょう。

徳本　メーカーは絶対に言いませんでした。それで、一つ一つ資料をひっくり返して確認していったんです。すると、アスベスト建材が周りにあふれていることが分かりました。

村山　そうした取り組みが、京建労のアスベスト対応の原点になった
　　　わけですね。

徳本　はい。1986年には京建労大会でアスベストの全面禁止を決議し、
　　　NHKにも取り上げられました。

村山　京都地裁判決で調査結果が引用されているように、当時の取
　　　り組みが今回の全面勝利判決につながったことは間違いありませ
　　　ん。

酒井　京建労のアスベスト問題への取り組みは、全建総連に引き継が
　　　れることになりました。

徳本　京都だけの問題ではないですからね。国会で禁止法案を提出す
　　　るまでになりましたが、メーカーなどの強い反対で実現しません
　　　でした。企業というのは本当に罪やね。

谷　　その時にきちんと国や企業が対応していれば、これほどの被害
　　　は発生しなかったのではないでしょうか。

村山　どういう使い方をしないといけないのか、どういう風に危険な
　　　のかを書かないとダメだ、と最高裁は言っています。それが本来
　　　の最低限の企業の責任でしょう。

酒井　アスベストなんてみんな知りもしませんでした。粉じんが口の
　　　中に入るのが嫌で、せいぜい手ぬぐいで口を巻くぐらいです。

谷　　1980年代に取り組んでこられた徳本さんから見て、今回の判決
　　　はいかがですか？

徳本　とにかく感無量です。原告団の人たちが巨大な相手と闘い、な
　　　おかつ自分の健康とも闘い、勝利を勝ち取ったんですから。本当
　　　に頭が下がる思いです。原告団、弁護団の団結が今日の勝利に結
　　　びついたと思っています。

酒井　実は京建労が取り組んでいる組合員のアスベスト健診を始めた

のは徳本さんなんですよ。

村山　原告のお話を聞いても、京建労のアスベスト健診がきっかけで病気に気がついたという人がとてもたくさんいます。アスベストの病気は早期発見が一番大事。こういうところにも京建労の役割がいかんなく発揮されています。

2陣・3陣訴訟を勝ち抜いて全面解決へ

村山　京都では2陣訴訟・3陣訴訟も進んでおり、こちらを勝ち切ることも重要な課題です。企業責任を一層浮き彫りにさせるとともに、最高裁判決の悪い面を乗り越える闘いになります。

谷　　最高裁判決が出て、この問題はもう決着したと思っている人もいるようですが、決してそんなことはありません。

徳本　ここからさらに運動を強め、世論も動かしていく必要がありますね。

村山　大きな課題は、屋外作業問題、解体問題、それから何と言っても企業をいかに救済制度に巻き込んでいくかというあたりです。

義經　1陣の木村さん（屋外工）は本当に残念でした。

村山　痛恨の思いです。ただ、もっぱら屋外で作業をしていたのではなく、みなさん屋内作業も行っておられます。国の救済制度との関係でもそのように認定され屋外工の救済も認められています。

解体の暴露防止と企業責任の追及

酒井　組合としては解体の問題が大きいです。これからのアスベスト曝露は基本的に解体でということになりますから。

谷　　アスベストが使用された建物の解体のピークはこれからだと言われていますね。

徳本　まだまだ被害者が出てくる可能性がある。

村山　そうすると、責任の終期が 2004 年となったことが関係してきます。一方ではこれをより後ろの方まで認めさせることが必要です。

酒井　もう 1 つ、やはり現場での曝露防止対策の徹底ですね。解体の際のアスベスト規制はこの間強化されていますが、費用の助成ももっと拡大させる必要があります。

村山　建築基準法に関する国の責任が認められていればその辺の交渉もやりやすかったのでしょうが、残念ながら認められませんでした。交渉の時にも国交省などは「うちは関係ありませんから」といった態度で。

徳本　これからの建設産業を担う人たちのためにも現場での曝露防止対策を徹底させていく必要があります。

義經　主人に教えてもらったことがありますが、本当にいろいろなところにアスベストはまだ残っています。

谷　現場でいかに徹底させるかということですね。

村山　そういう意味では政治に働きかける取り組みも重要になってきます。京建労は自治体での意見書採択活動に力を入れていますね。

酒井　はい。アスベスト被害について国に早期の救済と解決を働きかける意見書が、京都府内 27 全ての自治体で採択されています。これは全国で初めてのことです。

谷　どのような取り組みをされたのでしょうか？

酒井　実は今までは、京建労の名前がつくだけで拒否されることがありました。そこでそれにこだわらず、保守系の議員さんも含めて全員にちゃんと話をしました。

徳本　探してみると、実は組合員それぞれのいろんなつながりがあったんですね。それを生かしたんです。

村山　いままたもう一度取り組みをされているのですか？

酒井　はい。前のものは国を主眼に、言ってみれば大雑把に救済を求める内容だったのですが、今回は企業なども含めた完全救済を、解体除去にも国が責任を持て、という具体的な内容にしています。

村山　裁判内での取り組みと、そういった裁判外の取り組みを両輪としてこれからも進めなければなりませんね。弁護団としては２陣訴訟・３陣訴訟を高い水準で勝ち切ることが当面の目標です。

全ての企業に責任をとらせる闘いを

義經　それにしても企業の対応は相変わらずひどいですね。

村山　裁判では引き延ばし、裁判外での交渉にも応じない。本当に何とかしなければなりません。

谷　　特にニチアスなど、大量にアスベスト建材を製造販売してきたところほど対応が悪い気がします。

村山　最初は高をくくっていた部分があったと思いますが、負け始めるようになり、今ではある意味逃げ切れないと思っているのでしょう。だから自分たちの利益をいかに守るかばかり考え、行動するのです。

義經　ホームページにはどこもいいことを書いているのに。

村山　そう。人権やいのち・健康を大事にしますとどこの企業も高々と謳っています。じゃあなぜこの裁判では誠意ある対応をしないのか。そのことが問われています。

酒井　やっぱり許せません。正義は私たちにあり、と確信を持って全面解決まで闘いたいと思います。

村山　アスベスト建材を製造・販売していた全ての企業に責任があります。その責任を認めさせ、補償制度に参加させることが必要で

す。これからも原告団・京建労・弁護団が一致団結して闘い抜きましょう。

（以上）

建設アスベスト京都訴訟をともに闘って

弁護士　福山　和人

　京都建設アスベスト弁護団は、村山先生が弁護団長、私が事務局長を務めています。この事件は、2010年秋頃、先行して裁判を闘っていた首都圏や泉南のアスベスト弁護団の呼びかけを受けて、その年の12月に学習会を開いたのが出発点でした。なので、かれこれ12年以上のお付き合いになります。

　実は村山先生とは、中国残留孤児国賠訴訟や京都市教組超勤訴訟、全国一斉学力テスト差止仮処分事件、社保庁分限免職事件などでもご一緒させて頂いたので、私の弁護士生活の中で、いつも何か一緒にやらせてもらっている気がします。

　そういう経験から、村山先生の横顔を一言で申し上げると、〝硬軟自在〟という事に尽きます。まず「硬」の面です。2016年1月29日の京都地裁判決で全国初の対企業勝訴判決をかちとった後、私たちは全国の仲間とともに、被告ニチアス本社前で1000人の大包囲行動を行いました。この発案者が他ならぬ村山先生でした。判決前の全国弁護団会議では、まだ企業に勝ったことがなかったので、やや消極的な提案がされました。それに対して村山先生は、「裁判で勝とうが負けようが、危険と知りながら石綿建材を作って売った企業に責任がないということはあり得ない。主犯であるニチアスに

108

交渉を求めて、応じないならそういう態度を世に訴えるために本社を包囲して大抗議行動を打つ。それくらいの構えが必要だ。」と喝破されました。この一言で会議の空気が一変しました。組合の人たちも全国の弁護団も、目が覚めたように「そのとおりだ」と衆議一決し、あの1000人包囲行動に結実しました。ニチアスは勝訴した原告にすら会うのを拒んだため、騒然とする中、原告たちは整然と座り込みを行い、マイクを握って切々と「ニチアスは謝ってほしい」と訴えました。よほど堪えたのでしょう。ニチアスはその後、交渉に応じるようになりました。大義を語り、仲間を励まし、決起を呼びかける村山節に、私たちは闘いの節目節目でいつも大きな力をもらっています。

　次に「軟」の部分です。村山先生は、力強く闘いを呼びかける一方、裁判では非常に慎重です。私などはつい強気な主張をしてしまいがちなのですが、村山先生は無理な主張をしていないか、被告の反論に耐えうるか、裁判所を説得できるかを慎重に見極めようとされます。そうした複眼的な視点があればこそ、裁判所をも味方につけ、1陣の地裁判決での対企業勝訴、高裁判決での一人親方も含む全員救済、に結実させることができたのだと思います。村山先生は、弁護団での懇親会などでは、いつもあの独特の高い笑い声で周囲を笑いの渦に巻き込みます。特に正論を言うときほど笑顔で語る柔和な村山節に、周りもつい引き込まれます。

　そうした硬軟自在の村山節をこれからもたくさん聞かせて頂けることを心から願ってやみません。

第**3**部　教職員の権利闘争

はじめに

　時代を大掴みにすると民主主義教育と国家主義教育が激しくぶつかり死闘を繰り広げてきた 77 年間であった。

　戦後、憲法と教育基本法が生まれ、民主主義教育の大きなうねりが始まった。それを支える教職員組合の活動が活発に展開されてきた。それに対し、教職員に向けた様々な反動立法が用意され、せめぎあいが始まった。

　教職員組合運動は、1960 年代から 70 年代にかけて、時の政権の勤評や学テを失敗に追い込み、教職員への大量処分も、その後撤回させてきた。

　しかし、組合弱体化攻撃は手を緩めることなく続き、日教組は、組織全体として闘うことを放棄した。全教が生まれ、闘いは続いたが、組合運動の力を大きく変えるには至っていない。

　そして、80 年代から 90 年代にかけて、新自由主義教育が国家主義教育と一体となって襲いかかり、2000 年代には、教育基本法が改悪された。この攻撃には終わりはないし、苦闘にも終わりがない。

　こうした攻撃をはね返す闘いの有力な武器になるのが「権利」である。

　教職員の権利問題をさきがけて闘ってきたのは、京都だ。京都から全国に権利闘争を発信し続けてきた。そのこともあって私は全教の弁護団で活動できた。

京都では、戦後の「旭丘偏向教育事件」にはじまり、勤評・学テ処分との闘い、3・30団交弾圧事件、過労死・けいわんなど公務災害の闘い、条件付き採用教員分限免職事件、教研集会会場確保事件などなど、どの事件でも大きな前進を遂げてきた。

　私が弁護士になって52年が経つが、京都の教職員組合だけは、事件が途絶えたことがなかった。そして大きな成果を残してきた。

　それは権利を何よりも大切にし、果敢に闘ってきたからに他ならない。

1　座談会 (1)
教職員組合とともに
切り拓いてきた権利闘争

座談会は、半世紀の教職員組合の権利闘争をともにした京教組出身で全日本教職員組合元副委員長の長谷川英俊さんと、過労死事件や長時間勤務事件、髙橋事件をともにした京都教職員組合委員長の中野宏之さん、現書記長の星琢磨さん、全教常任弁護団の一員でもある渡辺輝人弁護士にご出席いただきました。

出席者

長谷川英俊
元京都教職員組合書記長・
元全日本教職員組合副委員長

中野宏之
京都教職員組合委員長

星　琢磨
京都教職員組合書記長

渡辺輝人
全教常任弁護団

村山　晃

自己紹介をかねて

長谷川　私は1970年に京都の教師になりました。その後、京都市教

職員組合、京都教職員組合の専従役員を務め、91年、全日本教職員組合の発足後は全教役員を定年まで勤め、その後4年、中央憲法会議の事務局長について2011年帰京しました。現在、全国の退職教職員の会会長をしています。

　京教組弁護団・全教弁護団の中心を担ってこられた村山さんには、教組運動の良き理解者・伴走者としてご指導いただいてきました。長く一緒に歩めたことを光栄に思っています。

中野　現在、京都教職員組合の委員長をしています。私が、京都市教組で組合の仕事を始めた1986年当時は、教職員の権利問題や組合への攻撃が矢継ぎ早に起こりました。村山先生とは、その頃から、教職員の権利、身分問題について、一緒に取り組んできました。子どもたちの教育をよくするためには、教職員の権利や身分保障を確立していく必要がありました。訴訟のみならず学習会の講師、現場対応などでも、いろいろ教えてもらいながら一緒に取り組みを進めてきました。喫緊の課題としては、なんとか教員の超過勤務（超勤）問題の解決を一歩でも進めていきたいと考えています。

村山　2021年に弁護士50年の区切りを迎え、日弁連や京都弁護士会でも表彰していただきました。23年は喜寿になるので、一緒に走ってきた皆さんと弁護士活動を振り返る作業をしています。「先生、本を出さないのですか」と言われることもあったのですが、僕はあんまり理論家ではないので、いろんな論文を引っ張ってきてまとめて、というのが得意ではなく、今までそういうまとめはしませんでした。でも、今までしてきたことをそれなりにまとめたいなと思っていたら、所員弁護士が「やりましょう」と言ってくれて、今回の企画になりました。

　この前も自由法曹団の先輩団員に聞くという企画をウェブで

やった講座の講師をやって、その際の注意事項で、「自慢話には
ならないようにしてほしい」と言われました。しかし、こう闘って、
こう勝った、というのはある種の自慢話になってしまい、なかな
か難しいのです。

教職員組合運動は弾圧の歴史

村山　僕の京教組の皆さんとの関わりは、3・30団交弾圧事件から
　　　スタートしています。本当は、あの事件で一緒に闘った人たちも
　　　この座談会に加わってもらいたいという思いが強いのですけれど、
　　　残念ながら皆さん亡くなられています。今回もこの機会を逃して
　　　先になると、もう機会がなくなってしまうかもしれないので、こ
　　　ういう機会を持たせてもらいました。

　　　そういうわけで、固定的なテーマは考えていないのですが、何
　　　しろ京教組、全教というのは事件の多いところで、中でも京都市
　　　教組は事件の宝庫みたいなところがありますね。長谷川さんも中
　　　野さんも市教組出身なので、それぞれ、どういう課題に取り組ん
　　　でこられたのか、お話を伺えればと思います。

長谷川　私が市教組の役員時代は蜷川府政、京教組の役員になったの
　　　は1978年、蜷川府政が落城した後でした。村山さんにお世話に
　　　なるのは2期目に入った自民党府政が、京教組、民主団体に牙を
　　　剥き始めた時期でした。同時にこの時期は、89年に連合が発足し、
　　　これに対抗し、全労連、全教が発足していったように、闘う労働
　　　運動の高揚期でもあったんですね。

　　　村山さんが言われたように、私が京教組書記長時代でいえば、
　　　82年の知事選不当弾圧事件、抗議集会での刑事弾圧事件、木下
　　　分限免職処分事件、国鉄立看板弾圧事件など事件が相次ぎました。

京都市教組は京教組の中核組合として、父母・市民とともに子どもと教育を守って大きな役割を果たしていました。それだけに攻撃も集中したのです。

60年代の始め、全国的な学力テスト反対闘争で京都市教委は、4人の中学教師を懲戒免職処分（62年）にしました。私が市教組の専従役員時代、書記局には処分されたお2人が専従役員として勤務していました。

67年には、富井革新市政誕生直後の3月30日、市教協団交弾圧事件が起きます。人事問題は管理運営事項だと突然、団交を拒否した市教委に市教協が激しく抗議するのですが、これを口実に中心的な幹部10人を逮捕、9人を起訴しました。統一地方選を前に市教委と警察権力がでっち上げた極めて乱暴な弾圧事件でした。

村山　3・30団交弾圧事件は、1967年に京都市に富井民主市政が誕生して、府政も蜷川民主府政のもとで、そうであるのに、市教協の幹部を総なめにするような警察の大弾圧があったのですよね。市とか府レベルではない、国家レベルの警察の弾圧だったのですね。

長谷川　1954年の旭丘中学校事件もそうでしたね。偏向教育を口実に、教育公務員の政治的活動禁止などを盛り込んだ教育2法を通さんがために文部省が偏向教育事例を国会に提出する、旭丘中の教育がやり玉に挙げられるのです。国家権力が直接弾圧に乗り出した事件でした。

村山　ちょっと今では考えられない時代ですね。その前に府職労の安保弾圧事件があって、3・30団交弾圧事件があって、教職員だけではなくいろんな組合で刑事弾圧事件が相次ぎました。公職選挙法の刑事弾圧事件では無罪を勝ち取ったものも結構あります。

しかし、3・30団交弾圧事件は、かなり良い線まで行ったと

思うのだけど、裁判官のものの見様一つで、どうしようもなかったですね。あの事件で、市教協（市教組、市立高教組）が受けたダメージは大きかったと思いますが。

中野　私が組合専従になった頃は、3・30団交弾圧事件の最高裁判決がまだ出ていませんでした。その直後に判決が出て、有罪が確定したことで岡本先生が失職しました。3・30事件を含めて京都市教委はかなり特殊でした。京都市教委には、たぶん全国で唯一だと思いますが、企画労務係という部署があります。組合や運動団体対応の窓口を担っています。運動団体とうまくやったり、弾圧したりしたことが評価されて、多くの人は出世コースに乗ります。今の京都市長の門川さんも、その前の市長の桝本さんも、企画労務係をへて、総務課長・総務部長・教育長・市長へとすすみました。本来だったら、教育長としてふさわしいのか大いに疑問があります。今の教育長も教職員課時代に髙橋智和さんの分限免職に深く関わり、その後、総務部長・教育次長などをへて教育長になっています。京都市は、ほんの一時期を除き教育現場出身の教育長は存在せず、人事や教職員管理を担ってきた人が勤めてきました。1980年代後半の「日の丸・君が代」の強要問題が起こるまでは、3・30事件の教訓もあり、人事でも組合との関係でも、市教委側が譲歩することも多々ありましたが、「日の丸・君が代」問題以降は、市教委当局の対応が大きく変わってきたと思います。

村山　日の丸・君が代問題では、相次ぐ学習指導要領の改悪問題もありましたね。3・30事件では警察権力が襲ってきて、検察が起訴する。市長らは手出しができないエリアですが、普通、起訴されると休職になる制度がある。でも、この時に起訴された皆さんは、起訴休職にさせなかった。被告人の立場のまま教壇に戻って、教鞭をとって

いた。地裁・高裁で有罪になっても教鞭をとっている。それをできたのは、組合の力、民主勢力の力があったからだと思います。

長谷川　京教組、市教組が大きな力を持っていましたね。教師の勤務評定に反対して二条城前広場で1万2000人集会を開催する。府内の組合員は臨時列車や貸し切りバスで駆け付けました。高校三原則潰しの時もそうでした。三原則守れと円山野外音楽堂の外にまで溢れて1万人が決起集会を行った。いずれも府市民の大きな支持のもと父母も多数参加された集会でした。それだけに、反動勢力が集中的に攻撃を仕掛けてきた、ということだと思います。

村山　私が事務所の三十周年誌（1991年発行）に、「圧倒的に勝ち続けてきた」と書いたら、その当時の弾圧対策の担当だった新谷くん（若くして亡くなりましたが）から「先生、京教組は違いますやん」と厳しいご指摘を受けたことがあって、教職員の分野では、なかなか勝つのが難しい時代がありました。86年には木下先生の分限免職事件があり、当該分会をあげて木下くんを守ってくれたけど、裁判では勝てなかったですね。しかし、その後勝利する事件が増えていきました。2005年に、髙橋智和先生の分限免職事件がありました。ここでは見事に勝訴することができました。

長谷川　初任者研修制度が導入されて程ない時期、府教委は物言わぬ教師づくりをねらって、採用されたばかりの木下先生を研修結果が「良好な成績とは認めがたい」と分限免職（86年）にしました。私が府庁にいた時でした。突然電話がかかってきて、首を切られた、と言うのです。驚きました。全国でも初めての事例でした。京教組は撤回を求めて声明を出し教文ホールで抗議集会を開催し、その後、長い闘いとなりました。

村山　あの分限免職は、無謀、無茶なものであったことは間違いないし、

訴訟での校長や教頭への反対尋問も成功したし、木下先生をきちんと評価する先輩・同僚の先生方の証言も迫力がありました。ただ、初任者研修の時の本人の感想文なんかで、揚げ足を取られました。初任者研修そのものに組合は懐疑的だったし、実際にどうしようもない「研修」で、本人も、なんで子どもたちに教えたい重要な時に、こんな初任者研修に時間を取られるのか、という思いが感想文で前面に出てしまったのですね。取り戻せないことなのでどうしようもないのですが、裁判所は、そうした隙に弱いので、一番注意が必要です。

渡辺　しかし、そうやって個性的な人もいたのをバキバキに弾圧してしまい、若者が羊の群れのようになってしまったのが今の世の中ですよね。悲しいお話です。

中野　現在は、木下先生のように批判的なことを研修の感想に書ける人は出てこないですよ。教育委員会の研修に行く時は「必ず背広着ていく」みたいになっていますからね。「教育者はそれでいいのか」ということを行政も考えなければならないと思いますよ。

長谷川　京教組が不当処分だと闘うことをある程度予想して社会問題化させ教育統制、管理統制をねらってきた、そういう面もあったように思いますね。

村山　大きな意味で、組合を抑圧する手段に使われた事件だったですね。裁判に勝てなかったのは残念無念です。長い準備書面を書いたのですが、その時の裁判官は、長い書面を書かないといけないような裁判はあまり勝ち目がない、という裁判官でしたね。勝てる事件は、長い文章を書かなくても、裁判官は勝たせると言われました。しかし、その後勝訴した髙橋事件も、書面は長かったですね。欠点をあげつらうわけですから、こちらも反論は長くなら

ざるを得ないのです。

全教の発足と教研会場問題、そして弁護団

村山　そういう弾圧、干渉があり、日教組が連合の方に行って、闘い
を事実上しない方向に舵を切っていく。そして全教が生まれた。
私は、それまでは、3・30団交弾圧事件が日教組の支援事件に
なっていましたので、日教組弁護団に必ず毎年一回参加して、教
職員運動がどういう課題を持っていて、どういう運動をしている、
という報告などを聞いて、これは大変勉強になりましたね。全国
的な弁護団の会議は日教組は一泊二日でやっていました。そして、
全教ができてから、一番最初の大きなたたかいが教研集会の会場
の使用問題でした。

長谷川　協議会全教が発足した翌年の1990年春、初の全国教研を京
都で開くことになりました。ところが京都府は所定の手続きで申
し込んだ府立勤労会館（当時）を、右翼の妨害を口実に使用取り
消し処分にした。集会・言論の自由を掲げ闘った全教・京教組は
総力をあげます。この闘いを全面的に支えていただいたのが村山
先生をはじめ自由法曹団の方々でした。

　闘いは見事な地裁決定・高裁決定を勝ち取り、全国教研は大成
功を収めます。この闘いがその後の全教大会、全国教研の会場使
用問題を切り拓いたのです。

　感激したのですが、弁護団に弁護費用をお渡ししたら自由法曹
団が「教研全国集会・会場使用問題裁判記録集」を出す費用に充
てられた。この闘いをパンフにして世に残された。このパンフが
その後の闘いの大きな武器になっていきます。

村山　それ以前にも、日教組の会場問題というのはあって、この

件は全教になって初めて取り組む教研集会で、なんとしても会場を確保しなければならなかった。一度、別の会場を取ったけど、取り消されて、でも公の施設ではなかったから、法律上の闘い方が難しかったのです。府立勤労会館（現在のハートピア京都）は公の施設なので、一度使用を認めさせた後、使用許可を取り消されても、執行停止の申し立てができたのです。しかし、当時の裁判所の状況は、この時の裁判所の決定のような方向に必ずしも向いていたわけではないので、長谷川さんが言われたように、手続きの中で、集まりの重要性、集まって会議をすることの重要性を非常に熱っぽく展開しました。右翼の街宣車が行きかう中で、裁判所の決定は、気に入らない勢力が潰しにかかるのから守るのが行政の役割だ、というパブリックフォーラム論を展開してこちらの勝訴となりました。この結果にはみんなホッとし、感激しましたね。

長谷川　教研集会当日は全体会会場（勤労会館）のすぐ近くの平安女学院が入試日だったのですね。入試の最中に右翼の街宣車が騒ぎ立てる、会場拒否の大きな理由の一つでしたが、地裁判決は、それを口実に取り消すなら「集会言論の自由は守れない」「平穏裡に行われるようにするのが国、地方自治体の責務だ」と断じたのですね。見事な決定をされた。

　闘いも広がりました。京教組・自由法曹団・総評が中心になってシルクホールで「集会の自由を守る京都集会」を開催、満場の参加者で成功させました。直前に長崎の本山市長が銃撃される事件があって、これを取材されていた朝日新聞編集委員（当時）の薮下彰治朗さんにお話しいただきました。京都の労組・民主団体はもとより全国的な支援のなかでの闘いになりました。

その後、滋賀の大津、愛知の一宮、高知の須崎、和歌山の粉河
　……と続くのですがいずれも京都の闘いが力になって妨害を許さ
　ず成功していきます。村山先生と私は、開催地に出かけ京都の闘
　いをもとに援助し励ますために全国行脚をすることになりました。

村山　全部勝ちましたね。高知の須崎は、山がせまっていて、大きな
　道が一本しかない。そこに右翼が押し寄せると、救急車も動かせ
　なくなる、どうしてくれるんだ、と言われました。

長谷川　毎朝、須崎に水揚げされた魚を高知市内へ運ぶ必要がある、
　それがストップしてしまう、損害賠償請求だ、という話もあった。
　どこでもそういう話が出てくるのだけど、そういうものも乗り越
　えて、いつも会場を確保できたのは、最初の京都での闘いの成果
　でした。

中野　当時、対右翼での防衛の責任者などをやりました。会場を確保
　できる、という見込みがあるから、全国の組織に対して開催地を
　引き受けることができるのです。教研集会ができないと、運動が
　成り立ちませんからね。一時期は、京教組の教研集会でも、右翼
　が来ていました。八幡の市民会館で教研をやった時は右翼の街宣
　がひどかったですね。

村山　行政が会場を貸さないのは、教研集会だけでなく、次は全教大
　会でも貸さないとか、攻撃が広がっていきましたね。でも、市教
　組や京教組の大会に会場を貸さない、というところまでは行きま
　せんでした。

　　京都会館（現ロームシアター）で市教組の大会をやった時は、
　事務所に入りたての佐藤健宗弁護士が防衛のために現場に行った
　のですが、川端警察署の署長が大学の同級生で、警察のキャリア
　官僚は30歳くらいで川端署の所長をやるんですね。その署長と

会って交渉した、と言っていましたね。しかし、全国規模の大会や教研は、何連勝しても、行政当局は、なかなか使用許可を出し渋る、出した使用許可を取り消す、という事件がその後もしばらく続きました。途中から、うまく使用できるようになっていきましたね。

長谷川　京都の場合、会館使用取消の理由に、申請書に「全国」と書いてなくて、教研集会としか書いてなかったから、それは誤った申請だ、というのがありましたが、地裁決定はこれもはねのけました。

　92年に全教弁護団が発足します。村山先生は中心的役割を果たし、のちには全教弁護団代表にもなっていただきました。全教の全国法制部長会議と全国弁護団の会議を共同で開催するなど、その後の教職員の生活と権利闘争をともに切り拓いてきたのです。

村山　京都では、3・30事件、公職選挙法違反事件、公務災害過労死の事件があり、頸肩腕障害の労災事件もあり、会場使用許可取消の事件もあり、そのほかにも日常的にいろんな活動をしていましたね。校門の前でビラ撒いただけでパトカーを呼ばれたりして。あれなんかショックな事件でした。全教弁護団に行ってから、各地の弁護士に話を聞いても、みなさん、それだけの事件経験がないのです。私の事件経験数が一番多かったくらいだと思います。

渡辺　会場取消がなされていた時代から、だんだん取消がされないようになっていったのはなぜなのですか。

長谷川　勝利決定が3回、4回と続くものですから、自治体当局が京都地裁の決定を学んで、使用取り消しをしても勝てないことは分かってきたのです。

　同時に、背景には、長崎の本山市長への銃撃事件もあって、暴

力から集会言論の自由を守れと世論と運動が広がりを見せていた事情がありました。

　私たちの側でも、経験を重ねるたびにやり方が熟達していったこともあるでしょうね。全教、全労連が、言論集会の自由を守る闘いをとことん重視したこと、そのなかで、この闘いは世論に問い、闘えば勝てると確信が広がっていたことも大きいと思います。

村山　しかし、ある時、京都会館を使用しようとしたら、会場使用希望の抽選にも加えない、申し込みを受理しない、ということがありました。抗議にも行ったけど、会館側は、地域の人たちに迷惑をかけるわけにはいかん、と公然と拒絶しましたね。抽選会にも加えないのは明らかに違法ですが、当時は、即時にそれを違法と判断させる裁判手続きがありませんでした。その後、法改正されて、行政が違法行為をしたら義務付けの仮執行ができる法制度になりました。その法改正までは、行政側が本気で断ろうと思えばそういう形で断ることはできた。そしてそのような動きが一時期全国に広がりましたね。気をつけろ、この時期になると全教が来て会場を取ろうとするよ、決して取らせないように、一旦使用許可を与えると行政は勝てないので使用許可を与えない、という形になるわけですね。

長谷川　しかし、全国が広いので、そのやり方を知っているとは限らなかったのかな（笑）。

中野　2008年のみやこメッセの教研集会の時は、もう、京都市も申請を受け付けるようになっていましたね。その時も、会場側は一回取り消すかも、と言ってましたが、結局、取消もなく使用させましたね。

村山　教研集会ではないけど、最近の表現の不自由展でも、ウイングス京都を使う時にも、使用を認めないということでなく、右翼が来てもそれを覚悟して、使用許可を出しました。だけど、公表はしないで欲しい、と。そういうふうに、右翼を理由に会場使用を認めないのはおかしい、という社会的な合意、雰囲気ができてきているのでしょうね。

渡辺　民間の施設ですが、日教組のプリンスホテル事件での損害賠償事件も大きな影響を与えたと思います。

中野　大阪の「不自由展」では、大阪府知事の吉村知事が貸さない、と言っても、裁判所で結局貸すことになりましたね。

村山　京都の「不自由展」も心配しましたけど、うまくいきましたね。昔は悪い裁判例もありました。対立するグループがあると、会館の管理運営上支障が生じる、と。そういう条項があるのですが、それで裁判所が使用を認めなかった事例があったのです。しかし、イチャモンをつけたら排除されるというのは、誰が考えてもおかしいのです。

中野　89年の協議会全教の発足集会を東京でやった時も、右翼が乱入して取り押さえられることがありました。

公務災害闘争で果たした全国的役割

村山　京都の運動が全国的にも大きな影響を与えた一つとして、公務災害の取り組みがあって、頸肩腕障害、過労死の公務災害認定闘争で、裁判で勝ってきたという流れがあって、それが全国に与えた影響は結構大きいのでは。

中野　過労死という言葉もあまりなかった頃から公務災害認定に取り組んで、京都市内で言うと北芝さん、内藤さん、角さん、東

條さん、最後に大西さんと勝っていきましたね。教員が5人も過労死認定されている政令市はないと思います。府だと宇治の荻野さんの事件もありました。また、頸肩腕障害の事件もありました。職対連（京都労災職業病対策連絡会議）の皆さんとも一緒に取り組みをやってきましたがどの案件でも、勤務時間の記録が公的には全く残ってない中で、どうやって労働時間を裁判所に認めてもらうのか、ということで苦労しましたね。内藤さんの事件の頃はまだワープロを使っていた時代で、インクリボンが残っていたのを、一つ一つ引き出してプリントアウトし、文字を起こして復元して、労働時間を復元して認めさせたりしましたね。経験が蓄積される中で、大西さんの時は高速道路のETCの記録を請求し証拠として提出しました。過労死事案では一定認定されるようになりましたが、周りにいる亡くなっていない大多数の方の状況はなかなか改善されない中で、超勤裁判にもつながっていきました。過労死の事件の頃から、村山先生はじめ、弁護団の皆さんには本当に助けていただきました。

村山　公務災害はやっかいで、職対連の清水さんとの話でも、民間だと、当局がハンコを押してくれなくても、労災申請ができたけど、公務災害の場合は、当局を通さないと、申し立てのルートがない、いろいろな資料も教育委員会を通して出させるようにする、という非常に迂遠な制度になっています。基金支部（地方公務員災害補償基金の京都府支部）には、専門家はいないし、職員は一応いるが、まったく熟達していないのです。そこで全部、基金本部にお伺いを立てて、やたら時間がかかっていますね。で、はては公務外になり、そこから2つの審査会を経て裁判が始まる。そういう長大な時間がかかる問題点はとても大きい。しかし、

その後、基金本部審査会で逆転勝利することがありました。また、過労死事案では、御所南小学校の大西晴美先生事案は、基金支部で認められました。その後も、組合の支援事件ではなかったですが、渡辺弁護士と一緒にした六条院小学校の校長先生の事案も基金支部で認められたように、変わっていきました。

　静岡で、先生の公務災害の事案で、地裁段階でダメだったのを、弁護団会議に参加してほしいと要請されて参加して、講演会もやったのですが、そこで話したのは、過労死事件は、高裁で逆転勝利する法則があるということです。京都の過労死裁判は、３判決が同時に出て、八田事件だけが勝って、あと２件は負けたんだけど、その２件も高裁でひっくり返した。他の過労死事件でも、次々と高裁で逆転勝利をしていきました。その静岡の事件も、高裁で逆転勝利をしました。普通、事件が上にいくほど、望みが薄くなるのですが、過労死事件については、高裁で逆転勝利する事例がたくさんありました。基金支部、本部審査でダメ、地裁でもだめでも最後の最後で高裁で勝つのですよね。北芝さんは高裁で最後に勝った事例ですね。内藤さんは、本部審査会でダメで、地裁で勝った。その後は、支部で認定されるようになる、といういい変化を作ってきましたよね。公務災害問題は、市教組、府立高教組など、健康問題を熱心に取り組んできましたよね。それが次の超勤裁判につながってきたと思っています。

中野　京都市教委の対応は、最初の頃はひどかったです。校長や管理職が証言で出てきても、大した仕事はしていなかった、と証言したり、内藤さんの時は、倒れた年だけ、職員会議の会議録がなくなっていたり。今でもそうですけど、全部自分で証明しないといけないのは、特にメンタル疾患で苦しんでいる方などが

やるのは相当大変です。今、支部審査会の参与をやっていますが、職員が経験を積んでいる状況ではないし、審査会が、なかなか認めないのが現実です。

村山　ある事件で、参与をしていた方が、辛抱できずに、こんなの弁護士つけないとあかんやん、と言ってくれたのがきっかけで相談に来られました。いろいろな手続きをしようとする人が、弁護士のところにたどり着かない、という問題もありました。御所南小学校の大西晴美先生の事案では、亡くなった直後に、弁護士を頼んだ方が良いということになって、基金支部で認めさせ、早い解決に繋がりました。ご遺族が大津の吉原弁護士と近しい関係だったので、相談して、私に繋がりました。

中野　現在も、組合や弁護士が関与していないケースが多いです。

村山　でも、一度つながると、現場の組合員の方とか、協力してくれる先生がいたのですよね。我々が関与せず、基金支部に任せておいたら、校長が「超過勤務命令はなかった」などというひどいレポートを出して、適当な裁決を書かれて終わってしまうことも考えられます。初期の対応はとても重要ですね。

超過勤務問題で果たした役割

長谷川　超過勤務の問題でも京都では大きな取り組みに発展しましたね。これらの上に、1992年、全教は教職員の勤務実態調査を行い、教職員の権利と地位の確立をめざして教職員権利憲章制定運動に取り組んだ。村山さんは、この検討委員会のメンバーとして憲章の言葉を練り上げ、教職員の人間らしいくらし、教育の仕事に誇りと喜びを取り戻す闘いでイニシアチブを発揮された。

「毎日少年少女新聞」が「忙しすぎる学校の先生」という特集を組むなど社会的関心も強かった。95年には教職員の権利憲章が大会で採択されました。京都の経験が全教に組み入れられて、全国に広がっていったのです。

村山　管理職側は何も記録は残っていません、ということを繰り返してイコール超過勤務はありません、そんなに長時間勤務をしていません、という脈略になる。僕らが強調したのは、超過勤務をしていないと言われて、それで良いのか、超過勤務をしていることを記録で残さないといけないのではないか、それが重要なことではないか、と。例えば学校にタイムカードを置いて、登校下校時に管理するとか、言いました。そうすると、当時は、組合員の人たちも激しく怒りました。それは管理強化につながるじゃないか、と。でも、内容は管理されて勤務時間は自由だというのは逆で、勤務時間は管理させて内容は自由じゃないといけない、と言いました。

中野　全教の会議に行っても、当時、タイムカードなどによる勤務時間の管理は教育の自由を損ねる、と言われましたね。今は、面と向かってそれを言う人はいなくなり、認識もかわってきました。現在は、京都府内でも全ての自治体で、課題はあるにせよ、タイムカード・ICカードなどを使用するようになりました。

村山　もう一つ大きな議論になったのがお昼休憩ですね。休憩時間を勤務の最後に取るなんてナンセンスな議論はありません、と言ったら、組合員の方とも激しい議論になりました。お昼は子どもと接する貴重な時間で、貴重な教育の機会なので、休憩をお昼に取るべきではない、とも言われました。

中野　市教組でも、昼に休憩を入れるかどうかで大論議になりました。

勤務時間の最後に残すようにとの修正案が中央委員会に出ましたが、最終的には後ろに休憩をつけて早く帰るというのは法律的にも無理があるし、社会的にも受け入れられないと、執行部の提案が可決され、昼と放課後に持ってくるようになりました。ただし、今もなかなか取れていないのが現実です。

長谷川　そうでしたね。74年に給特法の職場協定の闘いが広がります。休憩と休息の配置問題は全国でも随分議論になりました。京教組は当時、休憩を後ろに置いて、4時15分になったら一斉に職場を離れる取り組みを広げました。京教組、市教組は府教委、市教委と協定を締結しました。市教組は本能寺会館で、会場いっぱいの職場代表が見守るなか、委員長、教育長で給特法の協定を締結しました。その後、職場ごとに職場協定を結んでいったんです。これも大きな取り組みでした。そういう力を当時の市教組は持っていました。

中野　2006年頃に、地方公務員の休息がなくなるという中で、市教委より休憩を勤務時間の途中にいれるとの提案がありました。都道県や指定都市で残っているところはほんの少しとなっていました。どうせ取れないのだから最後にするべき、という議論もありましたが、教職員の健康を本当に考えていけば、今の実態から言えば、10時間とか11時間連続で勤務している状況を改善する必要があると考えました。労働時間の最後に休憩を取らせろ、という署名をやっていた組合もありましたが、なかなか世論の支持を得られませんでしたね。

長谷川　時代の変わりようや現場の変遷がありますからね。難しい議論で、弁護団でも、全教の執行委員会でも、激しい議論になりました。

村山　弁護団は好きなこと言わせてもらってましたけどね。過労死事件や、民間の長時間労働をどうやって解消していくか、現場の健康管理を全体としてどうやっていくかで、自由に発言するのは重要でした。私がもう一つ言っていたのは、子どものためと言うけれど、お昼の給食指導も確かに必要なのかもしれないのですが、ご飯の食べ方とか、もっと食べろとか、早く食べろとかまで先生が指導しなければならないのか、とか、登校から下校まで全部べったり先生がついて指導されるのは、子どもにとっても大変なことなのではないか、せめてお昼ご飯くらいは、子どもたちにも先生から離れる時間をあげた方が良いのでは、という話もしました。その代わりに地域の力を借りたり、他の力も借りて、子どもを見ていく、という工夫の仕方があるのでは、と提起したり。休憩を取るのは、先生にとっても、子どもにとっても重要なことで、健康管理の問題の議論を熱心にしていたのは重要なことですよね。そういう過程の中で超勤問題が出てきました。最初に中教審で給特法の見直しが必要だ、という議論が出てから、もう20年くらいですかね。給特法の是正、超過勤務の是正のために、何をしていくべきですかね。京都の超勤訴訟はどういう評価ですか。

中野　村山先生からは、なんで京都しか訴訟しないのか、と言われましたが、埼玉でも訴訟は起きましたが、私たちもその二つだけになるとは思いませんでした。あの訴訟は大きく流れを変えましたよね。最高裁を含めて、時間管理が必要だという認識が明確になった、行政もそこを曖昧にできない、という中で、文科省もどんどん通知を出すようになったのは重要です。健康被害を十分立証できなかったので賠償は認められませんでしたが、

それがあったら当局も責任を問われる、賠償問題になる、ということで、府教委、市教委もそういう認識を持つようになったと思います。それで、市教委も府教委も通達を出すようになったし、労働時間管理もするようになりました。今、2度目の超勤訴訟をやるか、ということも話題になっており、論議を重ねています。今、自民党が、萩生田光一元文科大臣が中心になって給特法の改正を言い始めています。本気だと思います。彼らが言っているのは、教職調整額を一律上げると頑張っている人がやる気をなくす、とかまだ言っています。私たちは、調整額をどんどん上げる、という立場には立っていません。もっと働け、となりますから。超勤をなくす、超勤はそもそも例外的なことだ、という主張をしていて、そこが大事だと思っています。

村山　私も、この課題を引っさげて全国いろんなところを講演で回りました。どこでも真剣に受け止めてはくれたのですが、結局、訴訟提起には至りませんでした。日教済の脱退にともなう出資金返還問題の時もそうでした。日教済は、全教の組合員が脱退しても退職しないと掛け金を返さない、という方針でした。それはおかしいということで、訴訟を全国でやる予定だったのですが、京都の5人の方がチャンピオン訴訟をやることにしました。これも全国でやってください、という話になったのに、後に続いてやってくれたのは愛知だけでした。京都も5人に続いて、何百人もやったらよかったけど、5人だけで最後まで行ったのですね。最高裁まで勝って、出資金は組合を脱退したら戻さないといけない、という判決が確定して、日教済は5人分はすぐ返してきた。愛知は700〜800人で提訴して、京都が勝ったので、和解して、遅延損害金まで取って、弁護士報酬も大き

くなりました。京都は、5人しか訴訟をしなかったので、経済的には大規模になりませんでした。愛知は、京都のお陰だ、というので、愛知の弁護団からカンパを頂きました。全教の組合員も、全国で多額の出資金の返済を受けたわけですが。

中野　京都訴訟の成果で、出資金が何万人分も返ってきたのですよね。

長谷川　京都が切り開いたのに、割に合わなかったのが京都でしたね。

村山　京都は全教全体にも大きな貢献をしましたね。日教済の事件で勝った時に、先生、京教組でもだんだん勝てるようになってきましたね、と藤本雅英さん（当時京教組委員長）に言われました（笑）。超勤訴訟は、給特法を無視して、違反して、残業させた、違法な残業だ、ということで、損害賠償を支払え、という闘い方を選びました。給特法違反部分は、地裁段階から認められませんでしたが、仕事をしていることは事実だし、働きすぎになっているのも事実なので、その状態を当局が作っているので、安全配慮義務違反がある、というので、地裁で1人、高裁で3人勝訴しました。このような勝訴判決は、後にも先にも京都地裁と大阪高裁だけですね。画期的だったのですが、残念ながら、最高裁は、結論を覆してしまいました。国の施策の根幹に関わるので、最高裁判所も、沖縄の問題にせよ、原発の問題にせよ、なかなか認めようとしない、という問題があって、超勤問題も、そういう流れの一つかな、とは思いました。ただ、その後、大阪のメンタルの事件、長時間労働の事件で安全配慮義務違反が認められて、福井で長時間労働で過労自殺の事件で亡くなった先生の国賠訴訟が安全配慮義務違反で認められて、そういう形

で、学校の先生の事案も前進してきました。そこで、京都で、全国で、どういう次のたたかいを作るかが重要です。

星　教師を目指す人、志望する人の価値観が変わってきていて、自分の時間、生活も本当に大事や、という感覚が10年前と比べても大分違ってきています。それをどう実現していくか、というのが、自分の小中学校の頃の生活と比べても、また、大学の教育でも、系統的に身につけてきていないのが、今の20〜30代です。業をにやして、職場で尖ったことをいうのが40代だったり。どうにかしたいけど、二の足を踏んでしまうのは、保護者の関係とか、子どもを育てたい、という気持ちとの相反とかとの引っ掛かりを感じますね。教職員組合の運動であったり、保護者、地域と結びついた運動をしないといけないな、と思いますね。なかなか、すぐに旗を掲げるのは難しいな、と思いますが、過去の経験にも学ばないといけないな、と思ってます。角先生の事案の本を読んだり。勝ってるんだ、ということにも確信を持ちたいし、保護者や地域と語っていくことを恐れない、という運動も重要なんだろうな、と思っています。

村山　過労死で倒れた先生の職場。自分の所の先生が、ある日突然倒れる、自分たちは先生が倒れないために、もうちょっとできたことがあったのではないか、自分たちが見殺しにしたところはなかったのか、という議論になっていきました。みんなが懸命に働くと、もっと働かないといけないことになる。そういう状況を保護者も含めて作ってきて、先生が倒れることになったのではないか。自分たちの健康状態、先生の健康状態を常に話し合っていくのが大事じゃないか、ということを語っていました。事件が起こらないと実感できないことかもしれないけど。

中野　子どものために、ということが言われて、同調圧力が相当強いですよね。全面的に否定すべきことではないですけど、学校というところは、長期にわたって労働基準法にせよ、労働安全衛生法にせよ、埒外に置かれていましたが、最近、だんだん変わってきています。京都府教委が、埼玉で超勤裁判や学校に労働安全衛生をすすめる中心的な役割を担う産業カウンセラーの杉本正男さんを講師に招いて研修をやったりしています。研修をやると一番多いのは法律を知らなかった、という意見ですよね。今、労安法を活用して職場を変えているところが生まれてきており、全教も力を入れています。もう一つ、全教は今、勤務実態調査をやっていて、それを根拠に給特法改正に取り組もうとしています。立憲民主党の議員や日教組、弁護士などの中には、給特法廃止で調整額を廃止する意見や、自民党などは、調整額を増やす、という意見などさまざまな意見があります。全教は、教職調整額は残しながら、それをはみ出した残業には時間外勤務手当を支給する仕組みをつくる提案をしています。現場にもいろいろな意見があります。今はとても重要な時期です。大同団結して、大きな取り組みをしていきたいので、また、ご意見をいただければと思います。2023年1月の全教生活・権利討論集会で、勤務実態調査の概要も報告されました。

　全体に呼びかけるような運動をしたいですね。いろんな人たちと一緒にやりたいと、強く願っています。　　　　　　　（以上）

2 座談会 (2)

新採教員の分限免職取消勝訴、
髙橋事件とその後

出席者は、分限免職処分をされた
髙橋智和さんと配偶者の髙橋良子
さん、それに弁護団の渡辺輝人弁
護士です。配偶者の表記は「良子」
とさせてもらいました。

出席者	髙橋智和
	髙橋良子
	渡辺輝人
	村山　晃

「不適格教員」問題が作り出されていた頃だった

渡辺　今日はお連れ合いも一緒においで頂きましてありがとうござい
　　ます。早速、2005年に発生した髙橋智和さんの分限免職取消請求
　　事件について、いろいろお話を伺えればと思います。

村山　髙橋先生の時は、不適格教員問題というのが焦点になっていた
　　時期でした。京都はその前に木下先生の分限免職事件がありまし
　　た。木下先生の時は、初任者研修というのを大々的にやるように
　　なって、それで、初任者に対する統制を強めていこうとしていた
　　時期だったわけですね。

　　初任者研修は、一学期の冒頭にあるのですが、研修と言って
　　も、服務を中心にした内容で、教育的内容がなくひどかったので
　　す。その初任者研修で、感想文を求められた木下先生が、せっか

く子どもたちと触れ合い始めた大切な時に、こんなところに集めて、こんな研修では意味がない、という意味合いのことを書いたのです。それで、教育委員会の目に留まって、その後は、徹底的に監視されて、半年で免職されました。先の座談会でも指摘していますが、大きな力が働いたようです。勝って当然の事件でしたが、勝ちきれませんでした。

渡辺　最初から監視の対象にされ、「問題事象だ」として、それを書き連ねていかれると大変ですね。積極的な面が全然出てきません。髙橋さんの裁判の時は、向こうが掲げてきた処分理由を反論するとともに、どう豊かに教育実践をしてきたかというのを逆にこちらから攻めるんだという点も重視しました。他の裁判ではそういうことはやってないと思うし、法律上は、あまりそういう発想は出てこないんですけど。でも、裁判所もそれを受け止めていろいろ判決文にも反映していますよね。

髙橋　今考えれば、当時はそんな褒められたような実践をやっていないです。

渡辺　1年目ですからね。だけど積極的にトライしていたことは間違いないわけです。髙橋さんの事件の判決は、オンラインで弁護士とか裁判官とか誰でも見られる一番よく使われる判例検索システムに載ってるし、特に高裁判決は、未だに分限免職の関係で、あれを超える裁判判決はないんですよね。分限免職で、労働者側が勝つ事件自体が稀だし、勝ったやつでも裁判所もすごい向き合って、どういう教育実践だったかを全面的に評価しているのはないのです。

村山　これから活躍しようとしている先生がスタートラインに立ったばっかりなんだから、欠点をあげつらうというのをまずするのは

ダメだと。一生懸命努力していることをちゃんと評価しろ、公正な評価をしろ、主観的な評価をするな、というような幾つかの評価基準を高裁はかなりきちっと定めてやったもんだから、それ以降の不当な分限免職を許さない力になってきたんだと思います。

渡辺　あの後、不適格教員問題という取り上げ方は、それ自体なくなっていった、その後聞かなくなっていった気がしますね。

村山　その後免許の更新制度が出てくるんだけど、行政はいろんな制度を入れようとするものの、みんな中途半端だったね。

教員のメンタル疾患が大きな問題になった時期でもあった

村山　髙橋さんは、分限免職と言われた直後からうつ病が非常にひどくなったわけだけども、実際はその前からその兆候、症状が出てたという辺りが特徴ですね。その後、教員の精神疾患の罹患率がどんどん増えていったじゃないですか。今、先生の病気の中ではトップでしょう。高止まりして減らない。なんぼ先生の働き方改革がなんだかんだ言ってもね。髙橋さんの事件でも、非難されている事象について、何でこうなるんだろうと考えた時に、心が苦しくなってるということに気が付いたのです。そして、その原因が管理職の対応にあることが分かり、今でいうパワハラですよね。それで精神科の遠山照彦先生の援助を得て、詳細な意見書を書いてもらって、判決の中ではストレートには引用されていないんですが、安易にマイナス評価をしてはいけないんだというところに、裁判所が傾くのに非常に大きな影響力を与えたんじゃないかと思っていますね。

髙橋　この人個人の問題、というところに落とし込まれてしまうと仕方ないなということにもなりかねません。本人の生来のものとか、

そういうことではなかったということが裏付けられたのですね。学校の働かさせ方に原因があったのです。

村山　今の時代、先生が孤立して、SOS を出してもどこにも受けてくれる人がなかなかいない状況が広がっている。そのことが、心の病気に繋がっていくし、子どもたちと向き合う時にいろんな影響を与えていきますよね。そこを根本的にメスを入れていかなきゃいけない。でも、ものすごい人手不足とどうしようもない教育行政の中で、なかなかメスが入らないですよね。

髙橋　私が体験したことですが、それは、学校長が教育委員会から言われているのではないかと思いました。例えば、頭髪問題ですが、ドレッドヘアとか、金髪で登校してくる１年生の子がいると、そこに対して、親御さんを説得していくことになりました。その場面で、校長から、職員室で堂々と言われてみんな面食らったんですけど、校長は、「担任が保護者とこじれてもまだましだ、校長が保護者とこじれたら学校運営が成り立たない」というのです。

渡辺　逆でしょ。

髙橋　担任が一生懸命力を尽くして、どうしてもできない時に管理職に支えてもらうことができるから頑張れるのではないかと思います。しかし「教育委員会も校長も助けられない」と言われるのです。助けられないのではなく、助けるつもりがないのだろうと思います。結局、現場の教員の自己責任ということに行き着いてしまう。管理職も１人の人間なので自分の人生も守らないといけないと思うのですが、それを大っぴらに言われると、言われた教員は、疑われるようなことは何もないようにしないといけない、保護者からのクレームに対してものすごく神経を過敏に尖らせていないといけない。一人一人の教職員が個人経営させられているような。

じゃあ自由にできるのかというと、そこの自由はないんです。例えば学級通信では、校長が責任を取らないといけないから、事前に見せろ、学級通信に校長の名前を入れろとなるのです。そして内容的にもいろいろと意見を言ってきます。

事件の発端

村山　免職になってまずどんなことをお考えになりましたか。法律事務所にたどり着くまでに。

髙橋　一番最初は、免職になりそうだというところから始まりました。教育委員会に呼び出しを受けたのですが、そこに行ったら、正式採用というわけにはいかないと言われ、自分で辞表を書いて欲しい、と。そこで、このままだと処分になるんだけど、あなたのことが憎いわけではないから、ここで辞表を書いて3月末までは仕事を頑張ってもらって、他の自治体を受けられてはどうですかというお話でした。おかしいなと思って。子どもにとって百害あって一利なしと言われたのに、他の自治体でやったらいいと。他の自治体の子どものことはどうでも良いのかと、どういう教育理念だと。これはおかしいなと思いました。校長は僕を助けると言いながら、「ここまで言われてなんで辞めないのか」と思っていたようです。職場内の先生も心配してくれましたが、「僕らではどうしようもない。どこか相談できるところはないか」となって。その時に、講師の時にお世話になった大宅中学校の先生で、市教組の組合員の方がいたのを思い出したのです。講師の時に組合の話を聞かせてはもらっていたんですけど、当時はそんなものがあるんだなというくらいで。自分が分限免職になりそうだとなって、その先生に電話かけたら「すぐに組合の事務所で話を聞きたい。来

て欲しい」と言われました。

渡辺　きっかけは、かつての勤務先にいた組合員だったのですね。

髙橋　はい。それで行ったら、電話した先生と組合の書記長の宮下直樹さん（現全教委員長）と中野宏之さんがいました。その時の僕は、おかしいと思いながらも、自分の至らなさというか、それを思い込んでしまっていて、自己否定の状態だったんですけど、経緯を話して「辞めないといけないんです」と言ったら、「そんなんで辞めなあかんかったら、わしら皆な辞めなあかん。よう話しに来てくれた」と言ってもらいました。その繋がりがなかったら、今僕はここでこうしていないのです。で、組合の方から交渉してみたいと。僕はその時組合員ではなかったので、「組合員ではない一教職員に対して交渉するということはできないので、組合に入ってもらえないか」と。もちろん、ということで組合員として交渉してもらったけど、教育委員会は処分をなしにすることは受け入れられないと。「かくなる上は裁判しかない、どうしますか？」って言われて…どうしますかと言われても、ここでおかしいということと、なんでこんなことになったのかを解決しないままで他の仕事を割り切ってやれるのかというと、できない。裁判しか方法がないのであれば、仕方ないということで、依頼をさせていただいたという経緯です。

村山　でも裁判をやろうと決意するのも大変だったのではないですか。

髙橋　最初の頃、今でも覚えているんですけど、どんなことがあったかということ自体、思い出すこと自体しんどかった。妻も最初は一緒に来てもらって、言葉に詰まりながらなんですけど、丁寧に話を聞いてもらって。今でも忘れないのが、村山先生に「なんでここでこんなこと言ったの。したの」と聞かれ、そう言われても

…と思ったのです。今だから言える話ですけど、家に帰って弁護士の先生が僕の代わりに弁護してくれるはずなのに、なんで教育委員会みたいに責められるのかと思いました。これはしんどいなと思いながら、地裁の最初の公判が開かれて弁論があるまで、正直なところ味方してもらっている気がしなかったです。しかし、最初の裁判で、裁判所と相手方に、厳しく立ち向かわれ免職処分がかくかくで間違っているということを的確に話しされ、初めて心配されていたんだということを気づきましたね。また、教育委員会側から出てきた証人に対して、村山先生が事実をバンバン突きつけているのを聞いて、信頼してもらっていたんだということがひしひしと伝わってきました。

とんでもない誤解をしていたようです。

訴訟の初期準備

村山 なかなか難しいですね（笑）。僕なんかも激励をしているつもりはあるんだけども、やっぱり相手にきちっと反撃していくには、どこが問題だったんだ、どこをどう叩けば向こうの問題点を乗り越えていけるんだっていうのを突き止めていかないと勝てないわけですよ。そこで、事実を聞くべき人はあなたしかいないわけですね。他に何人かいたら話を聞くわけなんだけど、本人と事実を突き詰めていくと、どうしても厳しくなってしまう。

髙橋 つくづく思うのは職場で証言してくれる人がいないのかと言われて、いなかったわけじゃないですか。やっぱり繋がりというか、繋がりのようなものはあったんですけど、いざ自分が本当に困った時に助けてくれる人と去ってしまう人は明確でしたね。それで言うと、組合の先生は寄り添ってくれた。当初は意見が二分され

ていたそうです。そんなことしてしまったのならしょうがないで
はないか、いやこんなことを黙って通してしまったらこの先が大
変だ、髙橋さん一人の問題とは違うと。他の教職員組合でも、地
裁の間は懐疑的で、あんなの無理だろという感じだったところも
あったそうです。でも、地裁の勝訴があってから高裁には傍聴に
まで来てくれて。裁判に勝つことはものすごい影響をもたらすよ
うに感じますね。

村山　あなた自身がどうしても納得できない、許せないという強い気
持ちがあって、頑張ろうというような気持ち、これは根幹ですね。
他方、裁判では、教育委員会から100ページを超える42項目も
の免職理由が出てくるわけですよね。あれは大変でしたね。あれ
を一個一個反論する必要がある。裁判所は期限があって、弁護士
に対する宿題なわけですよね。それが3分の1しかできていない
と、それみろという感じになってしまう。与えられた期限には、
こちらとしては僕らなりのパーフェクトな答案用紙を書くことが
スタート地点で重要なんですよね。当初の段階で宿題を期限を
切って出すことが多かったのだけど、書記長の宮下さんが「これ
から髙橋くんと帰って一緒にやります」と。宮下さんが先生みた
いになって、その次の時には持ってきてもらった。かなりの時間
をかけて反論書作ったと思いますけどね。

髙橋　一つ一つこれについてどうだったのか聞かれ、こういうことやっ
たよね、こういう理由があったよねとか。これは違うよね。とか
を丁寧に聞いてくださった。

証人尋問で生きた事前準備の成果

村山　あれがものすごく重要だったと思いますよ。髙橋さんが、授業

で子どもに指導していた時に、校長が「何してんねん」と子どものいる前であなた自身を罵倒するようなことを述べたと。それはある意味絶対してはいけないこと。指導を受けていた子どもが先生を無視するわけではないですか。学級崩壊にもつながっていくのですよ。子どもとの信頼関係を断ち切るようなことになってくるわけで、指導者としてはしてはいけないことなので、裁判所もそれなりに見てくれた。そういう事実が克明に全部出てくることによって、反対尋問ができるわけですね。反対尋問しかチャンスがないのです。校長と教頭と教務主任の3人の反対尋問をいかに成功させるかが全てでしたからね。

髙橋　高裁ではあと2人出てきましたよね。

渡辺　高裁段階の証人はたいしたことは言わなかったですね。

村山　部分的なことだけ。教育委員会の言い分の肩を持っただけでした。

髙橋　お世話になっている先生が傍聴にもきてくれたのですが、怒り心頭でしたね。高裁の時の証人に立った先生に対して「自分の学校の同僚を売るような、市教委の側に立つやつはどんな顔をしてるのか。どんなことがあったとしても、クビにしようとしている側に加担する、それを自分の同僚に対してするのは信じられない」と。僕自身は、その人は大したことは言わなかったし、変な先生だったというわけでもないですし。何にも気になりませんでしたけど。むしろ、こちらの主張を補完するような、そんな証言だったと覚えているんですけど。

審理で明らかになったハラスメント実態と精神疾患

良子　私は、夫のうつのおかしい状況に気づいて、知り合いに精神科の先生がいたので紹介していただいて連れて行きました。ずっと

このまま学校にいたら多分ダメだろうなと、お子さんたちのことは気にはなったんですけど、一旦診断書を書いてもらって休んだらいいんじゃないかなと提案して、そうしてもらいました。

村山　その後、裁判で勝訴が確定して、学校に復職して、普通に仕事できているわけだから、やっぱりあの時の病気というのが、過重労働や管理職の「指導」による公務災害だったことは明らかですよね。

良子　今だったらパワハラですよね。

髙橋　僕がしんどくなっている時に、毎日毎時間指導案書いてこいとか。

村山　パワハラですね。様子がおかしくなってきたのに輪をかけて、課題が逆に増えていくというね。

良子　意味があるんだかないんだかね。

渡辺　2011年に厚生労働省で精神障害の労災認定基準が改訂されたんですけど、その時に初めて「達成困難なノルマを与えられた」というのがメンタル疾患が労災に認められる項目になりました。髙橋さんの事件の方が先で、あの頃はそういうのがハラスメントとか、精神的に余計な負荷を与える行為だという認識が社会一般になかったんですよね。校長が生徒さんの前で髙橋さんを叱責した「指導」の件ですけど、これについても、その後、人がいる前で怒鳴りつけるようなことはハラスメントとして捉えられるようになってきたけど、当時はあんなことを校長がおかしいとすら思わなかったんですね。そういう時代だった。

村山　社会一般になかった中で、遠山先生は、そうしたやり方が髙橋先生が課題ができなかった要因だと意見書に書いてくれました。それは本人の責任というよりも、当局側に問題があると書いてくれて、こういう指針が出て社会的に定着していたらもうちょっとそこの部

分も判決書に書いてくれたかもしれない。僕は、判決書にはストレートに出ていないけれど、この意見書がものすごい大きなバックボーンになっていると思っているのです。業務負荷が原因で病気になったのであって、今は、髙橋さんは学校の先生としては何の問題もないわけで、それが事実として証明されていますよね。

良子　数年前に京都の精神科の先生やケースワーカーが集まる会で、遠山先生がいらっしゃって、声をかけたら覚えててくださいました。

村山　お元気でしたか？

良子　はい。数年前、コロナの前のことです。

村山　遠山先生自身も精神疾患を患っておられたことがありました。私は、うつ病が悪化したことが原因で過労自殺した案件で遠山先生に意見書を書いてもらったのがいくつかあります。先生は、死に至る経過を全部書いてくれる。髙橋先生のやつはそこが事件の本チャンじゃないんですよね。でも、あの先生は裁判資料を全部くれと言って、持って行って、読んで、僕らの準備書面よりも詳しい意見書を書いてくれた。ハラスメントで本人が心を病んで、その結果例えば冬休みに子どもに返さないといけないものを実家まで持ってきたけど結局十分添削できないまま帰ってきたという事件もあったじゃないですか。そういうふうになってしまうのだと説得力ある文章で書いてくださった。それは大きな影響力があったんです。そのくらい熱心にやられるので、その仕事している間は他の仕事が手薄になるもんでね。他の方から、弁護士さん、あんまり先生をこき使わないでくださいと言われたこともあるんですけどね。いくつかの事件で遠山先生に助けていただいて、髙橋さんのやつもお願いして良かったなと。

良子 先生にお薬減らしてもらったんですよね。こんなに飲まなくて良いやろって。

村山 最後は遠山先生のところ通っていたんですか？

良子 聞き取りに行かせていただいて、それで終わりくらいかな。

髙橋 いや、その後何回か行ったように覚えているな。一番最初の心療内科の先生は、裁判関連には関わらないようにしているからと言われたので。

村山 今だったら公務災害の申請もしたかったくらいですけどね。当時は裁判に、分限免職に勝つことが最大のテーマだったのでそこまでできませんでしたね。

髙橋 裁判の書面を書くための宿題と違って、業務が追いついていないところにさらに業務を増やしていくという、やらせることばかりを考えるというのが一番しんどかった。村山先生が弁論の時に、「その人の何を是正して何を伸ばすかというのを考えるのが指導だ」と言われていました。「あれやれ、これやれってするのは指導じゃない」と。

村山 これをせよっていうのはね、誰でも言えるわけですよ。ちゃんと答案返せとか、これをこうせいとかね。でも、もしその先生ができていなかったら、なんでできないのかというのをまず考えて、その問題点を明らかにして、その問題点をどうやったら解消できるのか考えるのが教育の在り方ですよね。校長や教頭は教育そのものができていないのではないか。教育者としておかしいんじゃないかと思いました。同じ教員の人たちの抱える問題について何も理解しようとしないままに、「指示しました。指示したことができていません」というので、僕はそういうのを指示するだけなら誰でもできると言ったのです。

髙橋　学校、教育や教育者としての在り方を弁護士の先生のほうが知っていると感銘を受けました。その当時も手帳に書きつけて、僕自身にとってもいまだに指針になる言葉ですね。子どもに対して宿題を課して明日やってこいじゃなくて、なんでやってこれなかったのか、じゃあこのやり方だったらできるかなということを考えるのが僕の仕事だなと。裁判ということを経験しなかったら、僕は果たしてこんな教育実践ができているのかなと考えると、失うものも多かったと思いますけど、教師人生にとってはマイナスではなくて、大きなプラスをいただいたと思います。

裁判を起こして──メンタルのしんどさと回復

村山　あれがもっと早く、1年目2年目で勝ってしまったら、今みたいな学校へサッと戻ったらいつまた病気になるか分からなかったですね。

良子　あの時は異常でしたからね。

村山　もっと早く戻れるようにしたいんですけどねと話をしていたら、今すぐ戻ったらすぐまた、と奥さんの方が心配されていた。逆に言うと、裁判の過程ですっかり健康を取り戻してね。

良子　一過性のものではあったと思うんですけどね。

村山　心の病気はね、早く気がついて早く処置したら何も影響なくずっと続けていけるんですよね。それが、拗らせたりずっと続いてしんどい思いがとことんまでいってしまうと回復し難い状態になる方もいらっしゃるんだけど。髙橋さんはかなり早い時期に受診できましたね。

髙橋　裁判で何が一番しんどかったというと、裁判にたどり着くまでと、裁判の最初の段階、初弁論までがしんどかったですね。初弁

論の時に村山先生が味方だったと思ってからは、何もしんどいことなかったですね。何よりも下準備をきちんと固めるというのを本当にしんどい中だったけど支えてもらって、なんとか乗り切れました。そこからは地裁・高裁・最高裁に続いていく中で、いろいろな方から「大したもんだな、私だったら続けられない。」と言われたんですけど、一回始めてしまったら途中で止めるのもったいないというか、止めても続けても同じならば、何か物理的な健康的な問題がないのであれば、僕にとって裁判をやめるという選択肢はなかったですね。何よりも家族が理解してくれて親族も理解を示してくれましたから。そこで裁判をやめろと言われたら分からなかったですけど。そこでの不安はなかったので、あとはやることやってうまくいくかどうかなんて最終結論出るまでは分からない、という気持ちです。そういうことで言うと乗り切れる試練だったから、僕にこの試練がやってきたのかなと。それができない無理な方は、僕と同じような目に遭って、辞表書いて、どこかの自治体で頑張っているのか、違う仕事をされているのか分からないですけども…というふうに、最終的には思いました。

村山　子どもさんができたばっかりで、生計費を獲得する術が今日明日すぐに見つからないわけじゃないですか。裁判の行末も裁判所に委ねざるを得ないじゃないですか。必ず勝つというそういう性格のもんでもないので。そこの不安というのはなかったんですか。

良子　最初、1年くらいは私の扶養に入れていましたね。私は仕事をしていたので。分限免職と言われたのが産休入る1週間2週間前だったんですけど。うつのことは心配でしたけど、それ以外はさほど。組合の先生が支えてくれていたのは分かっていましたし、彼の親の方が多分心配するだろうから、うちの親に先に言ったん

ですよ。そしたらうちの父親の第一声が「記事にしたろか」だったんですよ。

髙橋　義父は新聞記者さんだったんです。

良子　母の方も、「納得しないと先に進めないんやろ」と言ってたので。そもそも結婚した時も無職だったですし（笑）。

髙橋　最初の会社を辞めたあとでした。

良子　自分も仕事あるし、裁判をやってもいいかなという感じでしたね。結果は心配でしたけど、うつが軽快してからは児童館でお仕事もさせてもらえましたし、なんやかんや仕事もしていました。上の子もほぼほぼ育休のような状況で面倒を見てもらうことができましたし。

髙橋　子どもの世話については僕自身、今考えると、世話されていたのは僕かもしれないなと思います。癒されていました。児童館で働かせてもらう中で、子どもとも触れ合ってましたし。そこで特段の問題も起きることもなく、そんな人がいるんだったら来年度はうちに来て欲しいと、繋がり繋がりで仕事をいただけていました。そこは自分のいろんなものを回復する機会になりましたね。

良子　最初の年の保育料だけすごく高くて大変でしたけど、次の年はほぼほぼかからないような状況でしたし。家族としてはそこまで不安になることはなかったかなと。

村山　奥さんのサポートは、経済的にも精神的も大事でしたね。

復帰後しばらくの状況

髙橋　でも、復帰数年は普通ではなかったですね。復帰直後、最初の学校は、事件の事情を知っている教育委員会から戻ってきた校長さんでした。定期的に授業を見に来る先生でした。また来るのか

と。でも、『僕が授業する相手は教育委員会じゃなくて子どもたち
だ。子どもたちと僕のやりとりを見に来たいんだったら、どうぞ』
という気持ちになってから気にならなくなって、2校目の2年目
くらいから見にくることすらなくなった。管理職は、監視するよ
うな感じに思えて、自分に自信を持って教育実践をやってという
感じではなかったですね。

良子　でも、よくしてくれた先生もおられたし、助けられたよね。

村山　髙橋さんには現場復帰まで何年間か空白があって、それは教育
委員会、学校の責任で作ったわけですから、サポートしていこう
というのが教育委員会や当局側の果たすべき役割だと思うんだけ
ど。そういうケアはほとんどなかったですか？

髙橋　いや、そういうケアのつもりで来てたと思うのですが、受け取
る側の僕自身が乗り切れていなかったでしょうね。現場で実践を
重ねて、子どもや保護者と繋がりを作っていく中で、だんだん自
信を回復していったと思います。最初お便りを出し始めたのが、
教育委員会が授業参観に来なくなったくらいだったと思いますね。
「運動会でどの子がどのあたりで演技をするというのを出したら、
親御さんたちの、シャッターチャンスが分かるから、先生そんな
の作って」と同じ学年を組んでいた先生に言われて、イラストも
得意だったので作って見てもらったら、「先生、こんなのものすご
いわ。学級通信出さないともったいない」と持ち上げてもらってね。
それで出し始めたんです。やれやれではなく、自分のいいところ
やできるところや頑張れるところを認められて嬉しいというのは
子どもだけではなく、教職員も一緒。一人の人間として嬉しかっ
たです。僕もそういう、子どもたちや親御さんや教職員仲間との
繋がりを作っていきたいなというのが本音ですね。そのきっかけ

が裁判を通じていっぱいいただけたなと。本当に感謝です。

　実は今、福岡の先生たちとオンラインで繋がって月1勉強会を
しています。そこで聞いた話だと、採用された先生がある日ぱたっ
と来なくなってしまう、と。辞めてしまう、病気、休みに入って
しまうことがあるそうです。

村山　心を病んだということか、事実上来るなと言われたのですか？

髙橋　そこまでは聞いていないので分からないのですが、福岡で出し
　　ているある機関誌に連載のものを書いてもらえないか、と言われ
　　ました。自分の半生じゃないですけど、私がどうやって先生とい
　　う職業にたどりついたかなどを書いた時に、分限裁判のことにつ
　　いても初めて書かせてもらったのです。結構反響があったと言わ
　　れました。リップサービスくらいで聞いていましたが、切実な状
　　況の中で教育現場が大切やという認識を他の先生も持っておられ
　　ました。他人事じゃなかったと分かった、と言われました。

村山　髙橋さんの分限裁判から10年以上経って、今はさらに大変な
　　状況だと思います。あれからだいぶ経ってからですが、1年目は
　　乗り越えたが2年目の4月の当初に命を絶った先生がいました。
　　おそらくやっていく自信がないということだったと思います。お
　　父さんお母さんが相談に見えましたが、その後、お見えにならな
　　くて、結局何もされていないのかもしれません。やっぱり1年目
　　を超えるということがそれなりの大変さがあるのかなと思いまし
　　た。髙橋さんの分限免職の時はちょうど不適格教員問題で何人も
　　がターゲットにされていて、一斉に監視の目が強くなって、統制
　　が強くなってという時期でしたね。

髙橋　同僚とか職場の先生を糾弾したら出世できるのは、今思い出し
　　ても気持ち悪いですね。あの時の教頭も校長に昇格したし、講師

だった先生が正規採用された。一概には言えないですけど、職場なり家庭なり地域なり、いろんなところでいろんな人と繋がれてるのか、それとも孤立させられているのかというのが大きいと思います。さきほどご紹介の先生も、詳しくは存じ上げないですが、いろんなところに繋がりがあったり話を聞いてもらったり、相談に乗ってもらったり、教えてもらったりがあれば、と思いました。1年間必死で何とか乗り切って燃え尽きてしまった。2年目とてもじゃないけどやっていく自信がないと思われたのでしょうか。

学級通信の活動

渡辺　福岡の件はほかに何をやっていらっしゃるんですか?

髙橋　教育実践をお互いに紹介し合うことをやっています。僕は、2校目の学校の3年目からずっと学級通信を作っています。1週間に1回です。同僚の先生からは、「大変やな。時間がかかって」と言われますが、それを通じて親や子どもと繋がる手段になっています。大きな揉めごとやトラブルになりにくいというか、普段からこの先生はこんなこと考えているんや、ということが保護者の方に知ってもらえます。子どもたちの考えていることとか様子とか悩んでいることとかも一緒に共有できるのです。それがなかったら今このコロナ禍でさらに横の繋がりがないのでもっと大変でしょうね。一定のコミュニティを作った保護者がその中で自分たちの意見だけで煮詰まってしまうので。

村山　これは一応子どももそれなりに読めるのですか?

髙橋　そうですね、本当は読み仮名をもう少し大きくしたいんですよね。でも、そうすると情報量が少なくなりますし、僕が伝えたいということもあります。子どもとか保護者の方もそこに載って嬉

しいとかね。

村山　みんなから意見もらってね。

髙橋　そこが一つの交流の場になっていると思うので。

村山　タイトルの『Ｒｅ』は、レスの意味ですか？

髙橋　いろいろですね。レスポンスというのもそうですし、リスペクトもあったり。それが書き始めなんですけど、途中でクラスで考えていきたいこととか僕が発信したいこととかを気軽に伝えていますね。

村山　今は校長がこういう通信をあんまり別にどうのこうのということはないですか？

髙橋　あります。ある時校長から、「学級通信に子どもの名前を載せる意味がわからない」と言われました。逆に、「どこの誰が書いたかわからないものを子どもが見て親が見て何か伝わるんですか」と言ったら、「そこまで言わはるんなら勝手にしなはれ」と。それで「勝手にさせていただきます」と返したら、「普通ここまで言われたら止めときますってなるけどな」と言われて…そんなやりとりでした。

村山　そういうところに神経質になってしまうのですね。

渡辺　校長は何が言いたかったんですか？　子どもの名前が載ると、バランスが悪いとか、名前が載る子と載らない子が出るとかそういうことですか？

村山　おそらく載った子の評価とかいろんなことを巡って、他の親やその子の親から何かクレームがつくことを心配されたのではないかと思いますが。

髙橋　そう、そういうことを心配しているのです。とにかく目立つことはしないという主義の校長さんですので。でも、『あの子ってや

152

んちゃな子だけど、こんな一面持っているんだな』というようなことを他の保護者に知ってもらうっていうのはとても良いことなのです。まあ、こんなものを載せるかとか、何を伝えるかというのは吟味したり、誰を何回載せてるのかはチェックしながらやっています。

村山　どの子を取り上げたとかカウントするんですか？

髙橋　表にしてカウントします。しばらく書いてないと思ったら、教室でこんないい発言あったな、こんないい行動あったなということを書くのです。

村山　教研集会では、こういう発表をして交流をしたりとかは今でもありますか？

髙橋　ありますね。

村山　名前が出たりとか、いろいろなその学校の中身が出たりとかになると、いろいろ問題だといって干渉があったりしたようなこともあったと思うんだけど。

髙橋　足並みを揃えるというね。「同じ学年でもクラスが違うことでやっていることが違う。隣ではやってもらっているのに」と言われる。だから、みんなができないことはやめておきましょうという、同調圧力です。でもそれって出し惜しみをするということじゃないですか。子どもに対して、例えばピアノの上手な先生はピアノを弾いて毎日子どもと一緒に歌ったらいいじゃないですか。でも、僕はピアノを弾けないので、隣の先生がピアノ弾いていたら「止めてください」って言ったり、走るのが得意な先生に「速く走ったら僕目立たなくなるので止めてください」と言ったりするのと一緒ですよね。それはやっぱり、子どもたちにとってはもったいない。だから、絵が得意な先生は絵を得意技にすればいいし、僕は走るのが速いわけでもピアノが上手なわけでもないですけど、

歌を歌うのは好きだったり、絵を描いたり、学級通信を作ったりするのが好きなので。そういうそれぞれの良いところを教育に生かすというのは、教育のためになると思うんですよね。

村山　一時、ちょうど組合に対する攻撃が強かった時に、教育委員会の言い分は100人の先生がいてその100人の教え方が違うと絶対良くないというのです。だから、北海道の果てからね沖縄の南の果てまで100人の先生がいたらみんな100人は同じように教えないと。それで学習指導要領があり、それぞれの先生方があるんだから、それをちゃんとやっていくのが自分たちの役割なんだと、教育委員会の役割なんだと。実は訴訟についても同じこと言う人がいます。裁判官が北海道と九州で違う裁判をしてはいけないと。個性の尊重と言いながら先生が自分の力を発揮しようとするのをコントロールしていく、一時期の京都の教育委員会はそういう傾向が強かったですね。

髙橋　言葉悪いですけど、つまらないこと考えるなと思いますね。もっと他に考えることあるだろうと。

今だからできる話

渡辺　この学級通信を拝見して、私、新人で入っていきなり髙橋さんの分限免職の事件だったのでもう必死にとにかくやって、その結果勝訴しましたが、他に前例がないすごい結果だという認識があんまりなかったのです。でも、実際には髙橋さんの事件の高裁の判決は今でも同種事案の金字塔だし、その結果、職場に戻った先生がこんなに楽しいもの作ってるの見て、素敵な先生で、事件をやってよかったなと思いました。髙橋さんの地裁の判決の時は、主文は後回しといって先に裁判官が理由を述べ始めたんですよ

ね。前代未聞というか、民事の裁判では他で聞いたことがないです。刑事裁判で死刑判決を出す時にあの方式なんですよ。これどういう結論なんだと思いながら聞いていました。

村山　そもそも判決理由を法廷で述べるということを民事裁判ではしないわけですよ。だから、自分なりに良いものを書いたというね、僕は裁判所がそういう理由があったからわざわざ述べたのかなと思います。死刑判決のやつは、死刑と言ってしまったら本人が目を回して後の理由何も聞かなくなってしまうから、最初に理由を言い聞かせて、最後に判決をする。民事では、よっぽど記者がたくさん集まって大きい事件になると理由を述べることもあるけど、基本的に理由は述べないんですよ。そこで述べたのは、それなりの裁判官の思いがあったんでしょうね。やっぱり、教育委員会や校長、教頭、学年主任のやっていることがおかしいと裁判官の心に触れるものがあったんでしょうね。それが裁判にとって非常に大きいと思うんですよね。勝たせる判決を書くかどうかという時にね、理屈の問題というよりも感性の問題だと思いますね。

渡辺　建設アスベスト訴訟なんかでも理由を先に述べることはあります？

村山　いや、ないですね。

渡辺　残留孤児の国賠訴訟の時、神戸地裁判決は理由を述べたと思いますね。主文を述べた後で、勝ったとなった後に理由を述べ始めた。しかし、髙橋さんのように先に理由を述べて主文ですというのを聞いたことがないです。

村山　大きい裁判の時には、主文を述べた後に理由を述べることはありますね。最高裁でも理由を述べていましたね。向こうの反対尋問が終わって、髙橋さんの番になって、裁判官が補充的に質問した

時に、その過程で裁判所としては良い心象をとってくれているのではないかと感じましたね。

渡辺　高裁の裁判長は赤西芳文さんというのですけど、今は京都弁護士会所属で弁護士をやっておられます。裁判官の退官年齢のあと、大阪で弁護士をやっていたけど登録替えで京都に来られました。その京都弁護士会に入会する時の審査の担当が私だったんですよ。順番で審査委員をやるんですけど、審査が終わった後にご挨拶したら、あの事件ありましたね、と判決書いたことを覚えておられました。いろんな人にとって記憶に残る事件だったんじゃないですかね。

髙橋さんの事件からつながっていた活動

渡辺　髙橋さんの分限免職事件で勝ったすぐ後、社会保険庁の分限免職問題というのが2009年にありました。この事件でも、一部の方ですけれども、職場に戻して、私は、分限免職事件の専門家みたいになってしまいました。もちろん勝てなかった事件も幾つもあるんだけど、分限免職を取り消した数は恐らく全国で一番多いです。

村山　なかなか分限免職は難しいんですよね。向こうも力を入れて、力を込めて総力戦でやってきますのでね。

渡辺　そこから公務員の人事や労働の問題もいろいろやるようになって、地方公務員も国家公務員も詳しくなって、公務員の労働関係に詳しくなってきましたね。髙橋さんの事件がきっかけだったのです。

髙橋　多分ね、素人考えなんですけど、弁護士の依頼も千差万別だと思うんですけど、事件を経験して勝訴に導いた実績があるというのは、やっぱり依頼する側としてはそういうことにちょっとでも詳しい先生に見てもらえたらとは思いますからね。その方面で活躍をされているのは、僕にとってもすごいな、嬉しいなと思いますね。

渡辺　例えば検察庁の黒川検事長の定年延長問題がありました。ああ
　　　いうのも公務員の人事の事件やった経験があったから、感覚的に
　　　おかしいって分かるんですよ。それで、おかしいおかしいとヤフー
　　　の記事を2度書いたら大きな反響がありました。そういうところ
　　　にも繋がってくるんですよ。公務員の人事の問題ってすごい深い
　　　し、弁護士の業務分野として面白いですよ。

さいごに

村山　大きな事件については、市教組が総括集を作るんだけど、髙橋
　　　さんの事件は、結局、お互い忙しかったりして作れなかったよう
　　　ですね。
髙橋　もったいないですよね。いろんな先生にコメントいただいたり
　　　したんですけど、僕自身が全然余裕がなくて。そのまま流してし
　　　まった感じになったんですけど。
村山　今からでも遅くはないので。僕は弁護士50年で、今から髙橋先
　　　生のような先生がお見えになっても裁判をやるということはないの
　　　ではという気がしているんだけど、今までのいろんな事件のまとめ
　　　を僕なりにして、小さい本にまとめようと思っていますので。
髙橋　確か、地裁での弁論の後に村山先生が全国の判例じゃなくて、
　　　この人を見てくださいと言っていただいた。この先生は、果たし
　　　て首にならないといけなかった人ですかと。一方で新聞には、地
　　　裁勝訴に対する教育委員会のコメントが載るわけですよ、『全国
　　　的に影響があるから控訴する』と。そんなことは私には全く関係
　　　ないと思えました。
村山　だから、この髙橋先生はどうなんだ、ということを裁判所の方
　　　には考えてほしかったわけです。

高橋　裁判5年間あったんですけど、村山先生に言っていただいた名言は、まだまだいっぱいありますよ。

村山　僕たちにとってはそんな意義もさることながら、その人の一生に関わる問題なので、その人の権利をどう守るかというのが全てですから。その人に始まってその人に終わるわけですよ。後の影響はそれにくっついてくるもんだよね。僕らは常にその気持ちでやっています。組合から頼まれた、組合と一緒にやったとしてもね。裁判官も割と個別事案だということで判決が書きやすいんですよね。それが全国的なものというと、途端に躊躇してしまうんですよね。市教組の超過勤務事件でも、1審2審も裁判官頑張ってくれたんだけど、最高裁で全部ダメにしちゃったでしょ。それを認めちゃうと、一般論化してしまう可能性が強かったので躊躇したんですよね。沖縄の基地問題の事件や原発の訴訟なんかも、国の制度の根幹に関わる部分なんかはなかなか厳しいんですよね。

高橋　三権分立っていう理想には遠いなと思ってしまいますね。

村山　あと、行政っていうのは無謬主義が本当に強くて、行政が一旦なにかやったらとことんやってくるんですよね。そんなに頑張らなくても良いじゃないかと思います。さっきの話でも、地裁で負けたから、意味のない同僚を証人として大阪高裁まで連れてきてね。なんとかして逆転したいという感じでやってくるんですよね。行政のあり方として絶対に間違いを認めたくないんですよね。

　　　しかし、僕たちは、行政には率直に間違っていた点を認めて、本人の権利回復や名誉回復をはかり、二度と同じような被害者を生まないようにしてほしいと思っています。それが、行政のとるべき責任だからです。

(以上)

158

ブラック職場・ブラック校則

　過労死・過労自殺を生みだす働くルールのない会社を、ブラック企業と呼ぶようになって久しい。その言葉が生まれた時、私は、日本中に蔓延しているブラック職場の典型こそ、学校だと思った。私たちが闘いに立ち上がるまで、学校には、「勤務時間管理」というシステムや考え方すらなく、無定量・無制限の残業が蔓延し、それが当然視されてきていたからだ。

　教員が過労死をしても、行政は「残業を命じたことがない」「長時間勤務をしていることは知らない」と開き直り、公務災害だと認定されない事例が相次いだ。遺族は、「これだけ仕事をさせられた」と必死で資料を集め、ようやく裁判で公務災害認定を認めさせてきた。ブラック企業と同じだ。

　そして、過労死や過労自殺の認定では、長時間残業が勤務扱いされるようになっていったが、それでも、教育行政は、残業のすべてについて、あくまでも「勤務時間」として扱わないまま今日に至っている。

　そのような背景のもと、長時間勤務からくる精神疾患が激増し、自殺事件も増えてきた。自殺が働き過ぎによるものだとして、その責任を問う国賠訴訟で、学校側に責任があるとして、教員の遺族が勝訴し確定する判決も現れた。

　学校現場には、さらに深刻な闇に覆われた世界がある。それは、

子どもたちの権利のあまりの貧困にあり、その典型というべき事象に「ブラック校則」問題がある。「子どもの権利条約」は、我が国では難産の末批准されたが、それ以降、日本は、国連子どもの委員会から、審査の都度、強い改革を求められ続けている。緊急に措置をとるように勧告されている中には、過度の管理教育の是正や子どもの意見の尊重、体罰の禁止などが含まれている。

　学校は一つの閉鎖社会となっており、教職員が無権利状態に置かれていることと合わせて、子どもが、学校において、自身の権利と権利実現の手立てを図るすべがまったくなく、さらにひどいのは、それを学ぶ機会すらないことである。そのことが、子どもの個性的・自律的な成長を妨げる要因となっていることは無視できない。自身を護るため闘うすべを知らないまま、社会に送り出されるのである。

　また、教員の働き過ぎ状態の蔓延による影響が、子どもたちに暗い影を落としている事実も看過できない。のびのびと自由な教育実践ができてこそ、子どもたちにもゆとりある教育を実践することができるからである。

OECD ワースト２位の日本の教育予算

　2023 年 3 月の国会では、子どもにかける日本の予算があまりにも少なすぎることが話題になっている。「戦争をするための軍事予算」については、いち早く倍増路線を明確に打ち出したが、子ども予算については、言を左右にして増額規模やその裏付けを明確化しようとしない。

　日本の教育予算が国際的にみてあまりにも低いことは、つとに指摘されてきた。OECD（経済協力開発機構）が、2022 年 10 月 3 日に発表した、2019 年時点の GDP に占める予算割合は 2.8％にしか

すぎず、データのある37ヵ国中36位であった。OECD平均は4.1％で、最も高かったノルウェーは6.4％に及ぶとされている。

また、子ども視線では、大学などの学費の個人負担の割合が67％に及び、OECD平均の31％を大きく上回っていることであり、私学に在籍する割合も、79％とOECD平均の17％の4倍以上になっている事実である。

さらに、返還義務のある奨学金の利用が多い事実が指摘されており、これが若者に重くのしかかっていることはつとに指摘されてきた。

教職員の働き方改革を真に進めるためには、教職員を大幅に増員することが不可避であり、そのためにふさわしい予算化は必須である。そこにまったく手を付けずに進めようとしているところに、最大の問題を抱えている。

国の「働き方改革」と教職員の「勤務時間管理」

国は、2018年、働き方改革推進法を制定し、「時間管理の必要性」を強調するようになった。そして、これと並行して、ようやく教職員についても「時間管理の必要性」が強調されるようになった。

中央教育審議会は、2018年1月25日「新しい時代の教育に向けた持続可能な学校指導・運営体制の構築のための学校における働き方改革に関する総合的な方策について」という答申をとりまとめ、同日文部科学省は、「学校における働き方改革推進本部」を設置した。そして今日まで取り組みを進めてきているとしている。

その大きな柱に、当然のことながら、教職員の過労死ラインを超える長時間勤務問題の解消があげられている。

しかしながら、それから5年、いまだに成果があがったと呼びうるような状況にはなく、今後についても光が見える状況にない。

その原因は、大きく言って二つある。

　一つは、本来「改革」の要に位置付けられないといけない法制度とその運用の歪みについて、それを何ら正そうとしない点である。公立学校の教職員については、1971年に「公立の義務教育諸学校等の教育職員の給与等に関する特別措置法（但し現在の法律名）」（給特法）が制定され、特別な扱いとなっている。もっとも、この法の要は、「超過勤務をさせてはならない」という原則を樹立しており、超過勤務が許されるのはごく限られた事象だけにしている点にある。しかし、それがまったく守られていない。また、守られなくても良いような運用を行い、残念なことに、日本の司法が、それを容認してきたのである。そこにメスを入れることが必須である。

　常識的な法律理論からすると、超過勤務をさせたら超過勤務手当を支払うのが当たり前であるところ、それをすると到底維持できない程度の教育予算しか組まれていない。なので「すべてが自主的な労働であるためそれに対しては手当てを払わなくて良い（サービス残業にできる）のが今の法律だ」と強弁するのである。しかし、さすがこれはあまりにも我が国の法体制の在り方をないがしろにしており、先の、中教審の答申でもその問題点が指摘されるに至っている。

　しかし、最大の問題は、答申が、法改正の方向や違法状態の解消のための抜本的な手立てを示さない点である。

　二つは、先に述べた、あまりにも貧弱な教育予算に、まったく手を付けようとしないことである。この点が、抜本的改革を示すことができない根本と言ってよいかも知れない。本来であれば支払いが必要な超過勤務手当を支払うと、到底予算が回らなくなる。そのため教職員にとてつもないサービス残業を強要しているのである。

　法のルールを教えないといけない学校で、法のルールが公然と蹂

躙されている。

　超過勤務の原因が人員不足にあることは、今や社会常識である。そして教職員を増やすためには教育予算の抜本的な増額が求められていることも論をまたない。

「働きすぎ」状態が変わっていないことが明らかにされた

　全日本教職員組合（全教）は、2022年10月に全国の教職員の勤務実態調査を実施した。一ヵ月の時間外勤務の平均が92時間34分、100時間超えが36％という、ものすごい長時間残業の実態が示された。平均が過労死ラインとされている月80時間を超えている事態は深刻である。

　私たちは、こうした結果が示す事実は、学校で残業が蔓延していること、恒常化していることだと指摘してきた。そして、「本部」が立ち上がって何年も経っているのにかえって現場の状況が深刻になっている事実は、出されている方向性が実情に見合ったものになっていないこと、教育行政において適切な対応がされていない事実を浮き彫りにしている。

給特法の原点の確認と履行の確保、履行を実効あるものにするための改正が求められている

　法律や条例は、1日8時間、週40時間を超えて仕事をさせてはならないと定めている。同時に、勤務時間の途中に45分の休憩を与えることも義務付けている。これは、日本の労働者に共通する原則的ルールである。

　そして、残業については、三六協定を結ばないとさせることができないとされ、上限も決められている。この点について、公立学校

の教員については、給特法という特別法があり、一定の特別な場合以外には、「残業させてはならない」とされていることは上述のとおりである。教員は、自身の研鑽なども必要なところ、特に手厚い保護が与えられているはずなのである。残業をさせないのだから、三六協定を結ぶ必要はないし、残業手当も予定されていない。

　問題点は明確である。「残業させない」という法を蹂躙して、長時間残業を恒常化させてきたこと、そのために意図的に時間管理をしてこなかったことは、いずれも教育行政が進めてきたことである。

　このように行政がさぼった時にはどうするのか、ということは、給特法制定の時に最大の懸念として示され、違反に対する措置をきちんと明文でおくべきであるとの提案もされたが、「行政は悪をなさず」として、制定が強行されてしまった。

　履行を確保するためのもっとも適切な措置は、法に違反をして、残業をさせたら、違約金を支払うようにすれば良いのである。どんな労働者であっても、三六協定が締結されることを条件にして、さらに割増手当を支払うことが義務付けられているのであり、そのような原則に立ち戻れば良いのである。労働者に対して、このように厳しい規制をかけることで、無定量・無制限の残業を規制しようとしているのである。しかし、サービス残業に対し、なんの措置もとらなくても「良い」となると、「どこまでも働かせても何の問題もない」という結論しか待ち受けていない。

　原点に戻って、「残業をさせない」という条項を生かしていくことがもっとも重要な課題であり、その条項に反して残業をさせる場合には、その対価（＋制裁金）を支払う義務が当然発生するのであるから、それを法文に明記しないといけない。

　本来であれば、当該条項に違反すると、違法労働をさせているこ

とになるから残業代相当金を、賠償金として支払う義務が生まれるはずである。それは法の常識というしかない。

中教審答申と給特法

教育行政当局は、残業は自発的にやってもらっているとして、時間管理を一切行ってこなかった。しかし、上記の中教審答申は、この点については改善を求めた。

答申は、次のような検討を経て、「自発的」勤務時間であっても管理が必要であると結論付けた。

①時間外に行っている業務は、それまでは「自発的に勤務されていると整理されてきた」と「整理」した。

②「自発的勤務」は、命令はないが「教師が自らの校務分掌等を踏まえて実施しているもので、教師としては業務としてやらなくてはならないものとの意識から行っていることが実態となっている」と認めた。これは一方では、「不可欠な業務」であることを認めつつ、それを「教員の意識」にすり替えているところに大きな問題をはらんでいる。

③ 「『自発的勤務』は、勤務時間管理の対象にはならないという誤解が生じていた。」意図的に行ってきたものを、「誤解」で処理している。

④ 「働き方改革推進法で勤務時間把握義務が明確化されたことにともない」「自発的勤務」も勤務時間管理の対象とすることが明確となった。

このようにして、勤務時間管理の対象にするということは、実態が「勤務時間」であると認めることを意味するはずである。

時間外勤務を学校運営に欠かせない業務であることを認め、勤務

時間管理の必要性の対象としたことは、大きな前進である。

　しかし、勤務時間管理の対象となる勤務だと認めつつも、給特法が禁止している「時間外勤務」とは認めないというのは、まったく矛盾した整理であり、法の明文に反する解釈である。給特法は、許される時間外勤務を、わざわざ限定的に設定している。なので、それ以外の時間外勤務が許されると解釈する余地はどこにもない。

　「自発的残業なら許される」と解釈する余地は、法文上どこにも存在しない。そのような条項はまったくないのである。

勤務時間の上限に関するガイドラインとその問題点

　答申と同時に、このガイドラインが策定されている。

　ここには次のように明記されている。

　「超勤4項目以外であっても、校務として行うものについては、超過勤務命令に基づくものではないものの、学校教育に必要な業務として勤務していることに変わりはない」

　「学校教育に必要な業務」は、命令の有無にかかわらず、勤務になるというのであるから、それが時間外に及ぶ場合には、当然「超過勤務」になる。ところが、ガイドラインは、上記の時間外勤務は、労基法上の労働時間ではない、という「詭弁」を使う。上司の指揮命令下で行わず、自主的に行っていると判断。ここでまた突然裸の自主性が飛び出す。こんな屁理屈がまかり通れば「改革」など画餅に帰す。

　「ガイドラインは、4項目以外の業務も含めて勤務時間管理を行うことが働き方改革で不可決なことから、上限の目安を定めた」としている。

　本当の働き方改革は、「超過勤務をさせない」という原則に立

ち戻って、超過勤務をさせないための勤務時間管理のはずである。

　ところが「上限までは働かせてよい」という逆立ち改革になっている。このままでは、さらなる「給特法の脱法化」が加速することとなる。

変形性労働時間制の導入は弥縫策というより、より長時間残業に道を開くだけ

　多くの教職員の願いに反して、勤務時間規制に動くのではなく、1年間の変形性労働時間制というとんでもない制度を導入した。数十年前から始まった労働時間の規制緩和の中でも、評判の悪い制度の一つである。それは、特定期間の長時間勤務を容認するからであり、働きやすいライフサイクルに反するものであるからだ。また「1年間」とするのは、季節労働者を想定したものだとされた。しかし、教員の恒常的な残業は季節性のものではない。

　特定された期間は、さらに勤務時間が増え、そうでない時も、勤務はある。なので、時間規制には、なんの役にも立たないし、より勤務時間が長くなるということでしかない。

真の働き方改革へ向けて

　ここまでみてくると結論は明らかである。

　まず「時間外勤務はさせてはならない」とする明文の規定があるのであるから、当局にその厳守を求めることである。当然のことながら勤務の途中に45分間以上の休憩を与えることも厳守を求めることが必要である。

　「そうは言っても、実際に職務がある以上、そういうわけにはいかない」と考える必要はまったくない。時間内に職務が遂行できる

ように措置することは行政の責任だからである。

　教職員の、この点での発想の転換は極めて重要な課題である。時間外に及ぶことを余儀なくされた場合、その原因を明らかにして、その解消を求めていくことが必要である。そのような教職員の求めを行政が無視することは法律上許されないことだからである。

　そして、どうしても時間外勤務を余儀なくされた時は、その記録をしっかりと残していくことである。現在、在校時間についての管理はあっても、持ち帰り仕事の時間管理まではされていない。どれだけの持ち帰りがあったかを自身で記録化し、当局に申告していくなどの努力も必要である。そうすることによってはじめて時間外勤務のすべてが可視化されることとなる。

　時間外勤務を余儀なくさせることは違法であり、損害賠償請求の対象となる。ようやく、「自発的勤務」も「学校に必要な勤務である」ことや「勤務時間管理の対象となる」ことを当局がみとめるようになった今、改めて、賃金や制裁金相当の賠償請求訴訟を全国一斉に提訴することなどが検討されても良い。

　そして制度改正としては、給特法の時間外勤務をさせないという原則を維持したまま、それに反して勤務を余儀なくされた時には、割増手当相当の給与支払い義務を法制化することが導入されるべきである。そのためにも、全国の教職員が、もっと声を上げることが強く求められている。

　教職員がサービス労働を余儀なくされている現状は、これからの日本社会を担っていく教え子にとっても決して好ましいこととは言えない。今のサービス残業漬けの日本社会の労働者のおかれている状況を変えるためにも、教職員自身の意識改革と、改革への具体的な取り組みが必要不可欠だと思う。

第4部 KBS京都放送の差別撤廃・企業再建の半世紀

闘いの概要

　KBS京都は、ラジオでは全国の先駆けとなったが、テレビは、大阪の準キー局に取られて、後発のエリアU局になった。今も、キー局からの配信を受けられず、経営は楽ではない。

　最初の組合は1953年に結成、民放労連に加盟、会社の攻撃により1965年に分裂。組合員数は激減、その後も様々な攻撃を受けたが、その際たるものが昇格差別であった。1973年に差別の是正を求めて労働委員会へ申立。3年の審理を経て（調書の丁数は1万丁を超えた）、完全な是正命令が出された。この時の労働委員会の最大の壁は、「1年の除斥期間」と「課長・副部長など役職就任」であったが、いずれも完全克服した。

　民間放送では、組合分裂による弱体化攻撃の他、下請化・外注化が進められ、そのための受け皿会社も生まれた。1975年、6人の下請会社社員が正社員化を求めた。まず、労働委員会で会社に団交に応じることを求め、勝利命令。下請会社は、「引き揚げ」を命じたが、6人は拒否、すると6人を解雇してきた。そこで、6人は、京都地裁に、地位保全の仮処分申請を行った。

これを裁判所が容認。「黙示の労働契約がある」と認定した (1976年5月10日)。

　会社は、これらの命令を受け入れ組合員を役職につけてバックペイを払い、6人を正規雇用して、二つの差別事件は、同時に全面解決した。1976年11月のことである。

　1980年、分裂した組合は、念願の統一を果たした。二つの組合は一旦解散し、新しい組合を結成した。その後、議論を重ね、圧倒的多数で、民放労連や京都総評への加盟を決めた。

　これが、のちに会社の再建にとって大きな力になった。

　80年代、経営は揺れた。89年、146億円の抵当権が社屋につけられた。93年、放送免許を1年に限られ、競売申請がなされ、いよいよ崖っぷちに立たされた。組合は、会社更生法の申請がベストであるとし、一旦、会社も申請を決めた。しかし、会社は、自主的再建しか道がないとして、申請を放棄した。組合員らは自身で申し立てる道を選択し94年9月、従業員141人が申立人になり、一連の手続きが始まった。2006年10月更生終結決定が出された。

1 ◆対◆◆談◆
KBS に組合があってよかった

古住公義　　　　　　　　　**村山　晃**
KBS 京都労組副委員長

対談のお相手は、50 年間ともに KBS 労組の権利闘争に取り
組んだ古住さんです。古住さんは、組合統一後書記長として
労組を牽引してきました。

1973 年の出会い、昇格差別の是正をめざす闘い

村山　KBS との出会いは 1973 年。労働組合間での昇格、賃金差別で
　　　したね。組合の副委員長の新木本さんが「もう我慢ならない」と
　　　言って、事務所を訪れました。

古住　昭和 40 年頃、私が入社する 4 ～ 5 年前、組合の大会で突如委
　　　員長ほか執行部が出て行ってしまい、別組合を作りました。そし
　　　て、またたく間に、第一組合は 23 人の少数組合となりました。残
　　　されたのは、どんなことがあっても労働者の権利をないがしろに
　　　できないとの強い思いで、上部団体である民放労連に相談しなが
　　　ら、組合活動をしていました。

　　　しかし、そこから、会社は徹底的に、第一組合の組合員を冷遇
　　　します。私は入社したばかりでしたが、先輩たちは同期が課長、
　　　副部長、と昇格してゆくのに、自分たちは昇格させてもらえず、
　　　賃金に大きな格差ができているとして、第一法律事務所の戸を叩
　　　きました。

村山　典型的な不当労働行為なので、京都府労働委員会に救済を申し

立てました。差別していると認めさせることは絶対的に必要ですが、一番難しいと思ったことは、「課長や副部長に昇格させろ」という救済命令を取れるのかどうかということです。

　会社側は、申立人らのミスを取り上げて能力不足をしきりに主張しました。しかし、一つは、ミスだと言われていることが事実無根であることを明らかにしたこと、そして決定的だったことは、昇格して会社側証人で出てきた人たちが、自身が声高に叫ぶミスをしていることを徹底的に追及したことです。会社側は反論できなくなってしまい、差別の理由は、ただ第1組合の組合員であるということだけだということが浮かびあがりました。

　証人への反対尋問が、ことごとく成功しましたね。

古住　村山先生の声は大きいし迫力がありましたね。

村山　何より、反対尋問は「内容」がないといけません。その内容は、組合の皆さんが与えてくれた事実や資料ですから、組合の力は大きかったし、皆さん方の実力の成果です。

　また、こちらの主尋問もしっかりした内容でした。この事件は、川中弁護士と一緒に担当しましたが、「主尋問は、かけあい漫才みたいに、尋問と証言を短くからめることが肝要」と教えてもらいました。聞きやすいし、調書になっても読みやすいというわけです。その後、一貫して、このことを心がけています。

古住　労働委員会での審問には、昇格差別を受けた当事者だけでなく、組合員23人がストライキをかけて傍聴しに行っていました。私は入社したばかりで、組合活動も始めたばかりでしたので、やじ担当でした。

村山　傍聴席で一番よく吠えていましたね。印象的でした。

古住　でも、その時に見聞きし体験したことが、その後の運動に繋が

りました。全員がストライキして審問に参加したというのが、勝利の大きな要因だと思います。

村山　個別立証で時間がかかるものですから、審問を月3回実施させたり、丸1日行わせたりしました。準備も審問も大変でしたが、個別立証は、ことごとく成功しましたね。府労委の命令は、完全勝利でした。

下請け労働者の直接雇用めざす闘い

古住　昇格差別と並行して、業務の下請けが進められていましたが、その人たちの直接雇用化を目指す闘いも始まりました。1970年代半ば頃のことです。

　1985年に派遣法ができてからは「偽装請負」と呼ばれるようになりますが、当時は雇用差別の是正と呼んでいました。

　最初は団体交渉で、偽装請負なのだから直接雇用化すべきだと要求を出しました。会社は、団交事項ではないと交渉を拒否してきましたので、京都府労働委員会に「会社は、労働条件に支配権を持っているから、団交に応じるべきだ」として、救済命令の申立てを行いました。

村山　偽装請負をしていた会社の証人の尋問で、こちらが契約書を突き付けて「偽装請負ではないか」と指摘したら、反論できなくなり、頭が痛いから休憩させてくれと申し出てきたのは痛快でした。

古住　組合は、労働基準監督署と職業安定所へも申し入れをしました。労働基準監督署は賃金の直接払いの原則に反している旨、職業安定所は職業安定法に反している旨、指摘して、いずれも会社に是正勧告を出しました。当時の監督署や職安は、本来の役割を発揮してくれたと思います。

そうすると、会社は偽装請負会社との契約を解除し、「請負」
　会社は労働者6人に対してKBSから戻ってくるよう通告、これを
　拒否した労働者を解雇しました。そして、裁判闘争が始まります。

村山　私たちは、解雇をした「請負」会社ではなく、KBS相手に地位
　保全の仮処分を申し立てました。直接雇用契約がない会社を相手
　に、それも仮処分という手続きで従業員の地位を認めさせること
　ができるのか、一抹の不安がなかったわけではありません。しか
　し、「請負」会社に戻るのを拒否し、いわば退路を断っての闘いが、
　裁判所を動かしたと思います。数ヵ月で、見事完全勝利の仮処分
　決定を勝ち取りました。

　　当時、偽装請負の流れが作られようとしている中で、それに痛
　打を与える決定だったと思います。

古住　次々と手を打ってゆく闘い方は本当に見事でした。そして、こ
　の二つの闘いに全てで勝利したことは、その後の交渉にも有利に
　働きました。この経験が今でも生きています。僕らの原点です。

組合の統一

村山　その後、組合の統一へ向かっていきますね。第一組合と別組合
　が同時にストライキをうつこともあり、会社がストライキを妨害
　しているということで急遽呼ばれて旧社屋へ出向いたところ、ピ
　ケを張っている人たちに知り合いがいない。よく見たら、そこに
　集まっているのは別組合の組合員の人たちで、第一組合の組合員
　らは違う階でストライキしているからというようなこともありま
　した。

古住　第一組合と別組合が一緒に仕事をしている部署もある訳です
　が、第一組合がストライキをする場合、別組合の組合員がストカ

バーをしなければならなくなります。それが嫌だというのもあり、別組合の組合員らも、第一組合の闘いに興味を持たざるを得なくなっていき、一緒に闘うようになっていきました。

　新社屋移転で、多額の設備投資をするという話が持ち上がり、働く仲間の間では、わずか1〜2億の利益しか出ないのに大丈夫なのだろうか、合理化、すなわち人減らしがなされるかもしれないという危機感が広がり、分裂したままではダメなのではないかという機運が高まりました。

　昇格差別、雇用差別の闘いに勝ち、組合間に差別がない、いざこざのない状態になったということもあって、労使対等な関係を作っていくために統一したいというベースができました。

村山　第一組合は、分裂時から民放労連の下で団結して頑張ってきました。そこへ、第一組合は政治活動をしているということなどを理由に分裂をした別組合の人たちに参加してもらうというのは難しいことだったと思われます。

古住　どちらの組合の中にも、統一に反対の声はありました。第一組合は、民放労連の旗の下で闘い抜いたという自負があり、そこから離れるくらいなら組合を統一しなくても良いという意見も強かったです。

　執行部同士は、小異は捨てて大同につくべきだと考えていました。ただ、組合の解散には組合員の4分の3の賛成が必要になり、別組合でも、民放労連に加入することを前提に組合を解散するというのでは賛成の決議があげられないとのことでした。

　それで民放労連執行部は、次のような方針を示しました。それは、上部団体等はひとまず横に置き、同時に解散して、まずは一緒になればどうかと、一緒になって、学習して議論して、やはり

民放労連を上部団体とするのが良いとの声があれば、全員で投票して加入を決定していけば良いのではないか、というものでした。民放労連執行部のこのような的確な方針を私たちは尊重し、そうすることにしました。

村山　いったん民放労連の旗を降ろすというのは、すごい英断だったと思います。それを民放労連が勧めるのですからすごいですね。きっと、一旦解散しても、必ず合流してくれるだろうという確信が持てる状況もあったのでしょうね。

　　　我々弁護士も、組合が統一された時に、僕らを迎え入れてくれるのかという不安はないことはなかったですよ。

古住　別組合の中心メンバーは、いろんな局面で、村山弁護士はどう言っているのかと、よく聞きにきていました。そういう意味で、村山先生は別組合からも信頼が厚かったです。

経営再建への壮絶なたたかい

村山　裁判闘争としては、組合員がピケをはったことに対し、業務妨害だということで、KBS 側から妨害排除の仮処分があり、それを却下させた事件がありましたね。思えば KBS 労組の闘いは負けなしです。

　　　そして、いよいよ根抵当権問題。経営そのものがおかしなことになって、統一した組合の出番になっていきました。2 つの労働組合が 1 つになって団結していたことが、再建へ向けての壮絶な闘いの軸となりました。

古住　1989 年 12 月、経営が悪化しているということで組合において財務分析をする中、新社屋に 146 億円の根抵当権が設定されているというのを突き止めました。KBS がダイエイファイナンスから

借り入れを行い、ケービーエス開発という有名無実で何をやっているのか分からない会社へ金が流れていたのです。当時この事実を知っている人間は、社長と財務担当役員のみでした。

　しかし、1億～2億しか利益の出ない会社になぜこのようなことができるのか、金はどうなったのか等、問いただすも回答はありませんでした。背景に反社会的勢力があると思しき株主が関与しているとしか考えられませんでしたので、当該株主の排除を組合は強く求めました。

村山　そのような中、1994年の放送免許の割当を前に、その前の年になりますが、当時の郵政省から、146億という抵当権が設定されて財務状況はどうなっているのか、外国人が株主になっているのは排除すべきだ、この1年で改善できなければ免許の割り当てはしないと言われましたね。

裏で牛耳るフィクサーの排除

古住　当時の経営者は、バックにいるフィクサーに牛耳られているから、発言権も決定権もありませんでした。だから、バックの株主に抗議をしたり、面会を求めて面会するところまで漕ぎ着けたものの、なかなか解決できないまま時間ばかりが経過しました。

村山　その最中、ダイエイファイナンスが、146億円の抵当権につき、競売申立てを行いましたね。

古住　それで、先生に相談しました。競売の阻止とダーティーな株主の排除、この2つを同時に解決する方法はないかと。

村山　そこで、会社更生申立を検討することになりました。会社更生法はアメリカから輸入された法律で、裁判所を使って労働者の首を切ったり、合理化するような法律だということで、労働組合

の中では評判が悪かったんです。でも、競売を途中で止め、株主と役員を全て排除できるので、今のKBSにピッタリだと思いました。

　申立てができるのは、会社、株主もしくは債権者です。組合の申し入れを受けて、会社は、一旦は更生法申し立てを決断しました。私は、会社側の代理人といろいろ協議し、調整して、さあ会社によって申立てかというところまでいきました。しかし、最終的には、会社の役員が逃げてしまいました。会社更生では会社の役員はその地位を失ってしまうからでしょう。

　さて、どうするのかということになって、組合員らの労働債権に目が向く訳です。

古住　この間の経営悪化に伴い、賞与がカットされていましたが、組合では、支払いを求める要求書を出して、闘っていました。「どうせ出ないのに」という声もありましたが、万が一、倒産した時には給料・賞与等の労働債権が最優先債権になるということで、賞与カット分を支払うとの協定書を結び、支給日だけ空白にしてあったんです。そこで、労働債権を持つ債権者として、組合員らが申立人となって会社更生を行うことが、選択肢として出てきました。

村山　よくぞ、労働債権を確保しておいてくれたと思いましたね。

古住　労働運動からすれば、要求を立てて、地道にやっていたことが、ここで活きてきました。

　民放労連は、滋賀県が大株主だった琵琶湖放送が会社更生で立て直しを図ろうとした時、反対しました。だから、今回も反対するのかと思いきや、賛成してくれました。琵琶湖放送に関しては、会社更生によって諸問題は解決できても、労働者が職

場の主人公になって放送事業をやっていけるのか不安だったから反対したとのことでした。でも、KBS は大丈夫だという確信があったと、そう言われました。

担当裁判官が大きな壁として立ちはだかる

村山　しかし、担当裁判官が厄介でしたね。次々と無理難題を押し付けてきました。その一つに、大手の債権者、取引先、銀行などが協力しなければ再建できないのだから、まずは申立人（組合）が、それらを説得して協力するという約束をとってきなさいというのもありました。

　　でも、銀行などが組合と協議して協力しますなんて簡単に言う訳がないですよね。債権者申立てというものを法律は用意しているんです。債権者ができるはずもないそんな条件を突きつけたら、そもそも債権者は、申立てできないではないか、と反論しましたが、裁判官は「だから債権者申立てなんて行われてこなかったんですよ」と言うんですね。

　　一番きつかったのは、「申し立てしたら破産しますよ。それでもやるんですか。」と言われたことです。どうしてそんなことを裁判官が決めつけられるのかということですよね。どうしようもなく労働組合を嫌悪していた裁判官でした。

　　ただ、粘り強く話を進める中で、放送免許は、どうなるのかについて、裁判官が関心を寄せたのです。そこで、打開するカギとして、「更生法によってこそ免許の更新が可能」との国の見解を引き出すことを目標にあげました。

古住　やれることは全てやりました。京都銀行へ出向き、専務と話をして、粛々とやってくださいと言われました。そして、市民

らから40万筆の署名を集めました。そして、郵政省へ行って、放送免許について確認したところ、当時の課長補佐から、「40万人の市民の声を形あるものにしてください」と、暗に更生法の申請を容認し、免許の継続を示唆する発言を引き出しました。

　そして、それらを直接、裁判官に伝える機会を作ることができました。集団団交のような形になりましたが、これは組合嫌いの裁判官にも大きな影響を与えたと思います。

　裁判官から、手続きが始まって、経営者が投げ出してもこれまでの放送が継続できるのかということを聞かれました。そこでそれぞれの現場から、実際に放送を作っているのは私たちだと強く訴えました。経営者が現場に来ることなんて、ほとんどないのですから。

　この話のあと、裁判官は、ようやく「申し立てがあったら粛々と進めます」と言ったのです。受理することを表明したのです。

村山　更生法の申し立てをするとマスコミでは、「倒産」と報じられます。それは絶対に避けたいと思っていました。多くの市民が、経営陣とその背後にいるダーティーな株主のやることは応援できないという気持ちでした。従業員が力合わせ、それらを一掃して、会社再建をするための申し立てであるということを理解してもらうことに努め、「再生」というイメージに繋げました。結果、当時のマスコミは、どの社も「新しい門出」という表現をしてくれましたね。

古住　記者会見にも、会社の幹部でも組合の執行部でもない、職場で頑張っている人たちが出ました。みなさんに僕らの思いが伝わったと思い、嬉しかったです。

KBS 再生に向かって

村山　その後、管財人とはいろいろありましたね。

古住　イラク戦争反対の看板を出したら、施設管理に違反すると言って仮処分を出されたりしましたね。でも、朝に出して夕方には撤去しているので、当然のことながら仮処分は却下となりました。

　　　今、同じ場所にロシアによるウクライナ侵攻に抗議する意味で、ウクライナのステッカーを貼りだしていますが、特に何も言われません。最低限そういう社会的な活動が保障されるような取り組みをしてきたことは大事だと思います。

村山　そして、画期的だったのは、更生法につきものだった合理化、すなわち人減らしをさせずに更生を達成したことです。

古住　更生を達成するために、やらなければならないことは二つありました。まずは50億という借金を返済してゆくことです。もう一つは、これまでと変わらず放送を続けるということです。

　　　年間3億円の返済です。当初、管財人は毎年の利益で返済すると言っていました。でも、年間の利益が1～2億円の会社ですので、無理がありました。かといって、一人の首切りも許すことはできません。そこで、賞与の半分を据え置きにして、それを返済に充ててもらって構わないと提案しました。その結果、返済金額の半分は私たち労働者の賞与で、残り半分は当該年度の利益で返済してゆくことになりました。

　　　そのかわり、私たちは会社の経営状況を財務分析し、実現可能な水準のベースアップ要求を出し、団体交渉で勝ち取ってきました。会社として、労働者の首を切ろうという動きはありましたが、団体交渉の場で出てくることはありませんでした。それは率直に労使の力関係だったと思います。

村山 そして、全額の返済を完了しました。首切り許さず、KBS で働く人たちの生活を守れたのは非常に大きかったと思います。

古住 その後の大きな課題は、非正規労働者の権利と雇用を守ることです。現在、社員は 240 人おりますが、正社員は約半分で、残りは非正規社員です。そして、組合は社員の半数を組織していますが、非正規社員については 9 割の組織率です。

　この 10 年間で、非正規社員の正社員化、直接雇用、雇い止めの撤回などで 150 名の人たちの雇用を確保しました。

　また、賞与は支給されずとも慰労金を支給するよう要求を出したり、非正規社員を雇用の調整弁として会社の都合よく扱うことは許さないと訴え続けました。その結果、組合は会社との間で、「派遣社員を雇い入れる際には労働組合と協議のうえ決定する」という労働協約を締結しています。

　また、偽装請負だということを理由に正社員化させるということもしています。

村山 非正規社員の権利を守るということは大変重要な闘いだと思います。理想的には、全体を正社員化していくという課題があるとは思うのですが。

古住 そのとおりで、今では偽装請負的なケースはほとんどなく、社員化を勝ち取ったのは 6 〜 7 年前が最後です。

　ただ、派遣社員については、3 年を超える前に組合から要求を出すことによって、無条件で派遣先である KBS に雇われ、現在ではトータル 6 年 10 ヵ月継続して勤務できることになっています。また、無期雇用への転換については、正社員化より会社の財政的なハードルが低いため、会社は基本的に応じてきています。

闘いの歴史を引き継ぐ

村山　こうした闘いの歴史は後世に引き継いでいかなければなりませんが、今の組合活動の担い手はどうですか。

古住　今の労働者は、ある意味恵まれています。大きな争議がなく、闘わずして要求が通るからです。管理職を 12％とする旨の労働協約も締結しているので、管理職登用によって組合員を減らされるということもありません。

　　ただ、何か事が起きた時、裁判だけに頼るのではなく、自分たちで闘いを作ること、そのうえで、第一法律事務所に相談するようにと引き継いでいます。

村山　今、電波を IT にまわしたいということで、ローカル局の再編を総務省が打ち出しています。たとえば、京都と滋賀、奈良とが一緒になって 1 つにされる可能性もあります。いずれにせよ、自分たちの放送局を守って、放送の役割を果たして市民の期待に応えようということが、どれだけ続けられるかだと思います。

古住　闘わないとなかなか目覚めない、自分たちが攻撃を受けないとしんどいということが分からない、という面がありますので、経験の承継は難しい課題ですが、弁護士等の専門職の人たちにも頼りながら、引き続き仲間を大切にして頑張ってもらいたいなと思います。

　　KBS の放送の灯を守ることは、社員の責務を果たすことであり、自分たちの生活を守っていくことですので、このことを忘れず、基軸にして闘っていって欲しいです。　　　　　　　　　　（以上）

2 会社更生法の前に立ちはだかったもの
裁判所と会社の大きな壁を乗り越えて

1 最大の障壁となった裁判所と経営陣

KBS京都は、一時期近畿放送という名称を変えたが、昔の京都放送に名前を変え、再出発を遂げた。関係者全ての再生にかける熱い思いが実ったと率直に喜んでいる。そして、たまたま申立ての代理人を努めた私は、立場を越え、いろんな方々から「いい仕事をした」とのお褒めの言葉を頂戴する。これは、会社更生申立が、立場を超えて、当然の手続きと受け止められた結果でもある。

しかし、それにしては、余りにもハードルは高かった。しかも、普通再建の最大の関門は、債権者であるが、本件ではまったく異なっていた。

当時の経営陣は、最後迄、必至になって申立てに抵抗した。そのうえ、担当裁判官が、受け入れに拒絶的態度を示し続けた。どちらも、申立ては破産の道だと断言したのである。

従業員の人たちが申立てを決意するに至るまで、何度も学習会が開かれ、討論の場が持たれたが、その都度、「同種」の不安は出され続けた。 それを乗り越え、申立てを決意した時、その前に立ちはだかったのが、経営陣と裁判所だったのだ。それは、従業員の「不安」を増幅させ、一部の組合員・従業員は申し立てから離脱し、他の組合員・従業員に離脱を働きかけるまでになった。

経営陣の抵抗は、完全な裏切りであった。しかも、彼らは、具体的な展望を示しえなかった。一方、裁判所の抵抗は、「こんな裁判官がどうしているのか」と思わせるものであった。ただ、その裁判所が受理することを約束し、即刻手続きを開始しないと、申立ては意味をなさない。そのための裁判所への行脚を繰り返すことを余儀なくされた。

　どんな裁判官であっても、どうしても受理を約束させないといけない。

2　経営者の抵抗

　組合は、当初は、経営陣自身の手で会社更生の申立てをすることを促し、一旦は、会社として申立てを決意した。しかし、突如翻意をし、その後は、最後迄激しく抵抗した。会社は、二度に渡り従業員の自宅にダイレクトメールを送りつけた。「申立ては自殺行為」「破産必至」と書かれていた。その根拠がひどかった。

　一例をあげると、相当の放送機材はリース物件である。リース契約では、会社更生申立ては、解除の要件とされ、機材引き上げが可能となる。だから「放送が続けていけなくなる」というのである。しかし、これは、リースの実態を故意に看過している。機材を引き上げても何のメリットもなく、リース料さえ払えば、継続を望むのは、むしろ業者の方である。

　こうしたことが経営者に分からないとは到底思えない。だとすると、その本音は、別なところある。

　日本では、更生手続が少なく、民事再生（当時の和議）が圧倒的である。それは手続きが簡易なこともあるが、従前の経営体が維持されるところに最大のメリットがある。しかし、更生法だと、

それまでの株主も経営者も一掃されることとなる。KBS に巣食う連中には、それが耐え難いことだったと思われる。

　逆に、組合が更生法を選択したのは、問題のある株主や経営者を一掃できるからであり、すでに開始されている競売も止められるからである。更生法しかなかった。

3　裁判所の厚い壁

　経営者が、その保身から更生手続に消極的であっても、それはありえないことではない。しかし、裁判所が、経営陣の言葉を真に受けて、申立の前に立ちはだかり、これに拒絶的態度を示した時には、慄然とした思いに駆られた。

　その入り口の遠かったこと。もし、その遠さに、挫折していたら、一体誰が責任を取ってくれるというのだろうか？

　さらに本件は、更生申立に通常伴う「密行性」を保てない特殊性があった。申し立てるか否かについて、組合で議論を重ねて決めていくからである。組合を中心に従業員が申立てを準備しているというのは、誰の目にも明らかであった。マスコミは鵜の目鷹の目で見守っている。だとすると申立て後は、すぐに受理をさせ、保全処分を出させて、全てを一気にスムーズに進めさせる必要がある。

　しかし、この事前折衝で、立ち止まった。

　まず、裁判所は、組合にできないことを分かったうえで無理難題を突き付けた。

　これから先の資金繰り計画や、金融機関がそれに応じるという内諾を取ること、大口の債権者が協力をするという内諾を得ることなどなどである。

「そんなことを要求されたら、およそ債権者は、申立が出来ないのではないか」と問いかける私に、裁判所は「だから、実際にも債権者申立が殆どないのではないか」などと返してきた。私は「経営者が自滅の道を突き進もうとしている時に、債権者にも申し立てを認めた更生法の趣旨に反している。再考を求める」と食い下がった。

4　放送免許付与問題で活路

この当時、放送免許は、時限的な仮のものとなっており、その期限が目前に迫っていた。

私は、「このままでは、暫定免許が切れてしまい、放送が続けていけなくなる」というと、裁判所は、「では、更生法なら免許が与えられるのか。郵政省（当時）はどう言っているのか」と尋ねてきた。そこで、私たちは、郵政省から何らかの言質をとるべく、東京に何度も足を運んだ。

担当をしてくれた職員は、「初めての事例」とし、質問を重ねてきた。私は、「更生法は競売も中止できるし、ややこしい株主や債権者も排除できること」など更生法のメリットを訴え続けた。そして郵政省は、「裁判所が入って再建のための手続きが進むというスキームになれば、免許付与の障害が除去される可能性が出てくる」とし、更生法自体は、免許付与の障害になるのではなく、可能性を広げることになることを示唆するに至った。事実上のゴーサインであり、さっそくそれを裁判所に持って行った。

裁判所が受理しないと、郵政省が認めようとしている免許更新の道を、裁判所が閉ざすこととなると、迫ったのだ。

5 最後の交渉、そして「受理します」

私は、申立人である従業員の意見を聞いてほしいと、裁判所に申し入れ、その場が作られた。そして、始まった事前折衝で、何よりも驚愕したのは、裁判官の発言であった。

裁判所は、「更生申立は、破産につながる」という見込みを披瀝、断念を促した。そして、更生手続が困難なことをるる述べた。

その場にいた組合員と私は、次々と立ち上がり、必至の思いで、それぞれの部門で仕事の継続が可能なこと、得意先を含めてそのことを強く望んでいることなど、再建の展望を熱っぽく語った。裁判官の発言にまったくひるむことのない組合員の強い思いは、完全に裁判所を圧倒した。私は「どうしても受け付けないと言うのか。もし受理せずに会社がつぶれたら、それこそ裁判所の責任になる」と激しく詰め寄った。

すると、裁判官は「受理しないとは言っていない。申立があれば粛々と手続を進めます」と述べた。「粛々と」とはどういうことか、とも思ったが、裁判所が受理すると言明したのであり、ようやく乗り切ったとの思いに包まれた。

結局申立は、当初の予定より1ヵ月遅れ、裁判所との事前折衝は、2ヵ月近く続いた。暫定免許が切れるまで残された日はわずかになっていた。そして、受理され手続きが始まったことから放送免許は、暫定免許として更新され、再建に向かって歩みだした。

40万人を超える市民の署名、それを作り出した力、そして、マスコミも「再生へ」と大きく報道した。

6 保全管理人・更生管財人との闘い

受理は、スタートである。開始決定が次に待ち受ける。再建へ

決まった道筋がついているわけではなく、保全管理人・裁判所との新たな闘いが始まる。放送は、一日も止めてはならない。

　次に待ち受けていたのは、保全管理人との対応だった。いよいよ更生開始決定という直前に、それまでとは異なる対応を組合に求めていた保全管理人は、組合が態度を改めないと「更生廃止すべきだという意見書を裁判所に出す」と言い始めた。組合は、「保全管理人の言葉だけで、いきなり廃止にできるのか」と私に尋ねてきた。それほど単純なものではないが、事態が大変危険な方向に向かおうとしていたことは間違いがなかった。

　管理人は、私の修習同期の知人であり、彼なりの再建へ向けての考え方があったようだが、さすが、再建できる可能性の高い事業所を、組合の対応だけで廃止にするというのは無理がある。話し合いを重ね、開始相当の意見となった。

　保全管理人は、開始決定のあと更生管財人となった。私は、その後も何度か、この管財人が組合と対立した時に、対応を求められた。しかし、それは再建への車輪が確実に回っている中での出来事で、基本的に私の仕事は終わっていた。そして、経営的には、危機的状況が生まれることはなかった。

　更生法のもとで、失われかけた社会的信用を回復する作業は、もっとも大変な作業だったと思う。今では、そうした苦闘があったことも忘れ去られていきつつあるように思われるが、それはまた、信用がそれだけ回復したことを示していることでもある。

むすび

　私たちが、そうした妨害があり、何度も危機的な状況に立たされながらも、申立てに踏み切れたのは、何よりも40万を超える府

市民の激励があったからだ。この激励は、申立人を励ましただけでなく、しぶる裁判所を動かしたし、国に免許の更新を決断させ、更生手続を軌道に乗せることができた。

　組合員の人たちが、申立を決意したのは、当時会社を危機に追い込んでいた幾つかの要因を取り除きさえすれば、経営的にも十分やっていけるという見通しがあってのことであり、そうした阻害要因は、組合員の見通しどおり更生法申立によって、全て除去され、経営を軌道に乗せていくことができた。

　更生法は、経営を続けながら、そこから利益を生み出し、約束に従って従前の負債を返済していくというシステムである。従って、黒字体質であることが必須条件となる。この「返済金」を確保するため、そのしわ寄せを労働者が受ける場合が多い。私は、学習会で「自分で自分の首を絞めることにもつながりかねない制度である」ことを指摘してきた。そんな中で、働く人たちの権利を守ることが組合の重要な使命であるとして、一方で権利を守ることを目指しながら、もう一方で申立人としての社会的責任を果たすべく経営のあり方に意を払い、多くの府市民の期待に応えた放送を実現していく、組合にとっては、大変な取り組みが続いてきた。

　また更生法下で、誰一人首切りを許さず、労働条件の切り下げをさせなかったことは、誇れる成果である。

　それはいつに組合員一人一人を大切にし、一生懸命勉強し、確かな前進の道を切り開いてきた組合の存在を抜きにしてはあり得ないことだ。こうした労働組合が、日本社会のあらゆる職場に存在すれば、もっと働く人たちの状況は異なっていたことを痛感する。この組合の存在を世界のすべての人々に知らせたいと思う。

第5部 大企業の人権侵害・賃金差別と闘う

1 座談会
関西電力と三菱重工を相手に勝利して

座談会は、関西電力人権裁判の原告、京都の賃金差別事件の原告団長の三木谷英男さんと、三菱重工賃金差別裁判の原告でその後もいくつかの闘いをともにした野村政勝さんにご出席いただきました。

出席者

三木谷英男
関西電力人権裁判原告・
賃金差別事件京都原告団長

野村政勝
三菱重工賃金差別裁判原告

村山　晃

関電で㊙労務管理文書が見つかった

村山　関西電力人権侵害事件は、1971年に裁判が始まり、24年の歳月を経て、1995年に最高裁判所で労働者の勝訴が確定しました。裁判所は、会社が職場で行った人権侵害の数々を正面から事実認定しました。そして最高裁は判決の理由中に「労働者は、職場において自由な人間関係を作る自由がある」と書き込みました。

三木谷　それだけ、ひどい嫌がらせだったと判断してくれたのだと思います。無我夢中で取り組み、あっという間の24年でした。

村山 裁判の発端は、㊙労務管理資料が見つかったことでしたね。私が弁護士になった 1971 年 4 月の終わりに関電の活動家の方々が事務所に来て、「こんな大変な文書（㊙文書）が見つかった。このひどい企業の実態を追及し、社会的にも明らかにして、こんな人権侵害をやめさせる運動を進めたい」「労務管理文書の中で、今は京都上営業所で勤務している三木谷さんを名指しし、反共労務対策をされている。京都でも闘いを作りたいので弁護士の支援がほしい」と言われました。

㊙文書（労務管理報告書）
関電が、1968 年 6 月に神戸支店管内で開催した「労務管理懇談会」で、役職者が「マル特社員」として特定した個人に対して行った思想調査や職場八分などの実施状況について報告をした内容を記載した文書。個人のロッカーの盗み見や、葬儀に紛れての訪問者調査、職場八分・孤立化の成果など、数々の人権侵害がリアルに記載されている。

三木谷 ㊙文書の記載はリアルでした。いろんな嫌がらせをされてきましたが、「ここまで私をいじめやがったか」という気持ちで、腹が立って仕方がありませんでした。

村山 私も事務所に入ったばかりでしたが、文書を見ると非常にえげつない中身で、何とかしなければという強い気持ちになりました。当初の舞台は神戸でしたので、会議や裁判の度に神戸へ足を運びましたが、おかしいことへの怒りが原動力になり、ずっとお付き合いをさせて頂くことになりました。

関電による数々の人権侵害

三木谷 私は、1957 年の入社ですが、数年後から差別や孤立化が始ま

りました。大規模に行われたのは、遠距離への人事異動です。私は、1968年に、尼崎から大阪を通り越して京都市の北端まで飛ばされました。通勤に1時間半はかかる職場でした。結局、30年間そこで働くことになりましたが。

村山 人事異動は、活動家を潰すのによく企業が使う手です。配置転換によって孤立させ、活動がやりにくい状況を作り、退職したいという気持ちに追いやっていくことが頻繁に行われます。

三木谷 会社が共産党の活動家だと睨んでいた人たちと付き合いがあったり、当時の組合の役員選挙に一緒に出たりしました。労働条件の悪い職場だけに要求は鋭く切実で、運動の力も強くなり、毎年定期採用の若者が入ってくる中、次第に職場で影響力が大きくなっていきましたので、会社は私を危険人物と捉えたのだと思います。結果、若者の多い職場から年配者だけのところに放り込まれました。

村山 2人ペアでする仕事で相方となった先輩格の人は、㊙文書によると、三木谷さんの観察者として、位置づけられていましたね。

三木谷 そうしたことは㊙文書を見て初めて分かったことで、背筋が凍る思いでした。

村山 ㊙文書だと、三木谷さんの知らない間に、人目を盗んで、私物の入ったロッカーを開き、手帳を盗み見して写真を撮ったということが報告されています。監視や尾行は、日常的に行っていたということも記載されていました。

三木谷 なにかおかしいと思うことはしばしばありましたが、そこまでされているとは思いませんでした。定年間近の酒好きなおじさんと、よく仕事終わりに居酒屋に行っていたのですが、そのおじさんが後で上司に呼ばれて、「なんで三木谷と付きあうんや」と言

われたと話をしてくれたことがありました。

村山　その方は退職後、裁判で陳述書の作成に協力してくれた方ですね。

三木谷　はい。でも、普通は言わない。それであまりにも腹が立つので当の集金主任に抗議に行きましたが、言を左右にして逃げられました。

野村　職場で親しく話をしていた人が突然話をしなくなったという現象はいろんな職場でありましたが、その人に尋ねても理由は言ってくれず、原因がなかなか分からないので困るのが普通です。

村山　三木谷さんからすれば、知らない間に人が離れていった。でも、あの㊙文書には、そういうことを会社はやってきた、こうやって成功してきたと書いてありましたね。

人生をかける決意をし関電相手に裁判闘争へ

三木谷　私が京都へ行かされて３年ほど経ち、京都の空気に少しなじんできたなという時に、㊙文書を見せられ、非常に驚きました。

村山　そこから、自分が勤めていく企業を相手に裁判を起こすということは大変なことだと思うのですが、どんなお気持ちだったのでしょうか。

三木谷　自分の人生をかけて闘うべきか、いっそのこと転職するべきか、随分悩みました。年老いた両親に心配はかけられないという家庭の事情もありましたが、あんな㊙文書を見せられたら、やっぱり黙っていられないですよね。ここで頑張るしかないと決意しました。３〜４ヵ月かかりましたね。

村山　裁判が始まり、不安はありましたか。

三木谷　村山先生と最初に会った時は、まだなりたての若い弁護士で

しょう。率直に言って大丈夫かなぁ（笑）という思いはありました。けれども、法廷が始まるや声は大きく、舌鋒するどく正義の味方という感じで、溜飲が下がる思いがし、安心しました。

関電の激しい抵抗と裁判闘争の前進

村山 裁判は、㊙文書だけで普通に勝てると思っていました。しかし会社は、㊙文書に書かれていることは架空の出来事、想像上の出来事を記載したものだと主張したり、会社の重要な文書が原告の手元に渡っていること自体が問題で、違法文書だから証拠にするわけにはいかないと主張したり、いろんな抵抗をしてきました。そのような状況で、㊙文書の内容をカバーする重要な証拠になったのが、三木谷さんの日記でした。

三木谷 そうですね。僕は誰に相談できるわけじゃないから、気晴らしのためにも毎日の出来事や思いを日記に書いていたんです。

村山 そして証人尋問。会社側は、本店の労務部長まで証人として出てきましたが、反対尋問で徹底的に追い詰めました。

　㊙文書で、三木谷さんを名指しで書いた本人への反対尋問も成功しました。

三木谷 ㊙文書を書いた者の１人は、「こんな文書は作りたくなかった」と法廷で証言しました。あれを聞いた時は、胸のすく思いでした。同時に、彼らも苦しんでいたのだなとも思いました。

村山 その結果、神戸地裁で勝ちました。しかし、会社もなかなか諦めず、裁判が進むにつれ、裁判所の判断を覆す為に、あの手この手で運動を妨害してきましたね。

三木谷 それでも、地裁、高裁と勝っていくと、次第に職場の雰囲気が変わりました。会社も、露骨なことはできなくなっていったよ

うに思います。

最高裁判所で勝ち切るために

村山　この人権裁判の途中で、思想に基づく賃金差別の裁判が京都地
　　裁で始まりました。人権裁判の中で、関電が会社の反共労務政策
　　として、共産党員やその支持者を差別し排除しようとしていると
　　いうのがはっきりと出ているのですから、あとは賃金で差別され
　　ている実態だけを出せば良いということになります。ただ、人権
　　裁判について、最高裁でひっくり返されたら大変なことになりま
　　す。そこで、最高裁で勝ち切るために、どんな闘いを組んでいき
　　ましたか。

三木谷　最高裁で勝利判決をどう出させるか、全関西連絡会議はその
　　一点に議論を集中させ、既成概念にとらわれず、思い切って視野
　　を広げた取り組みをしようということになりました。たとえば、
　　毎夏ジュネーブで開かれる人権委員会に要請団を4回派遣し、各
　　国の人権委員にロビー活動を行いました。また、東京に専従を置
　　き、全国対策会議を組織して行動計画を練り、判決まで最高裁要
　　請を14回、関電独自の行動を8回行いました。関西から60人程
　　がバス3台で夜の名神・東名を疾駆して上京し、早朝から駅頭で
　　宣伝し、最高裁周辺でビラをまき、書記官に要請文書を手渡しす
　　る等、1日中行動し、とんぼ帰りの強行軍でした。

村山　賃金差別は全国的な課題でしたので、1994年に関西電力争議支
　　援近畿連絡会議が結成されて以降、各地で賃金差別と闘う団体が
　　結成されていきましたね。弁護団も1996年4月に関西統一弁護団
　　会議を発足しています。

三木谷　原告団の方も、各府県の支援共闘組織の結成に奔走しました。

その結果、賃金差別の原告団は2府4県で61名に、会社社長に申入れを行う活動家たちは全体で101名となりました。京都は原告団5名、申入れを行う団体は原告込みで9名となり、活動量も大幅に前進させることができました。

野村　運動がしっかり裁判を支える状況があり、電力各社の争議が良い方向に進んだのですね。

三木谷　はい。東電は142名が5地裁で裁判を闘っていましたが、いずれも勝利し、中電争議も原告優勢のまま判決を迎えていました。

村山　我々の裁判も、会社の様々な妨害を跳ね返して、最高裁でも勝ちきりました。24年かかりましたが、本当に嬉しかったです。

三木谷　あれだけ大きな取り組みをして負けとったら、どうしようもないですよね。最高裁判決から退職まで短い期間しか残されていなかったのが少し残念でしたが、人間の尊厳が保てたので、裁判を起こして良かったです。

村山　裁判所は、会社が組織ぐるみで人権侵害をやっているということを認定し、人と人とを切り離すようなことを会社が行うことを厳しく断罪してくれたと思います。「労働者は、職場で自由な人間関係をつくる自由がある」ということはすべての企業に言いたいですね。

賃金裁判も勝利解決

村山　そして、賃金差別の裁判でも勝利和解をしましたね。

三木谷　最高裁判決での勝訴の判決は、労働者の人格権をうたいあげたすごい内容で、それを錦の御旗にして関電攻めに取り掛かると、各地の支援組織が急速に進展しました。そして、関電前要請行動で、「関電は最高裁判決を守り、早期に解決せよ」「話し合いに応じよ」と迫りました。

村山　6000名規模で行われた大阪本社前の大集会は画期的でした。私も関電の門前で交渉を求めましたが、中にはなかなか入れませんでした。そのうねりが、解決に決定的な影響を与えたと思います。

三木谷　1996年5月に1000名規模で始まった包囲行動は、同年9月は5000名に拡大し、以後毎年、最高裁判決日を包囲行動日としましたが、1997年及び1998年いずれも5000人規模を下回ることはありませんでした。関西2府4県はもとより、東京や中部地方を含め全国から参加してくれました。そしてついに1999年9月は6000人に達し、署名も25万筆が寄せられました。

村山　その結果、差別を是正させ、12億円の和解金を支払わせるという大きな成果を勝ち取ったのですね。

三菱重工相手に賃金差別是正の裁判へ

村山　関電の賃金差別より前に提訴していたのが、三菱重工です。この裁判を起こそうと思ったきっかけは、どんなことからでしたか。

野村　1973年4月に、日本鋼管で働く労働者が、日本共産党員であることを理由とした賃金差別は不当だという裁判を起こしたんです。私たちも差別でいじめられていて、なんとかしたいという思いでいた時でしたので、「これや！」と思いました。

村山　1951年から1960年に入社した養成工の進級実態を、学年別に整理した表を見せられた時には愕然としました。会社は明らかに、共産党員および共産党の支持者と判断した労働者について、低く格付けしていました。

野村　私も1956年入社で、同期と比べたら賃金がずいぶん低かったのですが、1969年に改悪された賃金制度により、活動家は更に低く格付けされ、賃金が上がりにくくされました。

村山　それで、1974年11月1日に、野村さんを含む6人を原告にして、「職場に自由と明るい笑いを！」のスローガンを掲げ、三菱重工を「日本共産党員を理由にした賃金差別は不当だ」と提訴しましたね。

野村　ここからが大変でした。裁判の準備と並行して、所属する労働組合や各種団体に支援団体（守る会）の結成を依頼し、あるいは街頭宣伝を行うなどの取り組みに奔走する毎日でした。

仲間の証言が最大の力に

村山　裁判も簡単ではありませんでした。差があることは明らかにできても、それが思想信条を理由にしたものであることを明らかにする証拠が必要だからです。

野村　そこで、職場の人たちに実態を聞いて回り、証人になってほしいと訴えました。すると、ブラックリストの整理をした勤労課の女性も含め、27名の方が立ち上がってくれました。

村山　手を挙げてくれた人たちの証言を集めたら、会社がどんなにひどいことをしてきたのか、次第に明らかになりましたね。

野村　法廷での証言を聞いていると、当時の差別迫害の実態を思い出し、悔しさがこみ上げ、絶句する場面が多々ありました。ただ、知れば知るほど怒りがわいてきましたし、傍聴人も「よく頑張った」「こんな差別迫害許せない」と声を掛けてくれて、たたかいのエネルギーになりました。

職場八分よりひどい職場十分の差別

村山　印象に残っているのは、祝金贈呈名簿を証拠として提供し、証言してくれたMさんです。

野村　社員が結婚すると、会社の慶弔規定に基づいて、職場で書面（回

章）が回され、同僚たちが次々と名前と祝金の額を記入してくれます。ところが、Mさんが結婚した時、職制がその回章を持って、Mさんの目と鼻の先で仕事をしている人も含め、同僚たちの元へ来ては、「Mの回章に名前を書くなら共産党の仲間と見なす。将来不利益になる。共産党と思われたくなかったら名前を消せ」と言って回りました。当然それに屈しなかった労働者もいましたので、歯抜けの回章がMさんに届けられましたが、名前を消した人の中には、祝金をMさんに直接届けてくれる人もいました。

村山 Mさんは、会社の攻撃で動揺した時には、会社の理不尽な仕打ちを思い出し、人の道を踏み外したような人間にはなりたくないと頑張るためにも、回章を一生残しておくつもりだったと言っていましたね。

野村 その他にも、Mさんの父親が急性肺炎で三ヵ月間、危篤状態が続き、何度も仕事を抜けて病院に駆けつけていた時期には、職制から「危篤で出かけるのが大事なのか仕事が大事なのか、家族にはっきり話せ」と言われました。その父親の葬式の時には、会社から届く決まりになっていたしきびが届きませんでした。職場から代表が参列するのですが、上はピンクの服、下は白のズボンをはいて参列する異様な光景もありました。

明らかになった反共労務政策の実態

村山 裁判では、三菱重工がどのように反共労務政策を進めていったのかということも明らかにしていきました。

野村 まず徹底した反共「思想教育」でした。1965 年頃から反共団体「極東事情研究会」に職制や一般労働者を派遣し、日本共産党や日本民主青年同盟の思想が「いかに会社にとって危険であるか」

「職場での動きにいかに対処するか」といった監視や孤立化の手口を徹底的に叩き込んでいました。職場でも外部から講師を招き、業務時間中に労働者を半強制的に「民青同盟の実態と対策」「日本共産党大会決定と企業防衛」といった反共講習会に参加させていました。そのうえで、系統的に反共教育を受けた人たちを中心に、各職場に非公式の会社派反共組織を作り、監視・報告体制を強化していきました。職場では、「誰とどんな表情で何を何分話していたか」等を、職場外では、民主団体が主催する集会の会場前や自宅前に張り込み、「会場に来たかどうか」「共産党員が自宅に来たか」等を、すぐ職制に報告させた訳です。

村山 その後、いよいよ直接の攻撃が始まりましたね。

野村 はい。仕事中に会議室に呼ばれ、課長や係長、作業長から、「お前は共産党員だろう」「民青に入っているだろう」「新聞赤旗を読んでいるだろう」などと確認され、「共産党や民青をやめよ」「お前の考えは会社の考えに反している」「会社の方針に従わない者は必要ない」「今後共産党と手を切ると一筆書け」「共産党をやめたら何でも聞いてやる」などと、転向をせまられました。

村山 賃金差別については、どのような説明をされていたのでしょうか。

野村 京都の代表として技能オリンピックに出場し、国家検定一級の仕上げ技能工の資格を有する労働者がなぜ低いのかという問いに対し、課長は「仕事、勤務状態では減点していない。思想が悪いから下げた」「君が今のままでいるならば今後も成績を下げる。これは技術課全員のためであり、ひいては会社を守るためでもある」と会社は説明していました。

村山 しかし、裁判では、会社側の証人10人が揃いも揃って、「共産党の組織があるとは知らなかった」「誰が共産党員か知らなかっ

た」「三菱に共産党支持者がいることも知らなかった」「知らない、記憶にない」といった内容でした。

野村 職場で「共産党をやめよ」「共産党員と話をするな」など言っていた職制がこんな証言をすることに、私自身もそうですが、職場の労働者もびっくりしました。

村山 その他、企業ぐるみ選挙等、裁判を起こしたことにより、会社でどんなひどいことが行われていたのかを明らかにすることができました。が、証人尋問を経て和解の話が出る頃には10年の歳月が流れていました。

勝利和解への道

野村 別な職場ですが、全日本造船機械労働組合三菱重工支部が「所属組合の違いを理由に賃金差別は不当だ」と地方労働委員会に救済申立をしていた案件でも和解の動きがありました。また、「三菱重工は思想差別をやめろ！」と社長宛に短期間に一万一千枚（筆）の要請ハガキが組織でき、要請ハガキ用のカンパは58万円を超えました。

村山 会社もそのままで済ませることは到底できないと思ったと思います。裁判所の勧めで和解交渉になり、会社から解決金と差別の是正案が提案されました。内容的には不十分だったので、私たちは、「それではだめだ」と一旦は蹴りましたね。

野村 ただ、そのことを職場の仲間に話すと「和解内容は充分勝利宣言ができる。原告はどこまで高望みをするのか。ついていけない」と意見されました。私たちは、職場の仲間の思いを受け止めて、会社提案を受け止めて和解することを決断しました。

村山 そして、1984年3月26日に和解が成立しました。差別があっ

たことを認めさせ、一定是正をさせたこと自体に大きな意義があ
るものでした。

野村　4月1日には全員が進級し、3年後から2人ずつ任命職に進級
する内容は私たちの勝利でした。和解を知った職場の仲間は勿論
のこと、職制からも「よく頑張ったな」「おめでとう、心からお祝
いする」「よかったなあ」と祝福されました。労働者の目は暖かく
私たちを迎えてくれました。「本当に裁判してよかった」というの
が実感でした。

村山　ただ、全員が救済された訳ではなかったですね。

野村　はい。私たちの職場でも、原告6人は、和解通り昇格しましたが、
周りは抑えられたままでした。神戸、高砂、名古屋の仲間は第三
者機関で争っていませんから誰も任命職に就いていません。差別
されたまま放置されている多くの労働者について、どう差別を是
正するかが、次の課題でした。

裁判に頼らない運動の前進

村山　そこからは、裁判に頼るのではなく、いろんな運動を作ってい
きましたね。

野村　1991年、それぞれの事業所で格差是正の要求書を一斉に提出す
ることを決め、会社に突きつけました。「要求書を出しても変わら
ない」「どうせ門前払いになる」などの意見がありましたが、「や
れるだけやってみよう」と各事業所に提出しました。全国の三菱
重工の12事業所の300名を超える仲間が、会社を相手に立ち上
がったことになります。そして1991年12月14日、三菱重工で働
く12事業所の労働者が、所属組合の垣根を越え、差別是正など
要求を実現する目標を掲げて「三菱重工の不当差別に反対する連

絡会（差別連）」を結成しました。

村山　成果はどうでしたか。

野村　驚いたのは、私たちの要求にすべての事業所が対応を示したことです。翌年から、任命職や進級者が毎年うまれました。京都工場では、当時の労働者の約４％にあたる39名が立ち上がって闘いましたが、うち37名が進級しました。それ以外で差別されている作業長クラスに１名、副作業長クラス３名が就くという波及効果も生まれました。

村山　都度話は聞いていましたが、改めて凄い闘いですね。

野村　困った時は先生を頼っていましたから、大変お世話になりました。ありがとうございました。10年間の裁判で、闘争の基本が身に付き、直感的にどのような闘い方をしたら良いかの判断はつくのですが、法律面では随分村山先生に助けて頂きました。

村山　ジュネーブの国連人権委員会での訴えも良かったですね。

野村　1992年から97年まで、12の事業所からカンパを募り、差別連から延べ11名を派遣しました。私も、1996年に派遣されました。三菱重工の事業所全体で84万円のカンパが集まり、うち京都では40万円集まりました。連日、人権委員の方に通訳を通して訴えるロビー活動が中心でしたが、事前に人権委員の方に渡す日本語の文書と、それを英文に訳した文書を準備しなければならず、それが大変でした。

　ILOで、長崎分会への加入者に会社が執拗な説得を行い、加入を撤回させたことについて「違法ではないのか」と質問したところ、国際労働基準専門委員のディーバ・リッシュ・ケッショさんから「組合選択の自由を犯すものであり、明らかにILO87号条約に違反している。苦情として文書を提出して下さい」と

言明されました。

村山 そうしたこともあって国連は、日本の外務省を通じ、三菱など大企業に、差別の改善を求める指導をしてくれましたね。

野村 もう一つは、1996年から三菱重工の株主総会で「経営問題」「賃金差別」「難聴・振動病・塵肺」「過労死」「サービス残業」「環境」など職場の要求と絡めた発言を行い、職場改善に繋げることができました。

村山 経営問題というのは、具体的にはどのようなものでしたか。

野村 例えば、私の働く栗東工場では、安価で粗悪な海外調達品によって手直しに無駄な時間が掛かっているし、製品の品質が大きく損なわれ信用を落しているからと、海外の粗悪品の購入をやめるよう求めていました。社長が、「500億円以上の手直し費用がかかり、赤字の大きな要因になっている」と報告したことを受けて、現場の声を聴かない経営者の責任を追及して改善させました。

村山 サービス残業もひどかったと記憶しています。

野村 はい。泊まりで実施される三階層ミーティングや、昼休みの安全改善発表会、環境月間を理由にした始業前の草刈り、作業終了後の火周り点検などを、大津労働基準監督署に告発し、改善させました。労災隠しも、会社の攻撃が社員や協力会社の人にかからないよう工夫し、労基署に告発しました。

村山 そのような要求と結合した取り組みで、差別是正の闘いも前進的に解決していくのですね。

野村 進級対象者も少なくなり、定年退職者も増えてくるなかで、会社に金銭的解決の方向を申し入れました。結果、三菱支部は2000年10月に、それ以外は2005年に金銭解決で和解が成立しました。

「再建」の名による合理化攻撃と組合結成

村山 その後は、会社の「再建」プランを巡って、新たな闘いが始まりましたね。

野村 2003年8月から再建計画が始まり、11名に事業外休職派遣が言い渡され、退職強要が強まりました。ある方が、島根県の警備会社へ単身赴任で出向させられる話があり、先方の社長は元勤労課長に「雨・雪など関係なしの仕事で大変厳しい。並大抵の気持では勤まらない。考え直したらどうか」と言っておられましたが、それでも元勤労課長は態度を変えず、「最終的には業務命令を出す」と強弁していました。どう対応したら良いかと相談に来られましたので、まず労働組合へ相談に行くことを勧めたのですが、組合は「気持ちよく行かはったらどうですか」と冷たい返事でした。会社が最後の引導を渡そうとした面談で、「三菱重工支部の組合に加盟した。今後の話し合いは組合を通じて行う」と通告しました。すると吃驚した会社は、会社を辞めて関連会社に行くことが決まっていた人を含め、戦力外通告が言い渡されていた人全員に、「今までのことはなかったことにしてくれ」と態度を翻しました。そこで、2004年1月に全日本造船機械労働組合三菱重工支部に加入し、工作機械栗東分会を4名で結成したのです。

村山 僕は、労働組合を作って闘うことも一つの途だと思ったりして、組合を作った方が闘いやすいのではないかというような話を早い段階からしていました。

野村 それまで執拗に行われていた攻撃が嘘のようにピタリとやみました。

村山 そこからは、闘争の中心には労働組合がありましたね。

野村 栗東分会に、2004年4月に三菱自動車が分社したジャトコ株

式会社の請負職場の労働者が、2004年4月に1名加盟しました。2005年には、職制から暴力を受けた方が、別な組合に相談しても相手にしてもらえなかったのでと、私たちの栗東分会に加盟しました。その後村山先生に相談して三菱重工を相手に裁判を起こし、短期間で我々の要求通りの金額で和解できたのには驚きました。弁護士の力と組合運動の力が合わさった成果だったと思います。

村山 ジャトコもいろいろありましたね。

野村 栗東分会を組織して以降、ジャトコの非正規の方々が次々と加盟してきました。40数名の請負職場でしたが、2008年のリーマンショック時は、全員解雇を派遣会社から通告されました。組合員は27名いましたので、派遣会社と退職慰労金等の名目を掲げて団体交渉を積み上げた結果、派遣会社から3000万円で金銭解決できないかとの提案があり、妥結しました。この話を知った派遣労働者の方々が次々と救済を求めて来ました。同じ派遣会社と契約している方々は、それなりの金額で和解するのですが、別の派遣会社の方はそう甘くはありませんでした。

村山 そのような状況で解雇された11名が、京都労働局に「ジャトコは、直接雇用契約を申し込む義務がある」と申告しましたね。

野村 はい。京都労働局も「ジャトコは労働者派遣法40条の2第1項に違反して製造ラインで派遣労働者を働かせ、期間制限違反である」と断定し、11名の雇用の安定を図るよう指導してくれました。

村山 しかしジャトコはこれを拒否しましたね。組合は、団体交渉を要求するも拒否され、京都府労働委員会に斡旋を申し立てましたが話し合いも不成立となり、裁判闘争へと発展しました。

野村 ただ、11名の派遣労働者は活動家ではなく、組合運動の経験もありませんし、お金もありませんでした。そこで、カンパや組合

のお金で闘争資金を賄い、資料作成や団体への訴えなども極力原告に負担を掛けないようにしました。そして、皆が団結して元気の出る裁判闘争をする工夫をし、結果的に金銭解決にはなりましたが早い段階で勝利和解することができました。

長い裁判闘争で得たものと、これから

村山 簡単な裁判ではありませんでしたが、裁判に立ち上がったことがその後の事態を大きく変える役割を果たしたし、10年間の裁判闘争は、野村さんの人生そのものも変えたように思います。

野村 私は、1940年生まれです。34歳の時に三菱重工を相手に提訴し、10年間の裁判闘争で勝利和解をしました。この10年間で随分鍛えられ、多くの人たちに育てられ、闘い方の基礎を学びました。そしてその後は、闘いの連続という人生が続きました。村山先生には、その都度相談に押しかけました。三菱重工の社員が解雇通告を受けた時等は、事務所におられなかったので、会議をされている会場まで押しかけたこともありました。そして、解雇撤回を実現しました。気軽に相談に乗っていただけるので、闘いの局面、局面で大助かりでした。

村山 強権的な会社に立ち向かうには、「この点で勝ち切ることができる」という見通しが大切です。しっかりと打ち合わせを重ねて証拠・資金なども含めて闘う体制を作ってはじめて、本人も闘う決意を固めてくれます。

野村 会社相手に闘いを挑むという労働者にとって、国民救援会や支援者の励ましは大きなよりどころでした。全労連ができた時に、大企業の労働者の闘いをどうするのだという議論がありましたが、みな丸ごと支援するとの方針が出され、私たちを勇気づけてくれ

ました。

三木谷　関電でも、当初は、なんで同盟系のやつを応援するのかという
　　　意見もありましたが、労働組合の組織を超えた運動ができました。
　　　東京から新幹線で車両一両を貸し切っての支援行動もあり、全国
　　　的に大企業の姿勢を変えるんだという連帯が生まれていきました。

村山　以前の総評では、自分たち以外の組合をどうやってどういう尺
　　　度で応援していくのかについて、難しい時期がありました。権利
　　　討論集会などを重ねて、労働者の人権・権利に関わる問題として
　　　取り上げるべきだと広げていきました。少し話は変わりますが、
　　　関電の賃金差別を権利討論集会の分科会で取り上げた際、関電の
　　　孫請けの労働者は、関電で差別された人たちの賃金よりも低くさ
　　　れており、僕たちの差別問題はどうなるんだと訴えたりしていま
　　　した。その他にも、国鉄の現場で働いていた人が、うどん屋に異
　　　動になったと不当性を訴えたところ、うどん屋はひどい店だと卑
　　　下しているように見えると言われたこともあります。そうではな
　　　く、差別によって人としての尊厳を傷つけられた、人権侵害とし
　　　ての賃金差別・仕事差別が問題なのだと思います。

野村　我々も、「支持してもらえるはず」ではなく、「支持してもらえ
　　　るようにしていく」ため、どのように支援を求めていくかが肝心
　　　だと思ってやってきました。私も動ける間は、頑張りぬきたいと
　　　思っています。

三木谷　現在では、ジェンダー平等など、我々の活動と結び付けられ
　　　ることが多くなっています。女性の実態は、私たちの賃金差別よ
　　　りひどかったですし、結婚したら退職という制度までありました。

村山　お茶くみなど、女性の地位が世間的に時代遅れとして目立つと
　　　ころが多くなり、お茶くみは廃止になりましたね。

三木谷　和歌山のある事業所で働く女性のおなかが大きくなってきた
　　　ところ、所長から「なんでそんなに醜い格好で人前に出てくるん
　　　だ」と公然と言われましたので、会社に直接、あるいは市議会議
　　　員を頼って活動したところ、議会で問題となり、結局会社が謝る
　　　ことになりました。

　　　　また東京では女性のクリスチャンを所長室に呼び「あなたは共
　　　産党員ですか」と露骨な質問をされ、内心の自由を侵害される差
　　　別もありました。

野村　1984年以降、世界的に女性差別の議論が盛り上がりました。
　　　ジェンダー問題は、法律ができても、日本では根強い差別があり
　　　ます。障害者問題は、差別禁止法以降、方策が進んできている方
　　　かなと思いますが、子どもたちの人権も十分守られているとは言
　　　えない状況です。

村山　課題山積です。お二人とも、私より年配ですが、まだまだ頑張っ
　　　ていただけたらと思います。　　　　　　　　　　　　　　　（以上）

2　関電人権侵害事件
　　企業における思想の自由と人格権

1　大企業のあまりにひどい憲法状況

　企業の職場で、憲法がどのように生かされ、労働者の人権は、
どのように守られているのか—この事件は、そんな大企業の憲法
状況を端的に理解させてくれる。この事件は、最高裁の判決が、

わざわざ理由中で「職場における自由な人間関係を形成する自由を不当に侵害した」ことの違法性を強調し、話題を呼んだ。「思想信条の自由」にとどまらず、さらに進んで、豊かな人間関係を築いていくことの権利性をうたい上げたことの意義はきわめて大きい。企業は労務管理の名の下で、時として人間性を傷つけることを厭わない。この事件は、そんな労務管理のあり方を明快に断罪した裁判である。

2 事件は、こんな背景のもとで起こった

この事件が起こったのは、1960年代の後半、高揚する労働運動と、必死になって組合の弱体化を進める経営陣とのせめぎあいが続いていた時期である。

電力会社では「電産」と呼ばれ戦後労働運動の高揚の中心に位置していながら、いったんは、その灯を消された労働運動を、もう一度再生させようという息吹が起こっていた。それを阻止しようとする関西電力は、その中心にいると思われた共産党員やその同調者を対象に、「特殊対策」の名のもと、多くの社員との繋がりを切り離す孤立化攻撃を加えてきた。

3 裁判所が認定した会社の露骨な人権侵害

1968年6月、関西電力神戸支店の労務担当者を集めて、「労務管理懇談会」が、開催された。

それは、「当時、労務担当者間でマル特者と呼ばれていた原告らに対する、監視、孤立化政策をさらに督励して強化するために、マル特者に対する従来の観察内容と孤立化の実践例を発表させ討論すること」（1審神戸地裁、2審大阪高裁判決）を目的にしたも

のであった。

　懇談会の結果は報告書にまとめられた。そこに記載されていたもののうち、裁判所も認定した監視・孤立化の実例は、概要以下のものであった。

　　ア）　共産党員やその同調者をマル特社員として、徹底的にマークする。

　　イ）徹底した素行調査と日常の監視。家族関係や家族の思想状況・活動状況の調査。同僚をして机上や電話先をチェック。監視しやすいよう、外勤を内勤に変える。帰宅時の尾行。自宅が赤旗の集配所になっていないか、家の中を覗いて調査。居住地の警察に共産党員としての情報の提供を求める。私物の入ったロッカーを無断で開け、上着の中の民青手帳の重要記事を写真に収める。

　　ウ）差別的待遇　文化体育行事からの排除。職場の安全推進委員会、安全週番をさせない。

　　エ）孤立化・職場八分　若年従業員に対し、職制をして、共産主義の非情さとこれにかかわることの不利益を説明する。通勤経路を同じくする従業員と接触させないようにし、接触したという報告を受けた時は、ただちにその者に対し、今後行動を共にすることのないよう注意する。従業員に対し、共に飲酒したり喫茶店にいったりして接触することのないよう働きかける。幹事をしている写真部で、他の従業員との接触を断つため、部員に働きかけて写真部を自然解散に追い込む。従業員に対し、原告らの思想を一方的に非難し、信用失墜を図る。

4　人格権の侵害を断罪

　この事件は、人権侵害が、共産党員とその同調者であることを理由に展開されている点で、典型的な企業における思想信条の自由の問題であるが、あわせて、その攻撃が、いわゆる「差別待遇」というレベルではとらえきれない面を持っており、プライバシーの侵害や、名誉の毀損、さらには、人間関係を形成する自由という「人格的利益」を問題としてきた点に大きな特徴がある。

　会社側は、職制等の外観的な行為は、きわめて日常的なものであり、よくありうるもので決して違法とまでは言えないことを強調した。また、労使間を直接規定する法律は、労働基準法になるが、この法律は、文言上は、「信条」について「賃金・労働時間その他の労働条件」で「差別的取扱」をすることを禁止しているにとどまることから、本件は、それらに該当せず、違法ではないことも強調された。

　しかし私たちは、憲法13条が包摂する人間の尊厳に基づく人格的利益も、当然のことながら民間企業において遵守されなければならないことを強調し、裁判所もそれを認めた。

5　重要な「事実の重み」

　裁判は、どの事件もそうであるが、「事実の重み」が、ある意味で言えばすべてと言って過言ではない。この事件では、最高裁が、「職場における自由な人間関係を形成する自由」という概念をわざわざ理由中に記載したことが話題になったが、最高裁をして、そこまで言わしめたのは、「日常的な労務管理」の中に、それだけ非人間的な行為が行われていた（今も行われている）からであり、裁判所が、そのことを正面から認定したからにほかなら

ない。

　このような日本の企業、それも大きな企業において、「憲法は、企業の門前で立ちすくむ」という現象が頻発していることは、多くの人の知るところである。しかしながら、そのことを正面から争った裁判は、きわめて少ない。何よりも、直接的な証拠が残らない事象が多い。また問題を告発しようとすると、その人が今度はターゲットにされる。こうして、誰もが、そのことを恐れて、物言わなくなる。すべては、闇の中に葬られていく。

　この事件を提起することができたのは、会社の動かぬ「書類」を私たちが入手できたからである。しかし、それは決して偶然ではない。高揚する闘いと、非人間的行為を許さないという社内の隠れた世論の力でもある。

　会社は、あくまでも事例研修用に「虚構」を記載したものだと主張してきた。会社の職制を証人として呼び出し、この文書を基にした尋問が繰り広げられた。懸命に否定する証言には、一片の真実性も感じられず、逆に、「今度の裁判で、このような文書を作らなくてもよくなるような会社にしてほしい」と語ったのが印象的であった。

　また、このような監視・差別、孤立化は、この文書に記載された「時限的」「地域的」なものではなく、「全社的」かつ「継続的」なものであり、会社そのもが人権侵害の主体であることを明らかにすることに腐心した。近畿一円から、できるだけ「物証」で事実を確認できる証人を立て、あちこちで、転向強要を含む人権侵害が展開されてきたことを明らかにするように努めた。これは大変な時間と労力のかかる作業であったが、この作業が、マル秘文書と合わさって、本件の評価を動かぬものにしたと評価できる。

そして、問題を、企業における思想・信条の自由に閉じ込めず、人が企業のなかでどのように扱われる権利があるかという「人間の権利」そのものを争点とする事件として、この事件を位置づけ、学者の協力を得て、それを理論的にも深める作業を行った。

6　事実を法的評価に反映

　判決は、会社の行為が、①思想信条の自由を侵害したもの、②職場における自由な人間関係の形成を阻害したもの、③原告らの名誉を毀損し人格的評価を低下せしめたもの、④プライバシーを侵害したもの、という点で違法であると判断している。この内、②③④は、人格権への侵害としてとらえうるものであり、「自由な人間関係を形成する自由」を、その重要な内容としている点は、きわめて重要である。また、名誉の毀損と人格的評価の低下についても、思想的非難をそのように構成している点に大きな特徴がある。

　そして、①と④については、さらに敷衍して次のように、説示している。

　1）思想・信条の自由について

　「憲法14条は国民の法の下の平等を規定して、信条等による差別待遇を禁止し、同法19条は思想の自由を保障しているが、右各規定は、もっぱら国又は公共団体と個人との間の関係を規律するものであり、私人相互間の関係を直接規律するものではないと解されるから、私人間において思想、信条による差別がなされ、或いは思想の自由が侵害されたとしても、ただちに右規定を適用ないし類推適用することはできないが、労働基準法3条は、使用者による労働者の国籍、信条又は社会的身分を理由とする賃金、

労働時間その他の労働条件についての差別的取扱を禁止しており、右法条の趣旨に照らすと、企業は、経営秩序を維持し、生産性向上を目的とするなど合理的理由のある場合を除き、その優越的地位を利用してみだりに労働者の思想、信条の自由を侵すことがあってはならないのであり、前記の経営秩序の維持、生産性向上を理由とする場合にも、これを阻害する抽象的危険では足りず、現実かつ具体的危険が認められる場合に限定されるとともに、その手段、方法において相当であることを要し、労働者の思想信条の自由が使用者の一方的行為によりみだりに奪われることはないというのが一つの公序を形成しているものと考える。」もとより、それが、内心の「思想、信条」そのものであるかぎり、それは、いかなる場合においても、いかなる理由があれ、侵害することは許されない。ここでの指摘は、それが、内心の「思想、信条」そのものではなく、何らかの表現形態をとった場合であっても、「経営秩序の維持、生産性向上」に対する「現実的かつ具体的な危険」が認められる場合でなければ、規制の対象としてはいけないという絞りをかけているところに大きな意味があるものと解される。さらに、その場合の規制の手段・方法の相当性にも以下のとおり絞りがかけられており、企業においても、憲法が直接適用されるのと全く同内容の思想・信条の自由が保障されているとしているもので、今日的レベルに適合したきわめて常識的判断であると言って差し支えない。

　「もっとも、原告らに対してなされた前記認定にかかる各行為は、一部を除いて、転向強要等の思想、信条の自由に対する直接の侵害行為でないし、個々の行為をみると問題視するほどのものではないものも含まれている。しかしながら、会社は、先に認

定した労務対策の方針に基づいて、職制らをして原告らの思想、信条を理由として右のような行為に及ばせたものであって、原告らとしては会社を退職するか自己の思想、信条を変えない限り右のような取扱いを受け続けることになる。したがって、右各行為は、会社の労働対策の方針に基づいてなされた一連のものであって、間接的に転向を強要するものであるから、原告らの思想、信条の自由を侵害する行為に当たるというべきである。」

「民間企業」であるが故に、経営秩序が強調されるあまり、時として思想・信条の自由が軽んじられる傾向を厳しく戒めたものとして大きな意味を持つ判示と言える。同時にこの判決が日本共産党員もしくはその同調者ということのみを理由とした差別は、いかなる意味からも許されないとしている点も看過してはならない。

２）プライバシーの侵害について

会社が、単なる観察の強化については、違法な人権侵害とは言えないと主張したことについて、判決は、「被用者は、使用者に対して全人格をもって奉仕する義務を負うわけではなく、使用者は、被用者に対して、その個人的生活、家庭生活、プライバシーを尊重しなければならず、また、その思想、信条の自由を侵害してはならないのであるから、使用者の被用者に対する観察或いは情報収集については、その程度、方法に自ら限界があるといわざるを得ない。」とし、会社が原告らに行った観察等は、「勤務時間の内外、職場の内外を問わず、原告らの行動、交友関係、特に、共産党或いは、民青同盟との関係の有無を確かめ、或いは、これに関する資料を収集しようとしたものであって、また、原告ら本人にとどまらず、その家庭についても右の点についての情報収集

の対象としたものであって、使用者の従業員に対する監督権の行使として許される限界をこえ、原告らの人権、プライバシーを侵害するものがあったといわざるを得ない。」と判断した。

政党所属の有無を確かめるための情報収集や調査活動そのものがプライバシーの侵害として、違法となるとした点は、〈東京電力渡辺事件〉を乗り越える可能性を持つものとして意義が大きい。

むすびにかえて

この事件は、71年12月の提訴以来、1審判決が13年後の84年、2審判決がそれから7年後の91年9月、そしてさらに4年後の95年9月に最高裁判決が出され、実に24年という歳月を費やして原告らの勝訴が確定したものである。会社の人権侵害の中身のひどさは、これまでの記述で十分理解されたと思うが、裁判における会社の必死の抵抗と、そのための長期化は、新たな人権侵害を引き起こしていると言って差し支えない。

しかし、徹底した立証活動を通し、ここまで、日本の大企業の反共労務管理の実態を浮き彫りにしたケースも、さらには、最高裁判所までもが、企業における人格的権利を尊重することの重要性に言及したのもめずらしい。

こうした判決に至るには、本当に多くの人たちの長年にわたる死闘があることをふまえ、この判決を、是非ともすべての企業の中に生かしてほしいと願うのは、この事件に長年かかわった者の共通の思いである。

3 関電における賃金差別事件
論議を重ねた「賃金差別裁判を闘う意義」

　関電は、東電・中電と異なり、人権裁判が先行し、随分遅れて賃金差別裁判を起こすこととなった。そのせいもあって、他の電力より、かなり遅れての解決となった。

　私は、この人権裁判が始まってしばらくして、何度となく、争議団の人たち（当時、人権裁判の原告は４名であり、それ以外の人たちは、未だ争議団ではなかったが、便宜上そう呼ぶこととする）に、賃金差別の闘いを起こすことを提起してきた。いくつか理由がある。

　70年代当時、全国の多くの労働現場で、それまで差別を「勲章」としてきた人たちが次々と差別撤廃に立ち上がり、成果を収めつつあった。それらと比べ、闘う主体においても、また立証面においても、関電は遜色がなかった（特に、人権裁判で、会社の差別意思についての立証は完璧なほど追い込んでいた）。同時に、人権裁判は、賃金差別を対象にしていなかったし、当事者も、わずか４名であった。差別の撤廃を求めて多くの人たちが立ち上がることが、職場の変革に大きな力を果たすことが期待できた。

　しかし、この最後の部分「賃金差別裁判を闘う意義」については、職場の中には、もちろんのこと、弁護団の中にも異論があった。もともと、「活動家」は、自らの要求で闘うのではなく、職場要求を汲み上げ、回りの人たちを組織していくことに第一義

的な任務があるとされていた。ところが、賃金差別撤廃の闘いは、要求が「自分の賃金の是正」であり、職場の他の人たちとの差別を問題とするものであり、職場の外へ出て闘うこととなるという、三つの点で、それまでの「闘い方」と異なっていた。同僚と軋轢が起こらないか、外へ出て、職場の闘いが留守にならないかという懸念があった。

もとより「闘い」に、「正解」があるわけではない。本人は、歯を食いしばって頑張っているが、職場では「差別」を利用して、どんどん包囲網ができ上がっていっていた。そして、その包囲網は、職場で働く労働者全体の活動を抑圧する決定的役割を果たしていた。そんな時、その差別の撤廃を求める活動こそが求められるし、差別を撤廃させるには、外へ打って出ることが求められた。この「外へ出る」ことは、当該「活動家」に勇気と確信とを与える上でも大きな役割を果たし、かえって職場闘争を強めようという動機付けにもなると思われた。

「暗い」職場から、多くの支援の人たちのいる社会に飛び出す効果は、何よりも闘いに立ち上がった人たちに、最も大きいという確信に似たものが私にはあった。

関電の職場でも、何年もかけてそんな討議を重ね、次第に当事者の決意が固まっていった。

人権裁判の到達点を高く掲げて賃金差別裁判へ

人権裁判から17年を経て、遂に賃金差別の闘いが始まった。次第に近畿一円に広がっていった。ところで、人権裁判で、会社を大きく追いつめていた私たちは、差別意思の立証はさほど困難ではないと思っていたが、ここだけでもいくつかのハード

ルがあった。監視や孤立化を中心にした反共労務管理の実体は、明確になっていたが、正面から賃金差別意思を浮き彫りにする会社資料は見あたらなかった（人権裁判で、賃金差別を対象にしなかった理由がここにある）。しかし、この点は、東電や中電の判決で、反共労務管理と賃金差別の結びつきが完膚無きまでに認定されたように、「必然性」があり、さほど大きなハードルとは思われなかった。「排除したい」と考えている者を低く査定するのは、常識の部類と思われた。

　そして、「共産党員あるいはその同調者であることだけを理由に差別することは許されない」という人権裁判で確立された考え方は、賃金差別でも当然生かされ、「格差の合理性の立証」は会社の責任とされていった。

　問題は、そのことよりも、人権裁判から十数年を経て、露骨な差別攻撃が後景に退き、資格・賃金での徹底した差別が反共労務管理の要を占め、それが一層整備された賃金システムの下、様々な粉飾を施して実施されていたことで、そのため、差別の実体を見極めることが難しかったことであった。

　会社は、徹底して、人権裁判との連続性を遮断しようとしてきた。「差別意思はなかった」と証言する会社側証人に、「人権裁判を、どう受け止めているのか」という質問をしたところ、彼らは、口を揃えて、「そんな事件は、よく知らない」と答え、決して中身に入ろうとはしなかった。裁判で争われ、マスコミも取り上げ、争議団もビラ等で宣伝し、社外にも広く知れ渡っている人権裁判を「知らない」ということなど絶対にあり得ない。結局、「言及できない」ということに尽きており、それ自身、会社の敗北を意味するものであったというべきであろう。いずれ

にしても、会社は、人権裁判で明らかになった「反共労務管理」について、それを、その後見直したという主張は、どこからも出すことができず、賃金差別が、「引き続く反共労務管理」の帰結であるという私たちの主張は、十分立証ができたと言える。

　最も困難であったのは、原告等を全従業員のなかで、位置づけるという作業であった。入社年次別に、毎年の資格・昇級の推移を、全従業員対象に行うことが、「格差立証」では、もっともわかりやすい立証方法であるが、情報が限られている原告等が、これをやりきるのは、至難の業であった。部分的にならざるを得なかったが、この作業が相当進んできた時、この差別裁判の「出口」が見えてきたように思われた。

これからの課題にふれて

　私たちは、人権裁判で、実に豊富な「反共労務管理」を綿々と綴った「会社側文書」を基にして有利な闘いを推し進めた。弁護士経験の浅い私などが、会社の本店次長や、労務部長と言った大企業のトップに、正々堂々と反対尋問が行えたのは、「会社作成文書」という「動かぬ証拠」があったからだ。人権裁判の対象となった「マル秘文書（労務管理懇談会報告書）」の作成者は、証言台に立つことを余儀なくされたが、その書いたこと自体を「否定」しようとする証言には、一片の信用性もなかった。こうして、人権裁判は、画期的勝利を収め、引き続く賃金裁判は、全面勝利解決を勝ち取った。

　しかし、問題は、これからである。このような資料が、これから先も見つけられるという保証は、どこにもない。むしろ、一層困難になっていると見るべきであろう。しかし、翻って考

えれば、今回豊富な資料が見つかったのも、決して偶然ではない。そこには、長く激しい、「職場での闘い」があったのである。「闘いをどう押さえ込むか」会社も必死で対応策を検討していった——それが、膨大な「文書」を生んだのであり、職場での影響力の大きさが、「文書」を顕在化させたのである。私たちは、そんな闘いを目指すべきであり、同時に、資料がなくても闘える力量をどうつけていくのかも、これからの大きな課題である。

　さらに問題は、資料だけではない。年功序列型賃金体系が崩れていきつつあるなかで、一体何をよりどころに「差別性」が立証できるのかが厳しく問われている。

　最大の問題は、賃金や処遇の決定が、本当に「労使対等」の立場で行えるシステムの構築であり、「恣意性」「差別性」を、排除していくシステムの構築である。それは、全ての労働者の権利に関わる問題であり、切実な要求だと思われる。

　いずれにしても、これまでの賃金差別の闘いと同じ手法では早晩闘えない時代を迎えていることだけは間違いがない。しかし、あの最高裁が、「自由な人間関係を形成する自由」を宣言したように反共労務管理がいかに時代遅れのものであるかも、次第に定着していると言って過言ではない。

　時代は、新しい課題に満ち、新しい闘いを求めている。私たちは、自由と人権を守るため、不断の歩みを続けていかなければならない。

4 村田製作所の組合活動家の差別との闘い

昇格と賃金差別の是正を求めて労働委員会へ

　日本の労働者の自主的な活動や労働運動が、大企業のなかでどんなふうに弾圧されてきたのか、それに対してどんな闘いを展開してきたか、私がどんなふうに関わってきたのかを、関西電力や三菱重工で触れてきた。

　京都府下で、急成長をとげた会社の一つに、村田製作所がある。ここでは、会社の草創期に組合が作られ、組合員の権利をまもるまっとうな組合活動が取り組まれてきた。

　それに対して、会社はすさまじい攻撃を加え、ついには組合をまるごと抱え込んでしまい、熱心に活動を続けようとする組合員に対して昇格と賃金という、労働者にとっては根幹となる待遇で差別を加えてきた。

　差別是正に対する闘いは勝利したが、組合をまっとうなものに変えるには至っていない。私たちの今後への大きな課題となっている。

活発だった組合活動と、会社の御用化攻撃
　株式会社村田製作所は、京都府長岡京市に本社を置き、今では、従業員数約 10,000 人、連結では 8 万人近くを擁する電子部品の文字どおりトップメーカーである。

この会社にも、組合員の権利をまもるための労働組合が結成され、この事件で、申立人となっている宮崎俊一さんら争議団8名は、1960年頃から、京都府長岡京市の本社の組合においていずれも委員長・副委員長など中心的活動家として、労働条件の改善・首切り反対闘争等の先頭に立って頑張っていた人たちである。

　ところが会社は、1970年代に入つてから中間管理職中心に各種のインフォーマル組織を作り、日常的に労働者の意識・思想状況を色分けし、特に組合役員選挙に際しては、昇格・昇給をエサに会社派を当選させるための各種工作を強めてきたのである。

　この結果、1980年には役員ポストのうち会社派が多数を占めるに至り、83年からは独占するようになった。こうして会社は、組合を意のままに操れるようにすると、組合の役員ポストを削減し役員選挙活動については家庭訪問や電話などの活動を一切禁止するなどして、組合の民主主義を形骸化させ、再び争議団メンバーが組合の役職を担うことができない状況を作り出した。

　同時に、退職金の大幅減額、賃金体系の大改悪、45歳選択定年制の導入など労働条件を次々と劣悪化させてきたのである。

巧妙な昇格・賃金差別

　職場で役職につき、また賃金を上げるためには年一回行われる昇格選考において合格することが不可欠とされる。この昇格選考は考課査定、上長評定、筆記試験の合計点で総合評価される。前二者の評価要素は、例えば理解力、企業人意識、協調性、積極性など抽象的なものばかりで、管理職の胸先三寸でどうとでもなるものであった。

　組合員の権利をまもる組合活動を前進させようとする者に対し

ては、どんなに筆記試験が良くても、前二者を悪くすることによって昇格をさせず、逆に会社に良心を売りさえすれば昇格が思いのままとなるという評価制度なのである。こうした評価制度の結果、同僚の殆どは上位職についているのに、争議団員は下級職のまま、毎月の賃金では10万円近くの差がついてしまっていた。

労働委員会申立へ。しかし始まった労働委員会の変質

このあからさまな昇格・賃金差別に対し、宮崎さんら8名は、88年7月、京都府地方労働委員会に昇格・賃金の差別の是正を求める不当労働行為救済申立てを行った。差別賃金の総額は3000万円近くにもなっていた。

当時、大企業職場での組合間差別ではない事件については、裁判を提起するのが一般的だったが、私たちは、労働委員会申立を選択した。それは、会社の攻撃は、闘う労働組合運動を敵視したものであり、不当労働行為と判断できるものであり、手続きの進め方は労働委員会の方が進めやすく、判断の傾向も、労働者に親和性があったためである。

しかし、この頃の、京都の労働委員会は、変質が進みつつあった。

公益委員から労働法の専門家が外され、今まで選任されたことのない大学から、およそ労働法を知るはずもない人が公益委員に選任されてきた。そして、本件を担当するようになり、一番驚かせたのは、和解交渉の時に、「不当労働行為であることを明記せよ」と求めた私たちに、「和解だから、あいまいにして解決するものなので、そんなことは書き入れるべきではない」と決めつけたことである。「委員会の役割は、不当労働行為であることを明らかにすることであり、和解かどうかで、区別するべきではない。」と詰

め寄ったことを昨日のように覚えている。もちろん結果的に、それが入らないと絶対に和解しないなどというはずもないが、入らないのが当たり前という考えを批判したのである。

職場内外で前進する運動

地労委で審問が進むのと併せて、職場の内と外での運動が前進する。内では「職場を明るくする会」が組織され、「ニューセラミック」が定期に発行され、地労委の審問で明らかとなった選考制度のカラクリが職場内に広まり、連合型組合選挙の批判が繰り返された。外では支援する会が結成され、個人会員も2000人に迫り、各種宣伝で会社を包囲していった。そして、会社は、それまで必ず行っていた「会社門前ビラまきに対する妨害」をやめた。二人の労災認定を認めさせ、役員選挙でも前進、パートの労働条件が引き上げられ、二人の昇格も勝ち取った。闘い途上で、多くの成果を上げていったのである。

労働委員会で勝利和解解決

こうした取り組みと、それにもとづく成果を背景に、会社との間で、労働委員会の申立てから6年余を経て、和解解決が実現した。

和解内容は、会社が最後まで抵抗した「昇格問題」で、制度の見直しを含めて改善をはかること、そして役職就任についても約束し、合わせて解決金の支払いを約束したもので、会社が最後まで争っていた差別について、その是正をはかっていくことが約された。勝利和解であった。

村田製作所の昇格・賃金差別事件をともに闘って

元村田製作所争議団　団長　宮崎俊一

　村山先生が喜寿を迎えられ、弁護士として 50 年を超えられたことに、お祝いを申し上げます。

　1988 年、私たち 8 人は、「村田製作所は不当労働行為の昇格・賃金差別をやめよ」と京都地方労働委員会に訴えました。そして 6 年半のたたかいで、勝利的和解を勝ちとりました。審問の場できびしく追及し、このたたかいを指導してくださったのが村山晃弁護士を先頭に、森川明弁護士、岩橋多恵弁護士でした。ありがとうございました。

村田製作所労組の民主的運営

　電機産業は、1960 年代の日本の高度成長期に洗濯機、冷蔵庫やテレビを供給し、日本の基幹産業になります。しかし労働条件は悪く、特に若い女性は低賃金や若年定年制などに苦しんでいました。労務管理では「仕事別賃金」や QC サークル、フレックスタイムなど一見進歩的な制度を進めましたが、基本は会社に盾つかない労務管理が貫かれており、職場の声を基礎にした組合活動を敵視していました。

　村田製作所は、村田昭氏が家業の清水焼から新しい焼き物としてセラミックコンデンサーの製造を 1944 年に始め、テレビの普及とともに急成長しました。1961 年、長岡事業所で労働組合（約 700 名）を結成し、「みんなが主人公の労組活動」をすすめます。賃上げでは年代別加算を実現し、女性の 40 歳定年にかか

るＴさんを辞めさせるなと運動を続けて男女差別の撤廃。頸肩腕障害や腰痛では労組が監督署に個々の意見書を出し、18名が業務上認定。組合発行の日刊紙は15年間継続など。

石油危機の1974年に70名解雇反対で1か月の部分ストを決行。しかし解雇された2名が裁判で和解して職場復帰。

争議団の8人は、執行委員や職場委員として職場の問題の解決に努力してきました。

石油危機以降に会社が労組変質を示唆

1975年以降、会社は係長教育に力を入れ労組変質を示唆します。それを受けてインフォーマル組織が執行委員選挙対策をして、毎年激しい選挙が続きました。1983年には会社派が独占しました。

会社は今まで積み上げてきた労使協定の改悪を次々と提案し、労組が応じました。

8人と職場の有志は1980年から「職場新聞セラミック（月刊）」に職場の声を載せ、門前配布を続けました。

8人が地労委に提訴

1988年、8人は京都地方労働委員会に差別撤回を訴えることを決意し、弁護士は労働問題弁護の第一人者であり、また担当した事案を勝利に導くという信頼感のある村山弁護士にお願いに行きました。快諾していただき、3人の弁護士で担当していただくことになりました。

労働委員会の審問で、会社側は部課長を次々と証人に立て「昇格差別はしていない」と述べましたが、村山弁護士らは、昇格選考は「上長評定」と「考課査定」「筆記試験」で決まる。前二者の評価要素に「企業人意識」や「協調性」「積極性」があり、

労働条件改善を主張する者には低い点をつけて昇格をさせない。それが差別だと指摘し、会社側証人を圧倒し続けました。

支持を広げ、会社を包囲し、和解へ

「8人の村田製作所争議団を支援する会」が結成され、会員は5年目に1300名を超え、駅頭や団体での宣伝は400回超えました。また京都総評や、化学一般、電機労働者懇談会他が「村田製作所争議団支援共闘会議」を結成し、会社に早期解決の要請や、主要な14子会社（島根県、宮城県など）にビラを配布する全国行動を2回おこないました。ビラはトップに「女性の定年差別をやめよ」と職場の要求を載せました。こうしたビラ配布は6年間で43万枚を超え、世論の力で村田製作所を包囲していきました。

労働委員会は6年間の審理を終えて和解勧告を出しました。自主交渉で、問題の昇格について改善するとの約束ができたことを含めて和解することにしました。

村山弁護士には、まだまだ頑張ってほしい

困っている労働者を助ける役割は労働組合が果たすべきですが、現状は不十分です。労働運動の強化と合わせて、村山弁護士をはじめ労働弁護士には頑張ってほしいです。

第4章

私の活動簿・事件簿から

▲中国残留孤児事件で中国満州を訪問し調査と要請

▲国労闘争に全力

▲日弁連副会長を務めて京都弁護士会での慰労会

1 弁護士会での活動

　弁護士会は、今の日本社会にあって、自由と人権を擁護・伸長させ、平和と民主主義を守るうえで、大きな役割を果たしている。すべての弁護士は、府県の弁護士会（私であれば京都弁護士会）と日本弁護士連合会（日弁連）に所属することを義務とされている。

　日弁連会則は、冒頭に次の条項を置いている。

　「本会は、基本的人権を擁護し、社会正義を実現する源泉である。」

　「弁護士は、人権の擁護者であり、社会正義を顕現するものであることを自覚しなければならない。」

　弁護士が共有している弁護士会と弁護士のアイデンティティを端的に表現しており、私は、この日弁連の「源泉」を、枯れさせてはならず、さらに豊富で、みずみずしいものにしていく必要があると思ってきた。

　「弁護士は、弁護士自治の意義を自覚し、その維持発展に努める。」

　日弁連の職務基本規程が制定された際、新しく生まれた条項である。弁護士自治は、権益の擁護だと間違った批判を受けることがあるが、これを擁護し、自治の内実を一層豊かなものにしていくことが強く求められていると痛感する。弁護士会が、時の政権とも距離を置いて、自由な活動ができるのは、弁護士自治によるところが大きい。

私は、1971年4月に京都弁護士会に弁護士登録を行い、今日に至っている。司法問題委員会や人権擁護委員会などが主な活動分野であり、82年に副会長を務め、99年に会長を務めている。この間、人権擁護委員会や司法問題委員会の委員長、さらには、懲戒委員会や司法修習委員会の委員長なども歴任した。

　日本弁護士連合会（日弁連）の委員会活動にも参加してきたが、もっとも力を入れてきたのは人権委員会での活動である。日弁連では、99年には常務理事に、2008年には副会長を務め、その後、人権行動宣言検討委員会委員長や法曹人口検討会議副議長などを歴任した。

新しい人権活動との出会い

　私は、日弁連の人権擁護委員会で、初めて「戦後補償」問題を知った。1980年代後半のことだ。そして、93年に京都で人権擁護大会が開かれるに際し、「日本の戦後補償」をテーマとし、そのシンポジウム実行委員会の副委員長を務めた。それに至る数年間、この問題に集中的に取り組んだが、それまで取り組んでこなかった重大な人権問題が存在していたこと、自身のこれまでの人権活動の取り組みの弱さを痛切に知らされるところとなった。

　シンポジウムの準備のため、私は、東南アジアのいくつもの国々に責任者として赴くこととなり、さまざまな「日本が引き起こした人権侵害の被害者」と面談する機会を得た。そして、私たちに与えられた課題は、この問題を「日本が解決すべき人権侵害」と位置づけ、日弁連が取り組むことを弁護士全体の合意にすることであった。

　1993年11月、京都会館第一ホールに全国の弁護士が集まり、

日弁連人権擁護大会が開かれ、外国からも戦争被害者を招いて「日本の戦後補償」というシンポジウムを開催、私は、基調報告を行い、シンポジストとして、成功に寄与する機会が与えられた。日弁連は、このシンポを受けて、「戦争における人権侵害の回復を求める宣言」という決議を圧倒的多数であげることができたのだ。

　15年戦争では、国の内外の人々に多くの深刻な被害を与えた。まさに人権侵害そのものであった。そして、戦後、日本は、軍人・軍属にだけ2兆円予算規模で恩給の支給を行ってきたが、外国の従軍慰安婦や強制連行された人たち、集団虐殺された人たちへの補償は全くなされず、日本国内でも、大空襲で大きな被害を受けた民間人をはじめ、戦争被害者には、なんの補償もされなかった。これはどう考えてもおかしい。日弁連は、大会で、戦争のあらゆる被害者に政府として補償を講じるべきとの宣言を行い、機会があるたびに、宣言や決議を繰り返した。それは大きなインパクトになって、一定の成果を生んだが、今なお被害者の心が癒えることがない。

　私にとっての戦後補償問題は、その後、中国人強制連行訴訟や、中国残留日本人孤児国賠訴訟などの弁護団活動につながっていった。

　また、『弁護士が見た日本の戦後補償』を出版し、95年には、姜尚中氏、安斎育郎氏らと、京都弁護士会主催のシンポジストを務めることとなり、これものちに書籍化された。

　人権擁護活動は、すべての活動の原点であり、人権問題をどれだけ敏感に受け止めることができるか、自身の感性が鋭く問われている。それだけに都度の発言や行動に躊躇を覚えることも少なくない。自分自身が、人権侵害の当事者になっていないか、と。

京都弁護士会会長になって

1999年4月から1年間、京都弁護士会の会長を務める機会を得た。

「なぜ、会長になりたいと思ったのか」と聞かれたことがある。私は、それまでから、いくつもの改革課題を提起していたつもりだが、執行部には容易に届かなった。これが会長になると、次々と実践できた。

また、私たちの前に平和や人権をめぐる課題は山積しており、弁護士会からも積極的に発信していく必要性を痛感していた。その実践もできた。それらが一番の答えである。

また、会長は、日弁連の常務理事になり、毎月日弁連の理事会に出席することとなる。ここでも活動の分野は広がった。弁護士会として、ひとつの政策を実現することの難しさや、そのためにどれだけの人たちが動いているのかなどを身近に知ることができ、弁護士会活動を支えている人たちへの思いについて、見えていなかったものが多々あったと感じたのだった。

弁護士会での活動は、いろんな立場・考え方の人たちとの共同作業であり、それだけに別な楽しさがあり、自身の人権感覚と同様にバランス感覚も大いに磨かれた。

そして、時は、司法制度改革審議会が発足し、国をあげての司法改革が取り組まれようとしていた。私は、日本の司法に根を張る「司法官僚制度」をあわよくば解体できるチャンスとして捉え、これに全力で取り組んだ。一単位会の意見、一理事の意見では、大きな限界があった。しかし、いろんな発信ができたと思っている。もっとも、結果は、少しの風穴は空いたものの、今なおすべての裁判官は、強固な官僚制度のもとにある。引き続く最大の課

題である。

京都弁護士会の会長として私が取り組んだこととして、次のような課題があった。

新しい弁護士会館の建設問題

会内でも意見は分かれたが、討議に討議を重ね、三分の二を超える会員が参加した臨時総会で圧倒的多数で可決し、現在の会館建設に動いた。

出版・テレビ・集会など

弁護士を紹介する本の出版や、「司法改革」をテーマにしたテレビ放映、各界の参加を得たシンポジウムなど、弁護士会が打って出る企画を成功させていった。

会報や会議の充実

会内向け会報の刷新、常議員会の定数の改善、議事録の省力化など、会のあり方に一石を投じていった。

役員会

会務の推進の要は、役員会である。これは必ずしも推奨されることではないとは思うが、役員会のあと必須とした「懇親会」はもっとも充実した「役員会」だった。

センターの拡充

委員会の機能を強化するために、本部やセンターは、不可欠である。高齢者・障害者支援センターと、仲裁センターを立ち上げた。

日弁連副会長として

私は、2008年4月から日弁連の副会長となった。副会長は、それぞれ分担をして、日弁連の各種活動に参画する。そのため数多くある委員会を分担する。私は、人権擁護関連委員会や法曹養成・

法曹人口問題、弁護士制度改革・弁護士倫理問題などの主たる担当となった。どれもが、重く大きな課題であった。

少しでも活動がしやすいように浜松町駅前のURマンションを借り受け、当時東京で仕事をしていた娘と1年間の生活を送った。といっても、毎週末は、自宅に戻り、週明けには事務所にも顔を出して仕事を処理して東京に戻るという多忙な生活であった。

弁護士の仕事は、継続がいのち、生計を支え事務所を維持するためにも、事件活動を続ける必要があり、日弁連の活動だけに専念することはできない。

人権擁護活動の伸長を目指して

副会長として、人権委員会や高齢者・障害者委員会を担当するようになって、人権問題を扱う委員会やワーキングが、大きく広がっていることを実感した。

副会長になった当初に、自民党の一部議員が騒ぎ出し、右翼が動いて、映画「靖国」の上映が次々と中止になる動きが強まった。映画館での中止が続く中で、表現活動を委縮させてはならないと、日弁連と東京三会は共催で、クレオで試写会をやった。それは大きな成功をおさめた。それを受けて、各地で上映する動きが広がった。

また、日本国籍の取得をめぐり日弁連の意見も受けた形で最高裁で違憲判決が下され、それが年末には、国会で立法化されることとなった。当時、政権は民主党に交代していた。立法化について、激しい抗議がなされたことを時の法務大臣が報告してくれた。

人権問題での日弁連意見の影響力や行動の広がりには目を見張るものを感じた。

国際的な人権関係機関は、日弁連の意見をもっとも信頼に足る意見として受けとめ、日本政府に厳しい改善を求め続けた。

　レッドパージやホームレス強制排除が人権侵害にあたるとする勧告書を理事会で採択することができた。担当副会長としてはほっとしたものの、人権委員会でのとりまとめと、執行部や理事会での意見には、なお温度差があった。しかし、その温度差は、きちんと議論すれば克服できるところに人権の日弁連の真骨頂があると感じることができた。

レッド・パージ事件の勧告

　日弁連にはいろんな考え方の弁護士が集まっているが、人権擁護に関してはきちんと議論できるという点では貴重な組織である。それがいかんなく発揮されたのが、戦後、全国的に展開されたレッド・パージについての救済申し立て事件であったと思う。

　人権救済の申し立ては2004年で、申し立てをした人たちは大変熱心に取り組まれ、日弁連として生きている内に早く勧告して欲しいと強く求められた。当事者の熱い思いを受けて、これほど広範に、しかも思想信条の自由という最も根本的な人権の問題について提起されている状況を日弁連として放置して良いのかという議論が行われ、いろんな争点について、丁寧に議論を重ね、最終的には、日弁連理事会で、重大な人権侵害事件として、国や企業に警告すべきであるという決議をあげることとなった。

　その後、各県段階でも勧告が続いていくこととなる。

　マッカーサーの指令の下に全産業にパージの嵐が吹き荒れたのは1950年のこと、しかし、49年から始まっていたことは、事実として確認がされている。当時も、当然、司法救済を求めて次々

裁判が起こされたが、最高裁が「GHQ の統治下でやむを得なかった」との判断を下したこともあり、司法救済の道は閉ざされてきた。その後、時を経て、裁判が起こされることはあったが、その時点では「除斥期間」いう「時の壁」に阻まれた。

　司法救済が絶望的な中で、被害者の人たちが、最後のよりどころにしたのが、弁護士会への人権救済申し立てであった。

　私たちは、次の点を確認して、重大な人権侵害であることを認定した。

　第一に、重大な人権侵害については、時の壁を使って救済を拒絶してはならないことの確認である。

　第二に、事案に政治的なところがあったとしても、人権侵害があったのか、救済されなければならないのかという観点で、弁護士の立場で共通の理解にできるかどうかである。レッドパージは、国家と企業による重大な人権侵害だという共通認識である。

　第三に、それぞれの人は、何も破壊活動はしていない事実である。何もしてないのにレッテルを貼って排除することは絶対にあってはならないことだということの確認である。

　第四に、占領下だったのでやむを得なかったのではないかという反論について、私たちの調査結果では、政府や企業は、単に言われてやったのではない、自身が積極的にやっているという事実のあることが確認された。

　日弁連の、この勧告について、当時者からは「光を見た」と大変喜んでもらえたのだが、日弁連には司法的な強制力がないので、社会的にアピールして名誉回復を図っていくことしかできないのが実情である。しかしながら弁護士が全員加盟している日弁連がとりまとめて社会に発表したということの意義は大きく、このよ

うな人権侵害を二度と起こさないため、またパージを受けた方々の名誉回復のための役目を果たせたのではないかと思っている。

日弁連人権行動宣言

日弁連は、多岐にわたる人権活動を行っているが、横の連携は必ずしも十分ではない、また、委員会の目標とすべき課題が、全体で共有されているとは言いがたい、などいくつかの問題を感じてきた。

日弁連の中にしっかりとした人権活動の核を作ることが不可欠だと考えてきて、副会長になった時の自身の大きな目標とした。

そこで、提起されてきたのが「人権のための行動宣言」の確定作業であった。人権委員会から発案されたが、私が乗り気で、是非推進しようと進めたところ、検討委員会の委員長をして欲しいと頼まれ、副会長後の、自身のテーマを貰った形になった。

この宣言は、あらゆる人権課題について、その実現目標を定め、どこまで実践できたかを検証していこうとする取り組みである。

2009年は、日弁連の創立60年にあたる。そこで、この宣言を確定させることとなった。2010年には、『日弁連人権行動宣言』として、明石書店から刊行された。その後も、改定を重ねて現在に至っている。

また、同時に、この課題を共同で検証し、実践していくための会議として、人権関連委員長会議を、人権大会に合わせて開催することを開始し、人権活動の推進機関となり、今日に至っている。

司法改革課題（その1　刑事司法改革）

さて、2008年当時、司法改革は、計画立案の時期から準備の時

期を経て、全面始動に向けて、大きく動いている時であった。その動きを、「市民の司法をつくる」「市民が頼れる司法をつくる」という当初の理念に添った動きとするための激しいせめぎあいが様々な分野で続いていた。実施を控えていた「被疑者国選」と「裁判員裁判」が、今なお多くの問題を抱える刑事司法を、抜本的に改革する制度として作り出せるのかどうかが問われていた。

　制度の批判をしていてもなかなか刑事司法が動かなかった時、被疑者との一般指定を拒否する弁護士の実践的な取り組みと、弁護士が身銭を切って取り組んだ当番弁護士制度の導入は、刑事司法に少なからぬ変化を作り出した。「人権擁護の源泉」「社会正義の顕現」という先の会則の意味は、私たちの具体的な実践こそが、改革を作り出す鍵であることを意味している。

　被疑者国選は、私たちの悲願であったが、国は、予算化をしぶった。裁判員制度においては、被告人の権利を十全のものにすることが不可欠であり、そのために国選弁護人に十分な報酬を確保することが当面の課題であった。

　法務省は、裁判官や検察官出身の官僚もいて、日弁連と協力して進める体制を作っていったが、財務省は、一部政治家の強い反発もあって、なかなか動かなかった。

　それが「動いた」。もっとも、捜査の可視化・代用監獄の廃止・人質司法の是正などは、容易に動かない課題として、次に送り、今なお激しい攻防が繰り返されている。

司法改革課題（その２　法曹人口問題）

　司法改革の課題のなかでも、弁護士・弁護士会にとって、もっとも身近で切実な課題は、法曹人口をめぐる動きであった。この

間、政府が設置した規制改革会議は「年間 3000 人を大幅に上回る新たなる大増員」を声高に叫んでいた。私は、京都弁護士会を通して、その問題について、日弁連に行動することを訴えかけ、日弁連も動きをはじめていた。供給の過剰は、いろんなひずみを生む危険性を持っている。規制改革会議の丸裸の市場原理・競争原理を持ち込ませることは絶対許してはならないと決意を新たにして副会長に就任した。

　年度当初、皆さんから「大変ですね」と良く言われた。私は、「増加をさせる」という基本方針も間違っていないが「急増に問題がある。急増に伴う問題の解決をはかることこそ必要」との思いで、自身の肌感覚を信じつつ、できるだけ広く意見を聞き、かつそれを取り入れることを心がけて、この課題に取り組んできた。

　そして私は、副会長として、規制改革会議のヒアリングに臨む機会を得た。委員は、「なりたい人はなれるようにして、みんなに仕事をさせて、弁護士会が問題だと思われる弁護士を排除していけばよいのではないか」と問いかけてきた。また、「問題弁護士は、市場原理で排除されるのではないか」とも言ってきた。

　一旦、弁護士登録をした人を排除するシステムは、それ自体大問題である。また、競争原理のもとで、問題弁護士の被害にあう人々は、いったい誰が守るというのか、私たちは、反論を強めた。

　2008 年度は、7 月に緊急提言を、翌年 3 月の年度末に「当面の法曹人口のあり方に関する提言」を圧倒的多数でとりまとめた。

　「急増に伴う基盤整備がまったくできていない」という点で、私たちの意見は一致していた。そのことを常に政権党にぶつけてきたが、制度改革は、容易に進もうとしなかった。

それから15年、今の最大の問題は、法曹を希望する人たちの絶対的な減少傾向にある。弁護士を受け入れる社会的な基盤は容易に変わらない。

司法改革課題（その3　裁判官制度改革）

司法改革のかなめは、裁判官制度改革にあると確信してきた。司法官僚制度をやめさせること、そのためには、その牙城である「最高裁事務総局」にメスを入れることにあったが、なかなかゆるがなかった。

司法制度改革審議会は、いくつかの制度改革を打ち出したが、それではまったく不十分であった。その後は、その不十分な制度改革ですら、当初期待された方向にはいかず、ほとんど機能していない。今一度、法曹一元の旗を高く掲げ、真の司法改革の実現への道筋を作る必要があることを痛感する。終章の「司法はこれでいいのか」で私の思いを語りたい。

2　自由法曹団とともに

出かける姿勢

自由法曹団は、私の活動の拠点だった。幸い京都は、団京都支部への結集力が強く、活動量も豊富だった。全国を牽引するというとおこがましいが、そうした気概をもつことを叩き込まれ、私も、そうした気概で、活動に取り組めたのは、幸いだったと思う。

私が弁護士になった頃は、市民の人たちへの団の名前の認知度も弱く、自由と人権、平和と民主主義のために闘う弁護士の集まりだとは、なかなか思ってもらえなかった。組合やいろんな団体に足を運び、共に闘う中で、共感とつながりを広げ、認知度を高めてきた。

　私は、弁護士の姿勢として、「出かける姿勢」を言い続けてきたが、ある意味、それは団支部の姿勢そのものであり、私は、そこから学んだだけに過ぎないとも思う。

憲法改悪・大軍拡・小選挙区制と闘い続けて

　団の大きな役割に平和と民主主義、自由と人権を守るため政治の反動化を許さない取り組みがある。とりわけ、憲法に関連した解釈改憲の強行や、明文改憲の動きは激しく、集会・デモ・学習会・講演会など、企画したり参加したもの、挨拶したものや講演したものは数え切れない。自由法曹団の旗は、常にあらゆる場所で、ひらめいていた。

　結果、今日まで憲法の明文改憲は阻止できたが、解釈改憲は、エスカレートし、自衛隊員の海外派遣や集団的自衛権の容認、そして敵基地攻撃能力の保有へと、軍拡に歯止めがかからない状態になっている。

　憲法をめぐる動きについては、項を改める。闘いは、まだまだ続く。

　政治の反動化との取り組みでは、小選挙区制の導入だけは許してはならないと必死に取り組み、一旦国会で否決させたが、結局導入を許してしまった。そして、その結果、国民の政治不信は一層強まり、支持は少数でも権力を取れるという状況が生まれ、政

治の劣化は言葉で言い表せないほど進んでいる。

その小選挙区制法案を国会で一旦否決させた時、私は、国会に赴いていたが、「やったー」と感動が包んだことを今でも忘れない。政治の民主主義を、必ず取り戻す。それは今なお大きな目標である。

自由にできる選挙活動

知事選挙や市長選挙など、市民運動型選挙の時には、「自由にできる選挙活動」を呼びかけ、市民が果敢に闘い抜くことを鼓舞し支援する活動に参加してきた。

私は、1977年から、団京都支部の事務局長に就任したが、おりしも1978年京都府知事選挙では、様々な団体・市民が参加し、それぞれの創意工夫に満ちた取り組みは、かつてない盛り上がりを見せた。

民主府政の転覆を狙う勢力は、今、大きな話題になっている国際勝共連合を大量に動員し、警察権力も牙をむいて私たちに襲いかかってきた。

選挙弾圧は半端ではなく、こちらの陣営にだけ10名を超える逮捕者が出た。団員は、北へ南へと警察に駆け付ける慌ただしい取り組みを余儀なくされた。そして、多くは、すぐに釈放させ、起訴も許さなかったが、残念ながら2件については、起訴を止められなかった。当時、警察官僚は、「自分たちは、選挙運動はできないが、弾圧で票をつぶすことはできる」として、革新陣営への選挙干渉を強めることが申し合わされていたことがのちに警察官僚の記した書籍で紹介されている。

私たちは、選挙事務所の一角に「法律家選対」を構え、選挙活

動の相談・弾圧対策に、団支部の総力をあげて立ち向かっていた。団支部の事務局長だった私は、ほぼ3ヵ月間、この選対に詰めた。相談や対応した件数は、1000件を超えた。この時の選挙では、多くの逮捕者が出たことは述べたとおりだが、私たちが相談対応したものの中からは、弾圧を許していない。

　そして、その結果をふまえ、こうすれば自由に選挙活動ができるという事例を集積し、その時の活動の結果を、団員の集団的力で書籍にまとめた。日本の公職選挙法は「べからず選挙」と言われ、特に公務員や教員は、「選挙運動はできない」と行政当局からいつも攻撃がかかる。その都度、団支部は、「教員や公務員も、自由に選挙活動ができる」という反撃の文書を作り、攻撃や弾圧と闘ってきた。

　そして、出版した書籍は、その後、公選法の「改正」や、新たな実践を経て、何度も改訂を重ねてきており、京都支部は、この分野では、全国的にも重要な役割を果たしている。これも「出かける姿勢」の一つだと思う。

労働組合活動の中へ

　京都総評などのローカルセンターや、いろんな組合と、権利闘争を交流し、個々の争議を全体の力で解決することや、労働法制の改悪を許さない取り組みも団活動の重要な柱である。

　全労連が結成されたあと一層重要な取り組みになっている。

　京都の国鉄闘争も、団支部が、国労京都支部に呼びかけたところから始まった。一緒に創作劇を作り、歌を歌い、泊まり込みをし、全力をあげた闘いになっていったことは感慨深いものがある。

　労働法制問題は、私自身必ずしも強くなかった。しかし、次々

と持ち込まれる改悪は、到底看過できず、総評とととともに、連絡会を作って、闘いを作っていった。3時間近い講演をやったことも思い出深い。

教職員組合や自治労連などへも、団支部として実態調査を行い交流する機会を作った。そして、その結果をまとめて、権利闘争をどう前進させるのか、それぞれの組合に問いかけた。

現地調査の取り組み

出かける姿勢は、私たちの活動のかなめだと思ってきた。

団は、いろんな機会に現地調査に取り組んできた。77年には、兵庫県八鹿高校で起こった解同の集団暴力事件で、全国規模で調査を行い、現場に近い私たちは現地に足繁く通った。全労働問題で北海道へ行ったこともあった。阪神淡路大震災でも、現地に赴き、何ができるか、何をすべきかを議論し実践してきた。

京都支部が取り組んだものとして、1991年に起こった「信楽列車事故」がある。アメリカの弁護士との交流に行っていた川中弁護士が、電話をしてきた。「みんなで話をしていたが、現地調査に行くべきではないかという話になった」と。急遽調査団を募って、現地に赴いた。取材にきていたテレビで「鉄道事故に詳しい村山弁護士」と紹介されたのには、驚いた。

最近の話では、森友学園問題が発生した時、現地に近い大阪の弁護士とも相談をし、京都から駆けつけた。それなりの役割は果たせたのではないかと思っている。

北海道釧路の国労清算事業団へ激励訪問をしたのも思い出深い。現地に赴いて施設に入ろうとしたら、当局から阻止された。横の入り口が開いていたので、そこから入った。大勢から熱烈歓

迎をされたが、あとで振り返ると当局の許可なく入ったこととなり、何らかのリアクションがあってもおかしくない行動だった。しかし、リアクションを許さない勢いが勝ったと思われる。

　今も、いろんな機会に、いろんな場所に現地調査が呼びかけられている。私も、機会をみて、参加を続けたい。また、よびかけもしたい。

団支部の力を合わせた構成劇（自由法曹劇団）

　70年代に始まった司法反動に関連して、大集会を成功させたあと、初めて「司法反動を裁く京都法廷」という創作劇を作り上げた。1981年3月のことである。続いて刑法改悪を取り上げた「武器無きクーデター」（1984年12月）、国鉄の分割民営化や国労弾圧を許さないための「走れ俺たちのレール」（国労と共催、1986年2月）、憲法改悪を阻止するための市民組織を作り、「どっこい憲法」（1987年11月）や「かがやけ憲法ビッグフォーラム」（1996年5月）などを作っていった。

　構成劇は作る楽しさがあり、訴える力もあるが、練習のために割く力は半端ではない。私自身、セリフを覚える力の衰えを感じ始めた時、次の気力が作れなかった。しかし、楽しい企画は、どんどん続けていきたいものである。

むすび ―「もぐら叩き」を叩き続けて

　「もぐら叩きゲーム」が、街のゲーム場で大ヒットした時があった。時間内に、次々と頭を出すもぐらを、どれだけの数叩くかが勝負だが、いくら叩いても、必ず次々出てくるので、いつまで経っても闘いそのものは終わらない。私たちのやってきたことも、そ

んな側面がありはしないかが問われて、大いに論議された。

　しかし、議論をしている間も、叩き続けることを余儀なくされてきた。何とかして、その芽を摘み取る方策を模索しながらも。

　「時代の危機」と言っても、その様相は、時々で変化する。そして今の時代を迎えて、私は、私たちの取り組みは、「確実に前進してきた」と評価している。それは「もぐら叩き」をしてきた成果でもあると思う。闘いの中で人々は成長し、変わっていく。その変化こそ、もっとも大切な財産である。さらに言えば、そうした闘いを経て、改憲を食い止め、悪法を阻止し、逆にいろんな制度改革を生み出してきた。それには自信と誇りを持ちたい。

　今の時代の評価については、楽観的すぎるという人もいる。しかし、基本、楽観的でないと、長い闘いは持たないのかも知れない。「改憲もぐら」「悪法もぐら」はどんどん叩いていくしか方策がない。

3 日本の戦後補償と中国残留日本人孤児 国家賠償請求事件 　—孤児たちに訪れた初めての戦後

置き去りにされた戦後補償・外国に取り残された孤児たち

　私たちが忘れてはいけないことがある。とりわけ日本人は絶対に忘れてはならない。今からわずか70数年前、戦後世代には想

像することもできない、大きく悲惨な現実がそこにあった。

　日本が引き起こした戦争は、アジア各地に大きな被害を与えた。重要なことは、日本が、加害者だったということだ。そして未だその処理は終わっていない。日本の軍隊に陵辱された「慰安婦」の人たちがいる。無理矢理連行され強制労働させられた人たちがいる。「皆殺し作戦」で、村ごと消失させられ、かろうじて生き残った人たちがいる。彼ら彼女らは、日本を訴え、謝罪と、正当な補償を求めている。70年以上経った今も、その声は消えない。

　「過去の自らの非人道的行為を見ようとしないものは、未来も見えない」とドイツでは大統領が語り、その実践に努めてきた。

　しかし、強制連行された韓国の人たちが日本の企業や日本の国に、損害賠償を求める行動について、現在の、マスコミの反応は、彼らが無理な要求を言っている、と伝えている。もう解決しているはずだと。

　しかし、日本から彼らには、誠意ある謝罪がされた事実はなく、十分な補償が講じられた事実もない。存在するのは、お互いの政府と政府が終わりにしようとした事実だけである。被害者から見ると、未だ戦後補償問題は終わっていない。

　そして、日本でも、こうしたアジアの国の人たちと同じように、民間人は、一握りの権力者が引き起こした戦争の大きな犠牲になり、やはり、何の補償もされず放置されてきた事実が存在する。加害者でもあった軍人・軍属には、手厚い恩給が支給され続けてきたのにである。

　戦争被害者の中に、この戦争の結果、幼くして中国（満州）に取り残されてきた一群の人たちがいた。このように数千人という

規模で幼い子どもらを戦地に放置してきた国は、日本以外、寡聞にして知らない。

　彼らが中国残留日本人孤児である。

終わらない戦争・冷たい祖国

　彼らには、なかなか「戦後」は訪れなかった。戦争は終わらなかった。

　敗戦直後、幼くして中国満州に独り取り残されたのは、明らかに日本の戦争の責任であった。日本は、日中間の15年戦争の間、日本人の満州への移住を進めてきた。ところが、敗戦の色が濃くなると、民間人だけを置き去りにして、軍人・軍属は、いち早く日本に帰国した。

　しかし、それだけで問題は終わらなかった。それから後も、ずっと、帰国がかなわず、ようやく日本に帰れたのは、戦後30年以上もの時を経てからであった。これも戦後日本は、中国が共産党政権となったことから、一貫して中国敵視政策を取ってきたためである。

　1972年、ようやく日中国交回復がなされ、救済の扉が開かれたはずであった。しかし、彼らの帰国には、さらにそれから10年・20年という歳月がかかり、結果、戦後40年・50年の歳月が流れていた。その最大の原因は、国が帰国政策そのものに力を注がなかったためであり、国の責任は明らかだった。

　そして、やっとの思いで、帰国できた彼らを待っていたのは、冷たい日本政府の施策であった。帰国者へは、何の償いもなく、生活支援も乏しく、果ては、生活保護での生活を強いられた。

裁判へ

2003 年、孤児の人たちが全国各地で次々と裁判に立ち上がる中、京都・奈良・滋賀らから 109 名の原告が京都地裁に提訴した。

残留孤児は、中国にいる間は「侵略国日本人の子」だとして、差別や虐待を受けてきた。父や母について言うと、終戦の直後、多くの男性は、シベリヤに抑留されたり、殺害されたりした。母は必死で子どもを守ろうとしたが、敵国のなかで、自身の生きていくすべさえ見つけることが困難であった。そのため、父や母と、死に別れ、生き別れをした子どもたちが、多数生まれ、結果、自身の出生地も父母も分からない孤児が多く発生した。

それから 40 年・50 年の年月が経つ中での日本への帰国は、ふるさとも家族もいない中での生活のスタートを余儀なくされることとなった。日本語も思うように話せず、仕事に就くにも大きな苦労があった。原告らは、裁判の中で、辛い日々を言葉少なに証言した。

裁判所との闘い

こうして始まった裁判だが、裁判は、裁判所との闘いでもあった。長年の中国での生活で、日本語を話せない人が大半であった。日本に帰国しても、習得できる年齢を超えていた。国も十分な援助をしなかった。

裁判所は、日本語で行うことを当たり前のこととしている。

私は、先行して始まっていた東京の証人調べの様子を聞いて愕然とした。証人尋問中、法廷のざわつきが止まらない、というのだ。よく聞いてみると傍聴者の大半は、帰国者で、日本語が分からず、何時間もの間、法廷で何が行われているのか全く分からないまま裁判が進んでいたのだ。

これは絶対に改善が必要だ。まず、裁判所に法廷通訳の導入を求めた。裁判所は、証人調べについては一定通訳の導入を認めたが、弁論などについては難渋を示した。そこで、私的な通訳の導入を裁判所に認めさせた。これをこまかく紹介していると紙数の余裕がない。しかし、傍聴している当事者や家族らに、裁判の様子がリアルに「伝わる」ことは、裁判闘争の命である。

　また、当事者尋問の最初は、奥山イク子原告団長だった。一定日本語が話せたので、日本語でのやりとりとなった。しかし、本人が語り始めるや、裁判長が威圧的に「聞かれたことだけに答えなさい」と注意した。その注意は、直後にも繰り返された。私は、我慢できなかった。裁判所で、弁護士の質問に応答するだけでも大変である。それも慣れない日本語である。当事者本人には、溢れる思いがある。

　裁判官は、どうして、寛容に聞こうという気持ちになれないのか。こんな人に判決を書いてほしくないとも思った。そこで、立ち上がって尋問と証言への干渉は直ちに止めるよう強く求めた。法に基づく異議ではないが、以後、裁判官は、強圧的な介入をしなくなり聞く姿勢を示した。

　これらは小さなことかも知れないが、この裁判がどんな裁判なのかを裁判官に伝える機会になったと思っている。

孤児の人たちの待ち望んだ支援策

　全国15の裁判所で、2200人の人たちが裁判を闘った。そして、京都で全国で、4年間の裁判闘争が展開された。京都の裁判は、判決を迎える直前になっていた。

　「一日も早く全面救済を」「老後の安心した生活を」「人間の尊

厳の回復を」と孤児たちの必死の訴えは、裁判所で国を追いつめ、ようやく「政治」が動いた。2008年、国会で新たな支援策を盛り込んだ立法が誕生した。

　こうして長期間、苦しめられてきた中国残留日本人孤児の人たちは、ようやく「戦後の平穏」を手に入れた。

　「生活ができる収入の確保」は、支援策の一番の柱である。しかし、不十分な点も多く、その後も、そして今もなお粘り強い改善策を求めての取り組みが続いている。

　「戦争被害者には、何の特別な施策も取らない」とし、頑なに孤児への特別な手だてを拒絶していた日本政府の考え方からすれば、大きな前進であったことは確かである。

私たちに残された課題　放置される戦後補償

　支援策の内、金銭的な給付は、一定前進したが、生活保護に準拠する体制は根本から変わっていない。また、孤児の人たちをとりまく生活環境は、依然厳しい。言葉や文化の壁は厳然として残る。人間らしく生きる権利の実現には、乗り越えるべき課題は、多くある。二世・三世も同じような課題をかかえていて、今、その救済を求めて闘いが続いている。

　日本という国が、過去と向き合い、非人道的な行いの一つ一つを常に問い返し、そのような悲劇を繰りさせないために何をすべきであったのかを問い続けること、国をして、それをさせることは、国を担う私たちの役目である。「孤児の訴え」を常に胸に刻み続けること、裁判に関わった私たちの、大きな役目だと思う。

　もっとも、残留孤児事件は、不十分さはあっても、国が動いた稀有な事例である。それは、出来事の悲惨さもさることながら、

対象となる人たちが限られていることにも起因している。

　戦争で被害にあった民間の被害者は、東京や大阪の大空襲の被害者が今なお声を上げ続けているが、国は何の政策も取ろうとはしない。

　国外の被害者に至っては、極めて問題の多い政治解決で清算済みだとして、そのまま放置され続けている。90年代、戦後補償を行うべきだとしてきた世論も、その後の巻き返しの中で、声をあげる人たちを非難する動きにすら転化されている。「従軍慰安婦」は再び教科書から消えていった。

　過去をかえりみようとしない日本社会を大軍拡が待ち受けている。それだけは何としても阻止しないといけない。過ちを繰り返してはならない。

村山弁護団長と中国残留孤児訴訟

弁護士　藤田正樹

　「中国残留孤児が裁判をするんだけど、手伝ってくれへんか」。村山先生から声をかけられたのは平成15（2003）年の春先、ポカポカ陽気の夷川通りだった（ような気がする）。それから平成20（2008）年の政治決着による解決まで、村山晃弁護団長、私が事務局長として、中国残留孤児国賠訴訟をたたかった。村山先生が57歳頃から60代前半にかけてのことである。

　この裁判は、満州開拓民に対する棄民政策を断罪しようとするもので、後に政策形成訴訟と呼ばれた。京都訴訟の原告は、京都・

奈良・滋賀等に居住する109名（全国では2211名）で、大半の方が日本語を理解できず、聞取り調査にも通訳が必要。裁判では、FMトランスミッターを法廷に持ち込んで、裁判官と弁護団とのやり取りを日本語から中国語に同時通訳した。

　この訴訟において、村山団長のカリスマ性（神学用語では、神から授けられた超自然的な恩恵や能力を意味する）は決定的だった。国の責任を問う理論構成、裁判官の不当な訴訟指揮に対する法廷闘争、常に弁護団の中心に座っていた。奥山イク子原告団長の全面的な信頼を得て運動も引っ張った。通訳では多くのボランティアに協力していただいたが、全体に対する気配りは、村山先生だからこそできたと思う。

　平成16（2004）年夏、弁護団は、旧満州（黒龍江省・吉林省・遼寧省）へ調査旅行に赴いた。方正県の日本人公墓を訪ね、ハルピンでは日本人孤児を日本に送遣した直接の担当者から聞き取りをした。理屈だけの弁護士にとって、原告たちが実際にたどった道のりを実体験する意味は非常に大きかった。

　私自身、この訴訟活動は大切な経験だったが、弁護団や運動で嫌な思いをしたことは一度もない。村山団長のお人柄によるものと言うほかない。村山先生が喜寿を迎えられたとのこと。誠におめでたく、心からお祝い申し上げます。

4 森永ひ素ミルク中毒事件と恒久救済

14年目の訪問と私の関与

　1955年6月、西日本一帯で生後間もない赤ん坊の急性中毒事件が発生し、やがてその原因が、親が子に与えていた森永の粉ミルクの中に「ひ素」が混入していたためのものであることが判明した。被害者総数は一万数千名（うち死者130名）にのぼる歴史上類例をみない食品公害事件であった。

　事件は、被害者の苦しみをよそに、わずかな見舞金で、「後遺障害はない」として、一旦は、沙汰ヤミにされてしまった。しかし、発生より14年たった69年、阪大の丸山博教授らが「一四年目の訪問」として、当時の被害者が今なお十分な手だても講じられないまま被害に苦しんでいるという実態を明るみにしたのだ。社会的に被害実態が浮き彫りにされる中で、何の救済も受けずに苦しみ続けていた被害者の親たちが立ち上がった。

　親たちは、全国から集まって、「森永ひ素ミルク中毒の子どもを守る会」を再度立ち上げ、森永と国に「恒久救済」を求めて闘いを始め、みるみる運動は広がっていった。

　他方、私が弁護士になった71年4月頃、京都では、京大の公衆衛生学の山下教授が中心になり、保健婦の人たちなどと共に実態調査や研究会活動を行っていた。そこに、若手弁護士や司法修習生も参加を呼びかけられた。

また、関西の若手弁護士が、青法協を中心に活動を開始し、私は、そこにも加わることとなった。研究を重ねた弁護士グループは、守る会の求める恒久救済を実現させるためにも、運動を広げていくためにも裁判闘争に立ちあがることを守る会に訴え、守る会もそう決意した。

国と森永相手に民事訴訟

　73年4月、関西一円の被害者は、大阪地裁に訴訟を提起した。この訴訟は、金銭請求を主眼としたものではなく、親たちの共通の願いである「恒久補償」を求めたもので、森永と国に対し、恒久補償をする責任があることを明らかにしようとしたものであった。従って、原告となった人もあくまでもそのチャンピオンという位置づけであった。京都からは、4人の原告が参加した。

　裁判の証拠調べは、丸一日月二回という極めて密度の高いペースで進められた。

　多くの対決点があったが、私が主に分担した部分は、次の二つのテーマであった。一つは、山下先生などが中心になって実施した健診結果を疫学的にまとめ、「森永ミルク中毒症候群」と呼称して因果関係のあることを明らかにする試みであった。もう一つは、当時、僻地にいて中毒児として届出されていなかった被害児（未確認患者）が多数存在したが、その責任が国にあることなどを資料や本人尋問を通して明らかにすることであった。

　裁判は、提訴してわずか1年で、運動の力とあいまって森永と国が恒久救済実現の措置を取ることを約束するところへと追い詰めた。判決を待たずして解決へと追い込んだのである。

実現させた恒久救済

「守る会」が中心となって「ひかり協会」をつくり、その運用に必要な資金は森永が負担するということ、国は未確認の認定や協会のバックアップをしていくことなどを約し、以後、被害児救済活動はひかり協会を中心として展開されることとなった。。

一時金ではなく、恒久的な救済機関を作り、そこに必要な資金を森永が拠出していくという救済制度は、当時も、そして現在までも類例がない。まさに親たちが望む恒久救済制度を作り上げたのである。

救済制度の半世紀

裁判を起こして50年の歳月が流れた。ひかり協会が生まれて、もうすぐ50年の時を迎える。

救済制度には、地域救済委員会という専門家を中心にした委員会の設置が決められ、私は、発足以来委員を務めており、委員長になって20年が経過する。

生活を支えるための金銭給付、安心して医療を受けることができるような援助体制、一人一人の障害にみあった生活設計の確立、行政の持っている力を最大限に発揮させるための協力体制作りなど、着実に積み上げてきている。

今では、恒久救済を願い闘い続けた親御さんたちは、ほとんどが他界したが、被害のある子どもたちを終生見守る体制ができていることに、どれだけ気持ちを助けられたか知れない。

今日まで多くの被害者救済の裁判闘争が展開されてきているが、基本金銭賠償を目的としてきた。本件の場合、賠償金は誰の手元にも入らず、加害企業森永は未だに補償金を支払い続け、その全

てが救済事業に使われてきた制度、すべての被害者に救済の門戸を開いている体制は、森永以外にはないように思う。今でも、森永の被害者だと認定する制度があり、毎年のように認定されているというのも、切り捨てを許さないという精神の表れである。

　一人でも被害者がいる限り、救済をはかる体制を終生にわたり維持することを目指して、今も検討が進められている。

森永ひ素ミルク中毒事件と民事訴訟
被害の回復と弁護士村山晃さん

公益財団法人ひかり協会東近畿地区センター事務所
前センター長　髙城佳代子

　京都第一法律事務所のホームページを開き「村山弁護士のメッセージ」を拝見しました。「占める割合の多いのが、被害回復のための仕事です。」と記述されていました。私、「やっぱり。『被害』を捉える村山弁護士だ。」と「納得」致しました。村山弁護士と森永ひ素ミルク中毒事件との関係を、あらためて振り返ってみました。村山弁護士の上記事件と民事訴訟、その後の被害者救済での大きな存在感と、その貢献について再確認致しました。

　1974年の公益財団法人ひかり協会で、職員としてお目にかかった時点を起点にしますと、今日まで、49年間、村山弁護士から沢山の学びをいただいてきました。公益財団法人ひかり協会は、森永ひ素ミルク中毒被害者の人権回復を目的として、相談事業をベースに総合的な事業を実施している機関です。そこに働いていた者とし

て「被害の回復と村山弁護士」について、活動のほんのほんの一端にすぎませんが、読者諸氏にお伝えしたいと思います。

《森永ひ素ミルク中毒事件民事訴訟と村山弁護士》

森永ひ素ミルク中毒事件や森永ミルク中毒のこどもを守る会の運動についての説明は省略して、1点のみ記述させていただきます。同会は、《こどもを救い守りたい》という親の切実な願いから、恒久救済事業とその実施機関の設立を手にするため、「賠償金を求めるのではなく、守る会が作り上げた『恒久対策案』を実現することが目的であって、原告はすべての被害者の代表である」ことを明確にして民事訴訟と、森永製品の不売買運動にとりくみました。

上記守る会は協力弁護士に弁護団の結成を要請していましたが、1972年9月に「森永ミルク中毒被害者弁護団」が結成されます。結成当時の弁護士は65名でしたが、その後131名となります。村山弁護士は、1971年に弁護士登録され、1973年4月には、大阪地裁に対する第一次訴訟（原告36名）で、弁護団の一員として活躍をされました。とりわけ、裁判所の口頭弁論の場で、「未確認被害者」について、国と企業に対して「未確認被害者とならざるを得なかったその経過と問題とその責任」を、実証をもって明確な論理構成により明らかにされました。

未確認被害者とは、当時の被害者名簿に名前の載っていない被害者のことで、救済の埒外に置かれる危険がありました。

1955年の事件当時の未確認被害者を、国と企業の責任において被害者として認定させ、救済の対象とさせることは、すべての被害者を救済する（原状回復・人権回復）ことを願った、森永ミルク中毒のこどもを守る会にとっては悲願であり、決して妥協・譲歩・負けは許されない最も重大な戦いの一つだったのではないでしょう

か。弁護士登録後間もなくして、このような書面を作成されたということは、天才ではなかろうかと思いました。

《民事訴訟の終結とその後の村山弁護士》

すべての経過を省略しますが、1点のみ説明させていただきます。森永ミルク中毒のこどもを守る会の、法廷内闘争と森永製品の不売買運動は、国民の圧倒的な支持と強力な支援を得ることができました。このことを背にして、守る会は国と企業との幾度も厳しい会談を重ねました。その結果、森永乳業は「企業は責任を全面的に認め、恒久対策案の尊重、その必要とする費用の負担を認め」、国は「国は、恒久対策案の実現のための積極的援助と協力をする」、守る会もふくめた三者は「守る会も含め三者がそれぞれの立場と責任において被害者救済に協力する」こと等を、「三者会談確認書」として締結しました。これをもって、守る会は、民事訴訟の取り下げと不売買運動の中止を、1974年5月24日に決定しました。

これを受けて、森永ミルク中毒被害者弁護団は、同日に「民事訴訟の終結に当って長期にわたる監視を」とする声明を出しました。これは、6項目から成っていますが、この後の村山弁護士の活動との関係で、第5項のみ、以下に記述させていただきます。

第5項

昭和30年本件事件が発生して以来19年後の今日、ようやく、被害者の悲願の結晶である「恒久的対策案」を実現すべく、「ひかり協会」が発足するに至りました。私たち弁護団は、この「ひかり協会」が、救済対策委員会として、真に被害者の立場に立って、全被害者の完全な救済対策を実現し、他の全国公害被害者救済のモデルケースとなることを心から期待するとともに、今後はこの「ひ

かり協会」の運営につき被告らに真にその責任を果たさせるべく、不断に監視していく必要があると考えます。

　村山弁護士は、民事訴訟の取り下げ以降、2023年の今日まで、延々と「公益財団法人ひかり協会評議員」として「京都府救済対策委員会委員長」として、「不断に監視」することにとどまらず、「被害回復のための仕事」として、実践活動をされて来られ、現在進行形でもあります。

　なお、この未確認被害者の認定の課題については、その後、京都府に設置された認定委員会の委員として、実に多くの被害者の認定の作業に取り組まれ、その責を果たされました。

《被害の回復と村山弁護士》

　京都府救済対策委員会委員長として：森永ひ素ミルク中毒の被害者を守る会と共に、「三者会談確認書」と、その後の協会と守る会からの要請に基づき、厚生労働省が作成した「公益財団法人ひかり協会事業に対する地方行政の協力フロー図」にそってその実現に取り組んでいるか、否かの確認チェック、今後の地方行政に要請することを示す等、毎年定期的に京都府・京都市との懇談の場で実践されています。

　京都府救済対策委員会の定例の会議の場では：個別の被害者、集団としての被害者の救済上のニーズの確認と、対応についてのモニタリングを実施し、事業内容の向上や被害者の支援体制の強化につなげています。

　公益財団法人ひかり協会の事業のあり方や方針・内容・体制・運営等について：1974年4月にひかり協会（2006年に公益財団法人となる）が設立されて以降、被害者のライフステージに対応する

事業方針や事業内容についても、理事会をはじめ全国規模で、守る会、府県救済対策委員会、協会事務所とが協同して被害者の参加のもとで、民主的な討議を経ながら創り上げてきました。

　このように、被害の回復に必要な環境と、事業と運営と協会内の制度の整備と充実に、1974年の設立以来、一貫して、実践を継続されてこられた村山弁護士です。今、村山弁護士は「高齢期を迎えた被害者のこれからの回復とは…」とお考えのことでしょう。ぜひ、一度お聞かせいただけたらと思っています。

　《回復ということについての私の思いなど》

　近年、気候変動、災害、紛争等から深刻な状況が広がり、その中でレジリエンス（回復）についての関心が高まってきています。その中でも、《発達とレジリエンス》という視点も生まれ、その研究成果も数多く得られてきているようです。公益財団法人ひかり協会の救済の原則の一つに、「救済とは、自立・発達を保障する事業」を挙げています。この原則のもとで、事業を実施してきました。救済事業の開始当時の被害者像とは質的に大きく変化してきました。その過程を通じて、「被害」からの「回復の過程」を実感し確認してきました。この50年間の実践を大切に、さらに豊かな「回復」を遂げられていかれることを確信しております。

　現在、私は障害福祉サービス事業所の役員として、生じる様々な案件について1年に何回もご相談に伺い、お世話になっております。事態を捉える原則を明確にした上で、目前の事態を踏まえた対応について、一緒に考えていただける弁護士として信頼を更に深くしております。率直な助言と、あの豪快な笑いを期待して、相談に伺いますので、どうぞ今後ともよろしくお願いいたします。

　なお、第一法律事務所のホームページの字数や時限的な制約も

おありでしょうが、「担当した主な事件」のコーナーでは、本件については、記載されていません。村山弁護士の50年以上にわたる「森永ひ素ミルク中毒事件の解決にむけての取組」はこれからも継続していきます。ぜひ、掲載を希望したいところです。20世紀の「食品公害事件」として、誰も知らない時代がもうじきやってきます。村山弁護士の膨大な事件の関わりをすべて掲載はできないし、選択が難しいことも理解できますが、ご検討いただけましたら幸甚です。

5　調停委員をつとめて

調停という制度と調停委員の役割

どんな紛争でも話し合いで解決できることが一番である。当事者間で話し合いが困難な時、気軽に利用できる制度の存在は不可欠だ。

また紛争の中には、法律で割り切れない物事も多いし、当事者間の主張のどちらが正しいのかを見極めにくいことも多い。事実関係が入り乱れてそれを解くことが難しいことも少なくない。

家族間の問題は、その典型だと思う。

なので、基本話し合いによる解決を優先し、次いで、調停を利用する。審判や訴訟にまで発展すると、証拠を多く持っている人が強く、裁判官には「立証責任」という便利な制度があって、それで割り切られ、一方当事者は納得しがたいことも多い。もっとも、

判決や審判で結論が出ると、当事者は「諦めざるを得なくなる」が。

　我が国の司法制度の中に、「調停」という制度があり、私は長年調停委員を務めてきた（民事では右京簡裁、家事では京都家裁）。この時は、どちらかの立場ではなく、当事者間の納得にもとづく円満解決をめざし、時には裁判官とも協議しながら、最善の解決案を提示する。私は、弁護士の仕事も、市民間の紛争は、できるだけ相手方の思いを受け止めて円満解決をはかることが職責だと理解し、話し合いを最優先に仕事を進めてきた。他方、弁護士は「依頼人の最善の利益をはかる」ことが重要視される職責とされており、相手方もまた、そのような見方をするから、話し合いがうまくいかないことも多い。

　弁護士の仕事は、依頼者の強い思いを受け止め、その願いをかなえるのが、使命となる。依頼者の願いがかなえがたい時、結構辛い立場に立たされる。調停委員の仕事は、両当事者の思いをかなえて解決をはかるべき立場にあるので、どちらの思いもかなえられない時、辛さが二倍になることもある。しかし、解決が難しい時には、審判や裁判という手続きで最終解決をはかるという司法本来の制度が予定されているため、「割り切り」が可能となり、その分、精神的負担は少ない。また、調停委員には、報酬が支払わられるが、弁護士として事件を処理した時の報酬や、裁判官の報酬と比べることのできない金額で、そのために弁護士にとっては、ボランティア的位置づけになり、調停委員の仕事に大きく時間を割くことが難しい。さらに言えば、弁護士の仕事は、調査活動や事件準備に多くの時間を費やすが、調停委員の仕事に調査や打ち合わせはない。その点では負担は少ないと言えるのかもしれないが。

　いずれにしろ、調停制度は有用な制度であり、とりわけ専門家

である弁護士が委員となり、適正な解決を図ることの意義も大きく、経済的負担はあるものの、就任できてよかったと思っている。

　自身の経験としても、両当事者の話を第三者的に聴取し、紛争解決をどのように進めるのか、もう一人の調停委員や裁判官と一緒に論議しながら進めていくことは、弁護士としての仕事の進め方にとっても勉強になったことも疑いを入れない。

京都家事調停協会会長・京都調停協会連合会会長を務めて

　「調停協会の理事をお願いできませんか」2012年1月、同僚の弁護士から要請を受けた。1年間理事を務めたあと、次の年には、会長になり、京都全体の調停協会連合会の会長も兼務することになるという。日弁連の副会長を務め終えたあとだったので、お引き受けをした。

　協会は、調停委員の意見交換や親睦を中心とするものであったが、調停の進め方や在り方、裁判官の関与の仕方、など、調停委員間で、時には裁判官を交えて意見交換をし、研修を行うことなどいろんな役割を担っていた。もっとも弁護士会のように一定の権限を付与されている組織ではなく、裁判所という国家機関の下にあって、進んで何かができるわけではなかったが、いろんなものにチャレンジし、調停制度の改善に一定寄与できたように思う。

　折から、裁判所では、調停制度の改革に意欲が示されていた。調停の前後に当事者が同席をする機会を作ることが調停にとって有益ではないかということ(同席調停までは目指すとしていなかった)、また、調停委員会から積極的に調停案を出していくことや、調停に代わる審判という制度をもっと使うことで調停の機能強化がはかれないか、ということなどが検討されていた。

普段なかなか入る機会の少ない最高裁判所で最高裁の家庭局長などもを交えて、全国の協会の代表が集い、調停の在り方進め方について論議・検討する場が作られたことも有益だった。

　また全国の調停協会が集まる会合では、調停制度の認知度をどう高めるかが常に検討の対象となっていた。せっかくの良い制度が、必ずしも利用されていないことは司法関係者の共通の思いである。何しろ調停制度を知らない人が多い。裁判と言えば、無理やり白黒をつける場所として日本社会では敬遠されがちなのだ。

　裁判所も、調停制度の認知度を高める必要があるという点では、意見は一致する。ただ、裁判所は、広報にはそれほど熱心ではない。広報してまで呼び込むものではないとの考え方かもしれない。しかし、せっかく委員になったのだから、もっと利用してほしいと思うのは、委員共通の思いである。特に、費用をそれほどかけずに利用できるという利点は大きい。あとは、スピード感を持たせることが課題だと思う。

　調停協会の役員を務めてよかったことは、これは、日弁連の役員もそうだが、それまで出会ったことのなかった方々とお知り合いになって、今でも、旧役員会の懇親会が続いていることである。

　ある調停委員は、「調停では人間力が試されている」と語ったが、人間的なお付き合いが委員間で深まったこともまた、やってよかったという思いにつながる。

　右京簡裁の調停協会では、調停委員の方々とのお付き合いは、委員の人数が少なかったこともあって、さらに深かった。本書では、民事調停に言及する余裕がない。

　もっとも、私が、どこまで調停委員に向いていたかは、自分では、それなりに頑張ったつもりだが、自身で評価することは控えたい。

6 子どもと親権と

本来子どもは「対象」であってはならないが

難しい問題の一つに、「子どもをめぐる問題」がある。子ども
の親に対する気持ちは常に揺れ動き、また、その「気持ち」に正
誤はない。親は親で、自身の気持ちと生活がある。

私の事件簿の中で、子どもの引き取りをめぐる事件は、結構多
く、いつも迷いながら、依頼者となる親の思いと対象となる子の
思いに想いを寄せつつ事件を進める。

離婚事件で、解決を困難にしている問題の一つに、子どもの問
題がある。ずいぶんと前になるのかもしれないが「子はかすがい」
と言われ、子どもが間に入り、あるいは、子どもの笑顔に癒され
て、壊れかけた夫婦関係が再生されることがある。新しい夫婦関
係を築いて、離婚しないまま生活を続けるという夫婦も多かった。
しかし、いつも「かすがい」になってくれるわけでもなく、また、
時代の変化で夫婦の在り様も変化していった。もっとも「かすが
い」という用語そのものが、死語化しつつあるのかもしれないが。

子どもをどちらの親が引き取るのか、難航するケースは多い。

そんな時、どちらかの親が、一方的に子どもを連れて出るとい
うことが起こる。そして、それがどんな転帰をはかるかは、それ
こそ100ケースあれば、100通りある。中には、私たちが、一方
的に連れて出ることを相談しないといけない場合もある。トラブ

ルにならずに連れ出すのは、事前準備が必須となる。

実力行使をしたあるケース（裁判所の限界？）

　京都から離れたところで暮らす夫婦にまだ小さい二人の男の子がいた。夫の妻に対する暴力が絶えず、妻が力を振り絞って「出ていってほしい」と言ったら、ある日、子どもの姿も一緒にいなくなっていた。夫は、二人の子どもを連れて実家に戻ってきたのだ。妻は、夫に対して離婚と親権、子どもの引き渡しを求めて調停申立て、そして訴訟へと進んだ。家庭裁判所は、ＤＶを認め、慰謝料の支払いと離婚を認めたが、「今では子どもは父のもとで問題なく生活しているので、変えない方がよい」として、親権を父親とし子どもの引き渡し請求を棄却した。ＤＶがあっても、その後の子の現状を重視するという、裁判所の一つの考え方が、そこにあった。判決までに２年の歳月が経っており、その間の日常が現状とされ重視された。

　妻は、納得がいかず控訴したが、和解を勧められ、離婚せず別居し、子どもは現状通りとすることで、一旦和解が成立した。そして、ここから妻の逆襲が始まる。妻は、職場と住居を子どもの近くに移し、子どもとの面会を重ねた。子どもは成長にともない、その心に変化が生まれた。母親の強い思いが伝わるとともに、夫に別な女性の影が見えてきたことが一つの引き金になっていた。

　こうした時、私は、妻から事件の依頼を受けた。調停を申し立てたが、夫は、子どもを離さなかった。調停が無理なら、もう一度裁判をするしか手立てはなかったが、裁判で一度裏切られたという思いの強い本人は、裁判で勝てるのかという点の不安を払拭できなかった。子どもたちは、母親に対しては、母親についてい

くと語ってくれたとのこと。しかし、父親のもとにいる状態で、裁判所の聞き取りに、そのように話をする保障はないし、裁判所の判断は、それ以上に不透明である。

妻には、選択肢はなかった。ある日、妻は、子どもたちに決意を告げ、子どもを連れて、もとの家に戻った。

夫は、警察に届けを出したが、警察の問いかけに、子ども自身が、自分の意志だと述べたとのこと。そこで、すぐに妻の後を追い、妻の居所を見つけ出した。今度は、妻が警察官を呼んだ。警察官が、子どもたちに会って様子をみた。警察官は「怖いので父には会いたくない、と言って、本当に震えていた。今日は引き上げるように」と夫を説得し、夫は引き返した。そして二度と再び来ることはなかった。

その後、夫は、ここまでくると回復は難しいと判断し、調停外で、弁護士間で解決をはかることとなった。妻の願いは実った。司法は、妻にとっては無力だった。私もそうかもしれない。

弁護士が、連れ出す・連れ戻す、ことを勧めることについて、消極的意見や、懲戒問題になるのでは、と懸念する意見があった。しかし、私は、いくつも同じような経験をしているが、それでトラブルが拡大したり、もちろん懲戒請求をされたこともない。

しかしまたこんな経験もある。子どもを引き渡せという審判をとり強制執行まで進み、執行官と一緒に子の引き渡しを求めに行ったが、子どもは、今いる親に抱きついて離れなかった。執行官は、「執行不能」と判断することを余儀なくされ、了解を求められた。裁判所の審判より親と子どもの力が強かった。

同時に、親子関係に対して、裁判所の判断が必ずしも妥当とは思えないことは時として経験する。もっとも、それは親子関係に

限ったことではないのだが。

おじいちゃん、おばあちゃんは辛い

　会社勤めをしているＡさんは、帰りが遅い。ある日仕事を終えて帰宅すると、家はもぬけのから、ソファーや食卓、エアコンまで無くなっていた。５歳になったばかりの子どももいない。そして時を同じくして妻の代理人弁護士から手紙が届いていた。妻は実家の近くで居を構え、家財道具類もそのために持って行ったという。計画的な家出である。

　私の知人の祖父母が、「孫の５歳の誕生日を一緒に祝ったばかり」と言って、集合写真を持って相談にきた。忙しい父親に子どもの面倒を見ることは不可能を強いることだ。いくら祖父母が頑張っても孫を連れ戻す算段は見つからない。せめて、面会ができればと思うのだが、妻は夫の顔も見たくない、と言って、面会の機会がなかなか作れない。

　夫の父・母は、こうした局面にしばしば出会う。孫と会うことが難しい。次第に孫の気持ちも離れていく。夫でさえ、妻の観護する我が子との面会交流は、子どもの引き渡し同様難しいケースが結構ある。ましてや祖父母に対しては、面会交流を認めようとしない。夫の両親は、こうした形の離婚問題が起こると、かわいい孫と会えない辛い日々を余儀なくされる。

　もっとも、子どもを父親が引き取るケースも一定存在する。母親から子どもを父親が取り戻した事件もあった。父親だって、親権者になれる資格は同等である。ただ、今の日本社会では、父親の働き過ぎ現象は改善されず、育児が母親の手にゆだねられることが多く、ワンオペの場合もまだまだ多い。なので、父親が親権

を取るケースは圧倒的に少ない。

　最近は、「女の子が欲しい」という夫婦が増えているとも言われている。孫が生まれた時に、夫婦間で問題が発生しても、孫といつでも会えるというのだ。

共同親権への道

　私が、激しいバトルの末、父親に親権がわたり、実際にも子育てをしたケースを扱った時に、あるライターから「母親が親権を持つことがなかば当然視されているが、共同親権を実現することこそが必要ではないか」という問いかけを受けたことがある。それからずいぶんと経った。もともと、「親権」という用語にも問題があるが（親に権利があるのではなく、子の権利の実現をはかるための親の責務のはずなので）、父か母のどちらかを選択しないと離婚ができないという制度は、必ずしも合理的ではない。

　今ようやく制度改正へ動きが始まっているが、仮に共同親権になっても、元夫婦間のコミュニケーションが成立しないと、運用は困難となる。

　この子が健やかに成長してほしい。そのために何が最善なのか。私たちの社会は、国の予算や体制には、あまりにも不十分なところが多い。家裁の調停や審判の制度も、もっと子どもに寄り添ったものにしていくことが強く求められている。

　共同親権が導入され、その運用の工夫をしていくなかで、より子どもの立場にたった制度作りが可能となるかもしれない。できれば、この機会に「親権」という用語も変えてほしいものではあるが。

7 民間3単産（化学一般・合同繊維・全国一般）と闘った権利闘争

　本書で座談会ができた取り組みは、限られていて、労働組合と一緒に取り組んだ権利闘争の一部である。京都総評のなかでも、民間3単産と呼ばれていた（誰がそう呼ぶようになったのかは聞いていない）表記の3つの単産は、民間企業の労働運動を牽引してきて、私が弁護士になった直後から、お付き合いが始まった。単産というのは、産業別単一労働組合の略称で、組合と組合員の産業別連合体である。

　民間企業の労働運動は、戦後労働運動を牽引しながらも、激しい合理化攻撃やリストラ攻撃、組合潰しとの闘いを余儀なくされてきた。私は、単産の闘いを担う人たちと、いろんな闘い方について論議をし、苦楽をともにしてきた。

　もっとも論議を重ねたのは、戦後労働運動を全国的に牽引してきた総評が解体し、連合に吸収されるなかで、京都総評を残すという課題であった。統一を守りながら組合の闘う姿勢を崩さないことに多くの困難があったが、京都は、京都総評を守り抜いた。そこに民間3単産があった。

　今も、京都総評は健在であるが、組織の拡大という点では苦戦を強いられている。それはこの3単産も同様である。そこには、日本の労働運動全体の課題と共通のものがある。特に、民間企業の、それも中小企業の組合運動の在り方については、3単産は、

最大限の工夫と努力を積み重ねてきただけに、今後の展望を語り
継ぐことは重要なことだと思っている。

化学一般

　弁護士になった直後、新日本理化という京都市伏見区に本社の
ある中堅企業で、指名ストをしたところ、ストライキに参加して
いない組合員に対しても賃金カットがなされたとして依頼を受け
たのが出会いである。直ちに支払請求訴訟を提起し、勝利解決し
ている。

　その後、いろんな事件が起こった。舞鶴市にある日之出化学の
事件は、先に第2章で詳しく紹介したので、参照してほしい。親
会社からの激しい合理化と組合潰しの攻撃をみごと跳ね返した。
京都市の帝国化成も、やはり先に第2章で詳しく紹介している。
指名解雇という難しい解雇事件を仮処分で勝訴し、撤回させてい
る。その他、いくつかの解雇との闘いで勝利してきている。「扱っ
た主な事件」で紹介している。

　化学一般は、労働者の安全衛生問題については、いろんな組合
の中でももっとも熱心かつ先鋭的に取り組み、全国的規模の学習
会に呼んでいただいたこともあった。

合同繊維

　繊維の街京都には多くの繊維事業にかかわる労働者がいて、全
国と直接結びつきのない珍しい単産であった。

　私が弁護士になった当時はうたごえ運動が盛んで、ちょうど「わ
たぼこの中に咲いた花」という歌が広がっていた。私はすぐに好
きになって、よく口ずさんだ。その歌を生み出した職場が日本レー

スであり、現にわたぼこの中から生まれた夫婦は、私の知人に結構いた。その日本レースが、経営に問題をかかえた時、建設屋のフィクサーが登場してきて、合理化を強め会社を潰しにかかってきた。1977年2月18日、本社工場の閉鎖、全員解雇が提案された。閉鎖反対の闘いの輪はまたたく間に京都全域に広がり、私も集会に、学習会に、抗議行動に、何度も日本レースを訪問するようになった。その後、京都地労委に対し、「フィクサー上田は団交に応ぜよ」との申立てを行い、上田を追及するなかで、勝利解決に追い込んだ。この闘いの中から民医連中央病院が誕生し、組合員の多くがそこに就職し、合同繊維は繊維会館をつくり、日本レースのレース部門はそのなかで「あやおり工房」として生き続けた。支援闘争のなかから中京地区労も誕生した。

京都の繊維産業そのものの苦戦は、その後も続き、閉鎖との闘いや合理化解雇との闘いを余儀なくされてきた。しかし、合同繊維があって、組合員を使いに捨てにしない闘いは、常に労働者を励ます存在であった。

先日、前の書記長であった中原弘志さんを偲ぶ会が開かれ、いろんな争議で「戦略と戦術」をきちんと組み立ててあとにひかない組合活動の在り方が語られ昔を懐かしんだ。

全国一般

私が弁護士になった年の年末に、京都ゴルフ場東コースに働く65名のキャディ全員が組合を結成した。しかし、経営者は、組合の要求にまともに対応せず、組合三役に対する出勤停止処分、脱退強要、賃上げストップ、一時金不支給と相次ぐ攻撃を加えてきた。

会社の組合に対する攻撃の厳しさは、私たちの想像をはるかに上回るものとなった。２ヵ月半に及ぶ長期のロックアウト、執行部全員の解雇、暴力集団を使っての組合事務所への襲撃、いやがらせ、そして差別、差別、差別。組合員の動揺の前に数十万円の札タバを積んでの脱退工作、遂には名門ゴルフ場のキャディ部門を廃止し仕事を完全に奪ってしまうという暴挙に出た。一つの攻撃を満身の力をこめてハネ返した時、次の攻撃が、待ち構えていた。

　10件に及ぶ法廷・地労委闘争は、いずれも鮮やかに勝利した。なかでも３件の仮処分事件の早期勝訴が決定的だった。ロックアウト攻撃は、会社の総力をあげての攻撃であったが、審尋だけで裁判所の勝利決定を勝ちとり、執行部全員解雇事件は、無審尋での勝利決定であった。

　こうして組合運動を経験したことのなかった女性だけの労働組合が、３年２ヵ月もの長期の闘いに耐えぬき勝利を手にした。会社は謝罪し、解決金を支払い、キャディ部門再開時には組合員の優先雇用を約束した。しかし、その後キャディ部門を再開することはなかった。

　業種を問わずに労働者を結集してきた全国一般とは、その後も解雇や倒産など様々な闘いをともにしてきた。なかでも京都証券の閉鎖闘争、高木貞証券の破産との闘いは、多くの困難をかかえたものの、解雇された労働者の不屈の闘いがあって勝利解決を果たしている。いずれも事業の再建という形は取れなかったが、一方的に閉鎖したり破産したりすることについては重大な権利侵害があったことを認めさせて、解決金という形で権利回復をはかっている。

解雇事件では、先ごろ亀岡の湯ノ花温泉の大手旅館を相手に訴訟で勝訴し、権利回復をはかったという事例もある。このような闘いが組めたのも、組合があったからこそだった。

破・倒産下での権利闘争と村山先生

合同繊維労働組合執行委員長　佐々木眞成

村山先生は私のバイブルのような存在です。疑う余地のない絶対的なもので、先生のアドバイスは百万力なのです。オーバーではありません。

合同繊維が組織的な基盤とする繊維産業は、国と繊維独占による重化学工業化と繊維産業の海外進出政策によって、長らく国内繊維不況に見舞われ、傘下の各支部で事業の縮小、閉鎖、倒産とそれに伴う人員削減や解雇という合理化攻撃との闘いを余儀なくされました。「反対」だけでは闘えない、企業の再建、事業継続の展望を見出していかなければならない。そんな中でも、日本レースにおける 1977 年の「本社工場閉鎖、全員解雇」との会社提案に対する「企業再建、解雇撤回」の闘いは、全京都的な闘いとして支援の輪が広がり、経営陣の甘さから巣食った利権屋・上田建設と京都信用金庫を正面に引きずり出して責任を取らせる、もしくは経営から手を引かせるという大きな成果をあげました。この時の、「上田建設など背景資本は、労働者の権利に直接的な影響力を行使し得る立場にあり、団体交渉の応諾義務が生じる」との村山先生からの法的指針を受け、上田建設と京都信用金庫への抗

議と要請の行動を一挙に強めました。上田事務所（岡崎の上田御殿）への抗議行動22回、京信への包囲宣伝行動15回をはじめ、学習会、署名・カンパ、各労組への要請など短期間での諸行動によって、上田建設には経営からの撤退と再建資金の拠出、京信には新たなつなぎ資金の融資や繊維会館建設資金の拠出などの回答を引き出し、本社工場の閉鎖、全員解雇の撤回を実現しました。上田建設には団体交渉の申し入れと、拒否回答に基づく地労委への不当労働行為救済申立てには村山先生はじめ、高田、矢野の各弁護士にも参加してもらいましたが、学習会での「背景資本との闘いと労働者の権利」に学ぶことによって、労働者に元気がでて、潑溂とした笑顔あふれる活動が展開されたように思います。

　その翌年になりますが、染色中堅企業の第一レースの倒産、会社更生法適用申請という事態の中でも労働者の団結の基礎になったのは、村山先生による「倒産という事態の中での労働者の権利をどう守るか」、という法的なアドバイスに大きなエネルギーをもらったように思います。その他、依然続く企業倒産という事態の中での労働債権確保の闘い、労働相談に基づく個別紛争についてのアドバイスなど、しっかり闘えたところでは必ず村山弁護士の存在があったように思います。

　現在、顧問弁護士事務所として京都第一法律事務所との間で契約願っていますが、こうした村山弁護士の存在、関係が出発点です（当初は3単産会議としての契約がいつの間にか合繊単独の契約になりました）。弁護士稼業に定年なしと聞きます。いつまでもバイブルであり続けてください。宜しくお願いします。

8　国労とともに

　国鉄労働組合（国労）とは、事務所の稲村五男弁護士が京都駅で弾圧を受けたこともあり、強いつながりがあった。

　70年代、ヤミ・カラ・ポカ・ブラという攻撃を受けいろいろと大変ではないかとの思いから、80年代初め、自由法曹団が呼びかけて意見交換会を実施した。そこで、これまでの労使慣行で勝ち取ってきたことの権利性を団員が報告したところ、「そんなことは、もう終わっている。次の攻撃が始まっている」と言われ、愕然としたのを覚えている。組合攻撃の事態は、想像を超えて進んでいたのだ。

　国鉄は、1987年4月1日に、分割民営化を行い、各地のJRに名称を変えた。80年代前半は、そのための地ならしというべき、組合攻撃が続き、80年代半ばに分割民営化の方向性が具体化して以降、攻撃は露骨なものとなっていった。

　86年7月から職場に「人材活用センター」という名の差別・孤立化部門を設置し、国労と全動労の組合員を集中的に配置した。それまでの鉄道業務に従事させず、嫌がらせ目的の雑役をも命じてきた。国労と全動労は全国で「人活センター」への配置命令効力停止の仮処分申請闘争を展開した。

　私たちも手分けして代理人になったが、国家的規模で展開された人事異動問題について、ただでさえ鈍い裁判所の反応は極めて鈍かった。この中で、私は、直接担当していないが、全国で唯一、福知山の国労組合員11名が申請人となり京都地裁福知山支部で

争った事件では異動命令を無効とする仮処分勝利決定を獲得した。あまりのひどさは、一人の裁判官の心を動かした。

　同じ86年7月、国労梅小路分会の若い二人の組合員が停職6ヵ月の処分を受けた。直ちに京都地裁に対し仮処分申請を行い全面勝利決定を獲得した。しかし、民営化移行時、JRはこの二人の採用を拒否し、清算事業団に放り込んだ。粘り強い闘いで、JR復帰はならなかったが、大阪労基局へ採用させた。

　京都では、国労や全動労の組合員も基本的にJRへの採用を果たしたが、新会社の国労差別は、一層熾烈なものとなり、労働委員会闘争が続き、次々と勝利命令を重ねていった。

　闘いの中で京都エリアの差別問題は解決をしていったが、清算事業団に入れられた採用差別事件の解決は、ずっと後になってのことになった。

　国労は、その後も市民の足を守るという立場で活動を続けているが、事件になるという機会はなかった。

　闘いのさなか、会議室がたばこの煙であふれる中で（みんなよく吸う）缶ビールを飲みながら、「あしたをどう切り拓くのか」という熱い論議を重ねた。また今は亡き京都支部の木嶋委員長とは、京都駅前の「サルベージ」という屋台で（それが正規の名前であったかどうかは知らない）、生レバーを食べながら、ここでも大いに展望を語り合ったことを昨日のように思い出している。人と人との触れ合いは強く太いものとなっていった。

　闘いのさなか、北海道釧路の清算事業団に送り込まれている国労への激励ツアーを企画して、弁護士と支援の労働者らとで赴いたこともあった。正面の入り口で入室を拒否され、横の入り口から入って、熱烈歓迎をされた。強行突破のような形になったが、入室

後は当局から退去を求められなかったし、その後も何事もなかったのは、当時の熱烈歓迎の勢いだったように思われる。

国労闘争は、裁判や労働委員会では、活路と展望を開くのが難しい闘いだった。しかし、不屈の闘いをともにできたことは心に焼き付いて離れない。みんなと良く歌った「俺たちのシルクロード」の歌とともに。

9 警備公安警察の肥大化と刑事弾圧事件

市民運動や組合運動、政治活動や選挙活動などに、警察が国家権力を振りかざして弾圧・干渉してくることがある。これは背景となる時代によって大きく様相を異にする。50年代から60年代にかけては、もっとも警察権力が前面に出てきた時代であり、弁護士は、弾圧対応に追われた。

私が弁護士になった1971年頃には、大規模かつ露骨な弾圧事件は、減少傾向にあったが、無罪を争う刑事裁判は、なお多数の案件が継続しており、70年前後は、無罪判決が相次いだ時期でもあった。そして、それが司法反動の嵐の引き金にもなった。

私は弁護士になってすぐに、61年に起こったタクシー労組への組合活動弾圧事件と、63年に起こった議員候補者への選挙弾圧事件の控訴審を担当することとなったが、その2件とも、一審の有罪判決を破棄させ高裁で無罪判決を勝ち取ったのである。

選挙弾圧事件は、1970年代後半から80年代に入って再び激増する。それと関連して公安条例を使った集会への弾圧や、軽犯罪

法などを使ってのビラ貼りへの弾圧なども多くなっていった。

　私たちが、弾圧事件だというのは、その大半は、逮捕されても勾留を認めさせなかったこと、また大半を不起訴にさせたこと、さらに起訴されても無罪にさせていることからしても明らかであろう。有罪になった事件について言えば、裁判所の判断は、あまりに偏ったものであり、弾圧的性格に違いはなかった。

警備公安警察は、こんな風に全国に檄を飛ばしていた。

　外部に知れることがほとんどない世界で、つぎの二つの事象は、警察の弾圧的性格を語ってあまりある。

　① 1966 年５月の警察庁警備局課長会議で警備局長が「票は、警察としてふやせはしないが、取り締りで減らすことはできる。革新がふえることは、警察が自己の足もとを掘り崩すようなものだ」と発言している。1984 年に発刊された元警視監松橋忠光氏著『わが罪はつねにわが前にあり』によって公にされた。

　実際にも、70 年代は、もっとも選挙弾圧事件が集中した時期であり、別項〈自由法曹団とともに〉で述べたが、自民党陣営が革新府政の転覆を企図した 78 年知事選では、革新陣営にだけ、選挙期間中に 10 人を超える逮捕者が出た。自民党陣営は捜索も含めて何もなかった。革新府政の転覆を企図した露骨な弾圧であることは、だれの目にも明らかであった。警察がまさに「選挙運動」を行ったのである。

　② 1982 年６月４日、三井警察庁長官は、次のように「現場制圧」を訓示している事実が公になった。

　この日、警察庁で全国警備関係部課長会議が開かれ、そこで三井警察庁長官は、次のように訓示した。

「諸君は関係動向（共産党や労働組合などの動き）を早期・的確に把握し、周到綿密に総合的事前対策を推進して事案（運動の昂揚）の未然防止を図るとともに、事案発生（運動が大きくなった時）に際しては『違法行為は看過しない』（どんなささいな、形式的なものでもどんどんしょっ引く）という基本方針の下に、関係法令（道交法・軽犯罪法・公選法・公安条例その他無数の取締法規）を積極的に活用し、現行犯逮捕を原則とした厳正な警察措置（現場で運動を抑えこむためのあらゆる措置）を徹底して事案（運動の高揚）の早期鎮圧と拡大防止に努められたい。」（　）内は筆者。

　次に述べる、公安条例違反を口実とした弾圧のさい現場で陣頭指揮をとっていたのは、京都府警察本部の警備部長であった。部長は、この会議で、「訓示の内容はすでに実践している」と、得々と報告したのであろうか。

　三井長官の言う「関係法令」を全て動かし、どんなにささいなものであっても、それに牴触すれば、どんどん制圧していくということになると、起きてくる事態は明らかである。

　次項で、私が、直接体験した刑事弾圧事件を振り返りたい。

10　墓場から復活した公安条例弾圧事件

「こいつをつかまえろ」

　1982年5月6日、この事件は私の目の前で起こった。前にも後にも、眼前で起こった出来事で眼前で逮捕者が出たのは、この事件だけであり、その異様な光景は今でも脳裏から離れない。

「諸君たちが自主的に解散しないのであれば、警察は、京都市公安条例の違反として部隊で整理することとなる。速やかに解散しなさい。

　ただ今の時間は、午後6時26分。

　宣伝カーのマイクを持っている京教組副委員長の湯浅君、みんなに解散するよう呼びかけなさい。こちらは西陣警察署長である。」

　西陣警察署（事件当時の呼称で、以下西陣署と記す。現在の上京警察署である）の前の歩道に詰めかけた100人足らずの市民に向かって、装甲車の大きなスピーカーが威圧的にがなり立てた。

　この日警察の異常な対応を受けて、この警告の直後、この夕方の抗議行動を主宰した湯浅氏は「どうかみなさん引き続き支援をお願いします。それでは、挑発を避ける意味で、今日はこれで終りたいと思います」としめくくった。そして解散しようとした矢先、西陣署の中から数十名の警察官が抗議行動の現場にかけより、「こいつだ」「こいつをつかまえろ」と言うや、二人の組合役員を突然逮捕し、署内へ連行していったのである。

　この間「解散しなさい」という警告が終って15秒しか経っていない。本当にアッという間の出来事であった。

　行動参加者の常識を超えた、文字通りの「弾圧」であった。

「親書」を口実に露骨な選挙活動への弾圧

　それより一週間前の4月29日早朝、山城高校の田中先生が、4月11日投票の知事選で卒業生に数通の親書を送ったとして、西陣署に逮捕されるという事件が発生した。しかも狙われたのは同氏だけではなかった。同じ日、山城高校の他の二人の先生のところと、山城高校へも強制捜索がなされ、その後、別の先生のところへも

次々と任意出頭がかけられた。いずれも、卒業生に親書を出した疑いがあるというもので、捜査当局は、「学校ぐるみの選挙違反の疑いがある」と決めつけ、大がかりな捜査体制をしいた。校長、教頭へも呼び出しがかかった。校長に対しては「このままでは学校から多くの逮捕者が出ることとなる。校長として捜査に協力するとともに、先生たちを任意出頭に協力させよ」という恫喝も加えられた。

　田中先生の逮捕は、同氏から都合のよい「自供」を引き出し、弾圧の網を学校全体にかけていきたいという、警察・検察の政治的狙いを露骨に示したものであった。それだけに、同氏が完全黙秘で闘ったことの意義は大きかった。彼女の留置所内での黙秘闘争が、逮捕をにおわせながら任意出頭攻撃を加えられた多くの先生方に勇気を与え、誰一人任意出頭に応じなかったし、新たな逮捕者も生まれなかった。

　この弾圧事件も、結局不起訴処分となった。

弾圧反対闘争を弾圧

　田中先生の早期釈放を勝ちとること、不当な捜査の拡大をストップさせること、弾圧反対の闘いは急速にひろがり、連日西陣署前歩道で抗議行動が行われた。

　西陣署の、留置所にいても取調べ室にいても、田中先生の耳に、支援と激励を続ける多くの同僚や市民の人たちの声が届いていた。

　多くの声に支えられ田中先生の黙秘が続く。捜査当局のいらだちは同氏との接見を通し私たちにも伝わってきた。捜査当局は、この声をさえぎるべく、一方で、田中先生の取り調べ場所を府警本部に移し、もう一方で、抗議行動を規制する動きを示すに至った。

　５月４日、京都府警の採証班が西陣署に詰め、ビデオ、カメラ、

メモなどを使用しはじめ、時折り「警告」を発するようになった。しかし抗議行動は、その後も短く切り上げられ、通行する人の妨害にならないよう歩道の両側に立って整然となされており、どこからみても違法視されるようなものではなかった。

　５月６日の行動も「部隊で排除する」「解散しなさい」という「警告」のトーンがあがるなかで、短時分で切りあげたのである。

　ところが「解散しなさい」との「指示」に「従って」、主催者が「解散する」と述べたのに、解散を阻止するような形で二人が突如逮捕されたのであった。逮捕された二人は、当日の抗議行動の司会をしていた山本さんと、シュプレヒコールの音頭役をしていた京都教職員組合青年部長の成清さんの二人であった。逮捕の罪名は、京都市公安条例違反、道路交通法違反、「無許可集会・集団示威運動を指導した」「道路において、交通の妨害となるような方法で立ちどまった」というのである。民主勢力の運動に公案条例を用いて弾圧が加えられたのは実に 30 数年ぶりのことであり、私の経験上は、前にも後にも例がない。

　どうして警察の警告の対象になっていた湯浅さんや、宣伝カーから抗議の意思を表明したものが、逮捕されなかったのか、理由はわからない。

勾留を却下させた１本のテープ

　一日も早く釈放させること—弾圧の拡大をくいとめ、不起訴に持ち込むための最大の攻防が勾留をめぐる闘いだ。

　公安条例を口実に逮捕された二人の勾留請求は５月９日日曜日の朝 10 時過ぎになされた。あらかじめ長文の上申書は提出していたが、早速私たちは裁判官へ面談を求めた。そのなかで、裁判官は

「検察官も是非意見を聞いて欲しい旨申し出ており、おっつけ来るはずである」と述べた。検事が、わざわざ裁判官を説得にくる――検察官も必死であった。

この間、弁護士会館では、20名近い弁護士が集い、討議をし、資料を捜し出し、さらに詳しい「上申書」づくりを進めていた。図書館から新しい判例をみつけてきた者もいた。最初の上申書では、最も実務的にみて重要と思われる共謀についての罪証隠滅に関する部分の論述が弱かった。

二度目の裁判官との面談のなかで、裁判官のなかに大きな「迷い」のあることが明らかとなった。検事の「説得」のなかで、それがふくらんできたことも確かであった。

私たちは、罪証隠滅のおそれを理由として勾留を認めることの不当性を強調することに努めたが、その一つの柱として「警察の指示に従って」解散しようとしたのに突然逮捕をしたというやり方のエゲツナさをあげた。検事は「解散しようとした事実はない」と反論した。この時、当時の状況を録音したテープがあった。先に書いた警察の警告と湯浅さんの発言、その直後の逮捕の状況が明瞭に録音されていたのだ。

この一本のテープが、本件全体の勝敗を分けたと言って過言ではない。検事は準抗告の申立書においても、「解散発言」を否定し切っている。「それが証拠にみんなは解散しなかった」とまで述べている。しかし、不当な弾圧が目の前で行われたのである。驚きと怒りを前にして、どうして解散ができるのか。解散発言があったあと、事態は新たな展開をみせたのだ。

しかし、もしこのテープがなかったら？　警察・検察のつくりあげた筋書きが一人歩きをする可能性は十分あり得たこととなる。

「弾圧・干渉の予想されるところ常にテープ・カメラ・メモの用意あり」という弾圧の心得が、しっかりと実践され、それが大きな威力を発揮した。

私たちは、このテープを直接裁判官に聞いてもらった。これほど確かな証拠はない。裁判官を一歩私たちの側へ引き寄せた。勾留を却下させる一つの依り拠となった。

先例となった準抗告の理由

午後1時すぎ勾留請求は却下されたが、あっという間に検察官は準抗告を行った。担当裁判官3名が揃ったのは3時過ぎていた。結婚式場からかけつけた裁判官もいた。お酒の匂いがして、陽気だった。

私たちをやきもきさせて準抗告を棄却するという決定が出たのは午後8時頃になっていた。

二人を留置所より迎えて、熱っぽい報告集会が開かれた。緒戦は私たちが勝利した。

準抗告を棄却した裁判所の判断のなかには、現行犯逮捕をテコに弾圧の拡大をはかろうとする権力の狙いを一定封じ込める内容のものが含まれていた。

すなわち、権力は、常に、背後関係を強調し、この時の検察官の準抗告の理由でも「本件は組織的かつ計画的になされた犯行であるが、現在被疑者両名は、黙秘を続けているため、本件の主催者、主謀者、共犯者、共謀経緯と動員状況等は全く判明しておらず……被疑者を釈放すると、これらのものと通謀して罪証を隠滅するおそれがある」ことを強調している。

これに対し、裁判所は、「検察官は、本件の計画共謀関係等を明

らかにするためなお相当の捜査が必要であると主張するが、仮に
そうであるとしても、右のとおり客観的な証拠（現場写真・ビデオ
テープなど）によって現場共謀が認められる上、犯行の動機・計画・
共謀経緯等は、本件犯行の形態（形式犯にすぎない）からみてさし
たる重要性を有しないものと考えられる」と判断した。（　）内筆者

　実は、この判断は、昭和四一年一〇月六日の東京地裁決定（下
級刑事裁判例集八巻一四〇〇頁）と同一内容のものであるが、形
式犯にすぎない事案を口実に組織全体に弾圧の網をかけようとす
る勾留は濫用以外のなにものでもなく、許されないとする考え方を
確立したものであった。

田中先生も釈放

　5月10日は、田中先生の勾留期限が切れる日であったが、いら
だちを強める警察・検察は延長を強行することが十分考えられた。

　しかし事態を大きく変える事件が相次いだ。様々な闘いが警察・
検察を追いつめていた。その一つは、5月4日の田中先生の勾留理
由開示公判を担当した裁判官が、7日になって勾留取消の決定を出
したことだ。この決定は準抗告でくつがえされたが、勾留理由のな
いことは裁判官の目にも明らかとなっていた。

　二つは、運動の高揚で、公安条例による弾圧がさらに運動の論
を大きくし、警察・検察へのデモには、実に1500人が結集した。

　三つは、前日9日に、二人の釈放があり、検察は敗退したことで
ある。

　検察は勾留延長を断念した。夜、昨夜に引き続いて釈放を祝う
集いがもたれた。その場所に、「選挙違反取締本部が解散した」と
いうニュースが伝わった。

長い時を経て、久々に心おきなく美酒にありついた。

不起訴！

そして粘り強い不起訴闘争が展開され、7月6日、ようやく検察官は、その敗北を認め、田中先生を不起訴とする旨の決定を行った。次いで7月12日、公安条例事件でも二人を不起訴にするとの決定を行った。

弾圧された三人が完全黙秘で闘いぬいた勝利であった。自由と民主主義を守ろうと多くの人たちがたゆまぬ活動を続けた勝利であった。

11 選挙活動に対する刑事弾圧事件との闘い

はじめての無罪判決

私が弁護士として最初に獲得した無罪判決は、1974年5月の公職選挙法違反事件の大阪高裁判決であった。事件は、1963年に発生している。冒頭に指摘したように警察が弾圧体制を強めつつあった時であり、政治的弾圧であることは明白だと思われた。日本共産党京都市会議員候補者が、事務所の近隣の方々へ、あいさつ回りをしたことを事前運動・個別訪問として弾圧されたのである。

私が第一法律事務所に入り、次いで24期の岩佐弁護士が入所した時に、京都地裁で有罪判決を受けた事件が大阪高裁で動き始め、最若手の二人が担当することとなった。

真のあいさつ目的であったことの立証に成功して、逆転無罪を勝ち取った。当時、選挙弾圧や労働運動弾圧事件での高裁の逆転無罪判決や、地裁段階での無罪判決が相次いでいた。

　司法反動の動きは強まっていたが、それに抗する裁判官の姿もそこにはあった。

強まる選挙弾圧に抗して

　しかし、選挙弾圧が一気に強まるのは、70年代の後半に入った頃からである。

　もっとも露骨な干渉・弾圧は、78年4月の京都府知事選挙である。これについては、〈第4章2　自由法曹団とともに〉で指摘した。そして80年代前半には、京都府下だけで9件の事件が裁判所に係属していた。いずれもが、戸別訪問や文書配布違反という極めて軽微かつ表現の自由の根幹にかかわるものばかりであった。

　私たちは、事件の交流や、全国的な交流会も行いながら、法廷の内外で闘いを展開し、いくつもの成果をあげていった。その流れは、やがて弾圧の当初にこちらが先制的に反撃し、起訴をさせない闘い、更には弾圧そのものをさせない闘いへと発展していった。

　これら公選法事件の闘いを大きく評価すると次のような点が指摘できる。

(1)　警察が弾圧へ向けて動きを始めたことをいち早く把握すること、把握した時には、弾圧の不当性を広く関係者で共有し反撃していくこと。このことで、警察が干渉・弾圧を断念した事例は多い。

(2)　突然の逮捕があった時には、勾留をさせない闘いを徹底的に取り組むこと。勾留されても早期釈放を勝ち取ること。そし

て起訴させないこと。

　この成功例も枚挙にいとまがなく、私は、網野町議山添事件で、京都府丹後の網野に泊まり込みで赴いて、勾留請求を却下させ、そのことをばねに不起訴に追い込んだこともあった。

(3)　現職議員については、「100日裁判攻撃」と闘い、有罪が避けられない時でも、議席剥奪を狙う「公民権停止」をつけさせないこと。

(4)　法廷で「違憲論」を正面から闘わせ、多くの学者証人や関係証人を採用させ大衆的な闘いとして取り組みを発展させること。国際的な動向で裁判所に迫ること。その当時、裁判官は、「ここは日本です」とうそぶいたこともあったが。

80年代の象徴的取り組み

82年に山城高校田中先生の事件が起こった。学校全体を弾圧の網にかけようとした警察に対して、徹底して闘ったことは、先の〈10〉で触れた。

　もう一つの大弾圧事件を画策したのが、吉祥院病院事件であった。

　85年京都市長選挙投票日（8月25日）の夜遅く、200名の機動隊員が8台の装甲車を連ねて吉祥院病院を取り囲んだ。心配する地域の住民約300名が見守る中、多数の弁護団を立会いに、午前零時を過ぎる迄捜索が行われたが、警察は、しんぶん「赤旗」を3部押収したのみだった。

　その後も警察の「捜査」が行われ、地域の人たちをローラーのように連日聞き込みに入り、供述調書づくりを行った。しかし、思うようには進まなかった。

弾圧をあきらめない警察は、２週間後、一人の看護師宅のドアチェーンを電動カッターで切断して侵入し、逮捕するに及んだ。更に病院等を再度の強制捜索を行った。この時、一部の施設について、警察官は弁護士の立ち合いを拒否してきた。そこで、弁護士が、その施設に窓から入り込むということを余儀なくされた。施錠されていた窓を、病院の職員が石を投げて割ってくれた。「あれ器物損壊にならないのか」と心配したが、よく考えれば、自身の所有する建物である。いろんなことを思いつくものである。

　そして、闘いは終わった。地域住民や医療界等が一致して反撃し、逮捕された看護師の釈放と不起訴を勝ち取ったのである。

むすびにあたって

　それ以降も、選挙の時に、警察の不穏な動きは時折報告される。ただ、露骨な戸別訪問や文書配布を理由とする強制捜査や逮捕などの選挙弾圧は、表から消えた。しかし、べからず選挙を定めている公職選挙法は、いまだに君臨していて、様々な威嚇を繰り返している。

　選挙は、市民にとってきわめて大切なものであり、その活動の自由は最大限保障されないといけない。公職選挙法を改正し、自由にできる選挙活動を広げることは、今後も粘り強く求め続けていく必要がある。

　また、明らかに偏った警備公安警察も、いまだに君臨している。その不当性を追及しつつも、再び襲い掛かってくることに不断の警戒心が求められている。

　私たちの闘いは終わらない。

第5章

日本社会の
あるべき姿を求めて

▲事務所の弁護士とともに

1 不断の闘いと政治の革新

　自由と人権、平和と民主主義を擁護・伸長するためには不断の闘いが求められる。今までもそうだったし、これからも変わらない。私は、訴訟等で勝ち切ることで、また弁護士会や自由法曹団などいろんな団体から声をあげていくことなど、様々な取り組みを通して、一定の寄与ができたと思っている。そして、この半世紀、労働者の権利や多様な人権について、その擁護・伸長をはかる動きは着実に前進してきている。憲法を擁護し平和を守ることについても、明文改憲を阻止し、戦争をさせることはなかった。

　他方、政治の劣化には歯止めがかからず、国民の政治不信は強まり、投票率は低下の一途をたどっている。支持が少なくても政権を握ることができる小選挙区制が強行導入されて以降、その傾向は加速してきた。アメリカ依存と反共主義も弱まるところが無い。世界的には、ネオナチが台頭し、我が国では維新政治が一層危険な道に私たちを連れ込もうとしている。

　残念なことは、日米安保条約や「アメリカの核の傘」について、巨大マスコミで批判する声はほとんど聞こえなくなった。

　しかし政治の流れを変えることは、日本社会の未来図を描くうえで一層強まっている。そのためにこそ、私たちの不断の闘いは欠かせない。

2　自治・自律の確立

　日本社会でもっとも欠落しているのは、自治・自律についての諸体制だと思っている。国の側が、それを推進した事例は寡聞にして聞かない。むしろ、安倍政治に典型的だったように、政権は、その破壊にやっきになっているとすら思われる。権力を強め、市民の力を弱めて統治していくには自治・自律は最大の敵であるからだ。だとすれば、なおさら私たちは、自治・自律を強めていくために何をしなくてはならないかを考えないといけない。また、自治的機能を奪おうとする動きに機敏に反撃していくことが求められている。

　自治・自律は、諸権利をまもり実現していくうえで極めて重要な役割を果たしており、民主主義を支える根幹だからである。

　そして今、国会では、放送法についての政治の露骨な介入が問題になっている。巨大マスコミは、これまでから多くの問題点を抱えていたが、政権寄りの姿勢は、一層顕著になってきていることは残念と言うしか無い。

　そもそも「中立性」という名のもとに政権批判を許さない動きは、政権党にとっての日本の戦後政治の大きな柱であった。教育については、戦後真っ先に「偏向教育」攻撃がなされ、教育を統制する様々な法律が作られ、ついには教育基本法も改悪された。司法についても、「公正らしさ」を異常なまでに強調し、裁判官の統制が行われた。戦後裁判所制度の中でもっとも重要な位置づけが与えられた「裁判官会議」を形骸化し、人事を使って官僚統制を貫徹できる制度作りが行われてきた。

そして、先ごろ、日本学術会議の委員任命を拒否する事件が起こり、政権が学問の世界にも土足で入り込んでくるようになった。

　「大学の自治」は、早くから何度も攻撃が加えられ、それを形骸化する動きが加速している。

　弁護士会も、弁護士自治を奪う動きが何度か繰り返されたが、ここは、跳ね返して現在に至っている。自治があるからこそ、弁護士会や弁護士は、自由と人権の擁護・伸長に向けての動きを、それなりに展開することができる。しかし、それすら攻撃の対象となる一時期があった。今後も油断できない。

　私たちに身近なところでは、街の自治会や学校のPTAなども、本来自治・自律を大切にするための組織であったはずである。しかし、自治会は行政の末端機関としてしか機能せず、PTAは学校の付属機関にされている。私は、30年以上前になるが、小学校のPTAの会長を務めたことがある。当時からPTA活動は、学校の支配下におかれつつあり、その都度報告を求められ行動を規制された。ここでも闘いを余儀なくされた。「学校の主人公は子どもではない。校長だ」と公言してはばからない教育行政が折から教育への権力的介入を強めていた。そして、私の子どもが高校に進んだ時、PTAの役員が「君が代斉唱」で起立しなかったとして、当時の校長は、PTAを解散までさせてしまったのである。

　自分たちで考え、行動していくことの重要性は改めて述べるまでもないが、残念なことに、自治・自律の精神が涵養される場すらが、こうして奪われていっているのである。

　日本社会で、市民運動が起こりにくいのも、ここに大きな原因がある。声を上げにくい風潮が作られている。逆に言えば、市民運動を旺盛に創っていくことが、自治・自律機能を強化していくこと

に確実につながっていく。官僚制度の行き届いた日本社会の中において、自治・自律の確立を目指すことは容易ではないが、何よりも重要なことであることを改めて強調したい。

　人権の根幹には、人間の尊厳がある。個人の尊重がある。権力側にその擁護を遵守させる道筋は、人々と組織の自治・自律機能を高めること以外にない。それはまた、平和と民主主義を作り上げる根幹でもある。

3　「組合があってよかった」

労働運動の弱体化がもたらしたもの

　私は、労働組合運動の前進と労働者の権利をまもる取り組みに力を入れてきたが、そのいずれもが現状苦戦を強いられている。「経営」が優先され、「労働者」がその従属下にあるような思考傾向は、日本社会では容易に転換されない。むしろより強くなっているかもしれない。憲法が保障するストライキ権も行使されることが激減している。組合の組織率は低迷し、組合があっても労働者のために闘わない組合が多いのでは本来の役割は果たせない。

　こうした組合運動の推移が、日本社会にどのような結果をもたらしているのかは、明らかだ。労働者の賃金水準が世界的に大きく立ち遅れていることが、今や社会問題になっている。非正規の激増とワーキングプアの増大、そして、こうした結果がもたらしたものとして、家庭を作れない、子どもを作れないという若者が増えている。少子化は歯止めがかからない。また、企業漬け状態の働き

過ぎ現象も解消されず、過労死や過労自殺があとを絶たない。

　批判することをよしとしない病巣は、日本社会全体を脅かしている。

労働運動の再生を願って

　私が出会い、勝ち抜いてきた事件の多くは、「労働組合があってよかった」と言って間違いない。それは今回の座談会で対談した方々がそろって指摘していることでもある。

　にもかかわらず、どうしてこれほど組合が苦戦を強いられているのか。その原因は単純ではないが、最大の要因に、経営者の組合に対する強い敵視意識があり、その解消のめどが立っていないことがある。先日もある中小企業の創業を祝う集いで、経営者が「創業して間もなくして組合ができ、共産党の強い上部組織だったので、会社がつぶれると思った」と公然とふりかえっていた。そして「その後組合が解散して良かった」とも述べた。

　「労働者が団結することは憲法の保障する権利である」、なので「最大限の保障が求められている」ことを当然のことと受け止め、実践の指針にするべきであると考えている経営者がいまだに少ないことは残念と言うしかない。

　人権については、企業もその擁護に最大限の努力をする必要があるという理解・認識は強まってきているが（もっとも、それすらいまだにきわめて薄いと言うしかないが）、組合運動については、そうはなっていかない。経営で成功することが最善であるとする思考傾向は、間違いなく強くなっている。さらに経営で成功するには、競争に勝つことが必要であり、競争に勝つためには組合は邪魔な存在だと思っていることが指摘できる。

組合を組織し、組合運動を進める側も、どんな取り組みを進めればよいのか工夫と努力が求められている。経営者の組合敵視の考え方を変えさせるのは容易ではないが、諦めるわけにはいかない。同時に、そうした考え方にひるまない団結をつくっていくことも大切なことだ。労働者が団結することの役割・意義についての労働者側の認識を広げ強めていくことが大きな課題である。そのための権利教育も必要である。なぜ、憲法に労働基本権が書き込まれたのかということをすべての労働者に認識・理解してほしい。

　重ねて言う。組合運動の推移は、労働者の権利の推移に直結している。

　組合運動再生のため、私たちは、あらゆる力を合わせないといけない。

4　憲法のチカラ＝平和と人権の源泉

風雪に耐え頑張りぬいてきた憲法のチカラ

　過去・現在・未来を語るうえで、憲法改正をめぐる動きとそれを阻止する闘いは、避けられない。

　76年間、日本国憲法は、文字通り風雪に耐えて頑張り抜いてきた。新しい人権を生み育んできた。まずはその持つチカラの評価が原点だと思う。

　それにしても、一国の憲法が、生まれて間もなくして激しい「改正」攻撃にさらされることは、おそらく世界にも例がない。政権党

であった自民党は 1955 年に結党した時以来、憲法改正を党是としてきた。憲法改正を旗印に結成された政党が、長年政権党であったこと、にもかかわらず 76 年間にわたって憲法を変えることができなかったこと、その事実が指し示している事実は、現行憲法自体が持つ、大きな力であり、放つ、大きな光である。

戦後日本の社会は「憲法」を軸に展開されてきたことは疑いを入れない。

そして、それは、国政の中心をなす「平和」「教育」「労働」「福祉」などあらゆる分野でそうであったと言ってよい。特に、人権と平和は、車の両輪である。人権尊重なく平和はない。平和なく人権尊重はないからである。

憲法破壊の動きとこれを阻止することの重要性

憲法の最大の特徴は、絶対的な平和主義の立場を取ったことにある。このような宣言は、当時、世界に類例をみない新しい立場であった。それは、2 度にわたる大戦から世界が学んだ教訓から導かれた立場を、真っ先にうたいあげた画期的な宣言であったと言える。

世界は、第一次世界大戦後、「違法な戦争」という考え方を作り上げた。第二次世界大戦では、「戦争を起こした罪」をA級戦犯として処罰する道を開いた。つまり、19 世紀までは、国の「権利」でもあった戦争を、20 世紀前半の大戦を契機に、違法なものとして無くして行こうという方向が目指された。日本の憲法は、そうした中で、戦争を無くしていくためにもっとも必要不可欠な原則を確立したのである。

しかし、この原則には、もっとも熾烈な攻撃が加えられた。最大の「変遷」を続けてきたのも 9 条だったと言ってよい。そして、そ

の変遷は、9条の根幹を揺るがす内容を持っていた。

　憲法改正は阻止してきたが、実質的改憲と言われる、9条の空洞化には、必ずしも歯止めをかけられていない現状がある。

　講演会に行くと、「どうして平気で9条を蹂躙できるのですか」という質問を受ける。本来であれば、憲法の砦である司法が、蹂躙を阻止する役割を果たさないといけないが、我が国では、その司法を政権がまるごと飲み込んでしまい、司法本来の役割を果たせなくなってしまった。その病根も深い。

　しかし、憲法が確固として存在していることは間違いなく、そのチカラを引き出すのは、私たちである。憲法は、憲法を護るためには、国民が不断の努力を続けることが何よりも重要だとしている。

　今回の政府の言い分は、防衛力の強化や敵基地攻撃能力の強化の最大の目的は「抑止力の強化」にあるという。

　しかし、憲法は、「戦争の放棄」「戦力の不保持」が戦争に対する最大の「抑止力」だとしているのであり、この考え方は、平和運動とともに国際的な広がりを持ってきている。

　軍事力が抑止力だという考え方になると、相手国を上回る軍事力を持たないといけない、という理屈になり、結局は、果てしない軍拡競争を招来することに繋がっていく。そうなると、一旦戦争が始まるとより凄惨な結果を招くだけになっていく。「核兵器は最大の抑止力」とする考え方も同じだろう。北朝鮮はそう言って、実験を続けているのである。私たちも同じ道を歩むのか。

　しかし、その道を絶ち切ろうと国際社会は、核兵器禁止条約を生み出したのである。9条を持つ被爆国日本が批准しない理由はない。

　日本は、国内外に深刻な被害を与えた凄惨な侵略戦争を経て、

戦争すること、さらには軍隊を持つことを放棄した。軍拡が平和の抑止力になるという道を絶ち切り、平和の最大の抑止力は、戦力を持たないことだと決意した。その証が憲法9条であり、その意味を今一度確認し合うことが強く求められている。

　そして、それを世界に広めていくことこそ、私たちの使命である。

人権擁護条項の先進性と遵守・伸長させることの重要性
　また憲法は、基本的人権を全面的に保障する立場を取った。

　憲法は、世界人権宣言よりも早く、人権の保障を全面的にうたいあげた。

　法の下の平等、表現・学問・結社の自由、生存権、教育権、労働三権、両性の平等などをきちんと規定した。それらは、世界的にももっとも先進を行くものであった。特に、憲法13条は、個人の尊重と、いのち・自由・幸福追求に対する国民の権利を保障するとし、あらゆる人権の源泉となるすばらしい条項であった。

　しかし、政権党は、「公共の福祉」という用語を濫用して「人権制約」をもくろみ、生存権や教育権を「プログラム規定（単なる宣言的意味合い）」だとして、ネグレクトを試みた。

　それらに対し、憲法を守る熱い闘いが展開してきた。憲法に向き合おうとする裁判官を突き動かして、人権の擁護・伸長をはかってきた。

　同時に、戦後の77年間は、人権に関する実に多くの国際条約が生まれた。それが憲法の理念を一層際立たせている。日本の憲法の諸原則を、一層発展させてきたと言える。

　憲法は、「変える」のではなく、「実現させる」ことが大切な所以である。

憲法改正を阻止し、憲法の破壊を許さないこと、さらに憲法を日本の隅々まで生かし切ること、それは、これからも続く私たちの大きな課題である。

5　司法はこれでいいのか
　　　真の「司法改革」を求めて

　私は、52年間司法界に身を置いて生きてきた。そこに希望を求めたからだ。政治の世界と違って、まだ、正義が通用し、裁判官・弁護士など法律家の良心もあるからだ。とは言っても、いろんな制約がそこにあり、必ずしも正義や人権擁護が果たされるとは限らないのだが。

　「司法はこれでいいのか」というのは、私の司法修習同期（第23期）で2年前に出版した本の題名である。弁護士になる前の2年間をともに研修した仲間の共通の思いが、この題名に凝縮されている。

　52年前、司法の危機と呼ばれた時代の中で私の弁護士人生は始まった。それまで私が聞いていた民主主義を構築しようとする変革の音は、裁判所の中からも聞こえ、政治の右傾化や権力の人権蹂躙を批判する判決が相次いでいた。60年代日本の裁判所は、明らかに人権と民主主義にとって良い方向に変化しつつあった。しかし、それを許さないとする勢力と一体となって国家権力ごと裁判所に襲いかかってきたのである。それは司法のいのちともいう

べき、司法の独立と裁判官の独立を破壊し、良心的裁判官を弾圧し駆逐する動きとして顕在化した。人々は司法の危機と呼んだ。

　裁判官の採用から採用後の任地・昇格等の人事は、最高裁判所の事務総局が握っている。1969年1月、石田和外が最高裁判所長官に任命されるや、人事を使って裁判所の中の良心的裁判官の駆逐に乗り出した。そして、その過程で、司法官僚制度を一層完成させていったのである。石田和外を一言でいうと、長官退任後、日本会議の前身となる組織を立ち上げた人物である。

　裁判官には強く自由と独立性が求められている。裁判官は横でつながる世界に身を置いても、上命下服の世界であってはならない。官僚制度とは無縁でなくてはならないが、今や、もっとも完成度の高い官僚制度の中にいるのである。司法改革は、まさにそこにメスを入れないと意味がない。

　私は、次のような改革が不可欠だと思っている。

① 現行キャリアシステム・判事補制度を廃止し、法曹一元を実現すること。

② 全裁判官から構成される裁判官会議を復活・機能させ、司法行政をそこにゆだねること。

③ 人事を使って思想統制・官僚統制をすることができない制度にすること。最高裁判所事務総局が人事を一手に握ること等あってはならない。

④ 任地や所長・長官さらには部総括などの人事については本人の意思を尊重し、裁判官の合議にするなど透明性のある民主的制度を確立し、裁判官に上下関係を作らないこと。例えば、所長は裁判官会議の公選制にして、一年交代にするなど。

⑤ 最高裁判所の裁判官の選任については、市民的立場にたった

指名諮問員会を設置して透明性・民主性を強め、時の政府の介入を許さないこと。

⑥ 裁判官の市民的自由を大幅に拡大すること。社会の一員として自由に交流したり運動したりする機会が増えることは裁判官として必須であろう。

⑦ 裁判官の大幅増員と裁判所の人的・物的資源を拡大し、国民の負託に応えられるようにしていくこと。忙しすぎる裁判官では、市民の権利をまもり切れない

⑧ 裁判官に国際人権関連条約やその実施状況など人権の国際水準の研修を義務付けること。

しかし、こうした点については、先の司法改革においても、最高裁判所の強い抵抗にあって、ほとんど実現をみないままに終わってしまっている。今一度裁判官制度の在り方がしっかりと議論されるべきである。

原子力発電所の差し止めの決定や判決は少し出るようになったが、それをやめさせようとする人事が行われており、問題の多い原発を止めようとしない。

沖縄辺野古基地に関する県の訴訟に対する裁判所の判断は、判決とは呼び難い。

安保違憲訴訟に至っては、明白な憲法蹂躙について国民の側に立った判決を書こうとする気持ちすら読み取れない。この案件にも、人事が影響している事例が見られる。

こうして国の政策の根幹にかかわる問題に対する司法消極主義は、改まる気配がないように思える。しかし、他方で、生活保護の切り下げや優生保護法被害については、何とか救済しようという裁判官の姿勢をうかがうことができる判決が出されている。

私が、本書で紹介したアスベスト事件の地裁・高裁・最高裁の一連の判決も同様である。地裁・高裁で私たちの闘いを通して血の通った判決を積み重ねることができて、最高裁も門を開いた。

　こうした動きは、真の司法改革を望むこの間の私たちの運動の広がりがあってのことであろう。どのような制度の下であっても、裁判官の良心に火をつける作業は、私たちが担うべき職責である。そして、こうした動きの積み重ねが、裁判所を変える力になっていくことを信じたい。

　時代の変化がそれらを求めていることは間違いがないし、官僚支配が過去の遺物になる日も遠くないと信じている。

　裁判所が憲法と人権の砦になるまで闘いは続く。

6　あすをめざして

　社会は、いろんな問題を抱えてきたものの、私について言えば、こうして毎日が送れるのは、多くの人々への感謝しかないと思っている。私が生まれる直前まで、激しい戦争が続いてきた。日本が世界に攻め入った先の戦争は、半世紀以上に及び、周辺の国々と人々に甚大な被害を与えてきた（植民地支配はそれ以上に及ぶ）。そして日本社会も焦土と化した。

　私たちは、決して二度と他国を侵攻することがあってはならないという強い思いで、戦後社会を築いてきた。それが被害を与えた国々や人々への、もっとも確かな償いだと思う。そして、それは戦後日本社会の大きな流れを作ってきた。戦後何年経っても私

たちが絶対に忘れてはならないことだ。実際にも、戦争をせずに、ここまでこられた。

　しかし、様子は変わってきている。

　自民党政治は、先の戦争責任を早々に否定し、その後は「攻められたらどうする」ということだけを喧噪して、世界トップクラスの軍事国家の歩みを続けてきた。明文の憲法「改正」だけは、何とか食い止めてきたが、今、ウクライナ戦争を口実に軍拡の動きを加速させ歯止めをかけようとしない。

　21世紀は人権の世紀、と言われるようになり、人権の擁護・伸長に前進のあることは既述のとおりだが、社会を覆う閉塞感は、名状しがたいものがあり、その原因が奈辺に存するのかは定かでない。働く人たちの労働環境はなかなか改善されないのに労働運動は大きくならない。政治は、国民の声や思いとはかけ離れていくのに市民運動はそれを超える大きさにならない。

　しかし、歴史を見ると、じぐざぐしながらも着実に前進してきたのが人々の歩みであることが分かる。私が、若い頃に聞いた「変革の音」や「闘えば勝てる」という法則は、人々が普遍的に持つチカラに拠っており、いかなる権力者も、それを抑え切ることは絶対にできない性格のものだと思っている。

　この本の冒頭で、あしたはだれにも分からない、と書いた。それが時というものの流れである。しかし、あしたをよりよくしていけるかどうかは、今をどう生きるかにかかっている。私は、自身で語ることができる間は、語り継いでいきたいとも思っている。

　これからもよりよいあしたを目指して歩みを続けたい。そしてさらにその先に進む人たちに期待し託したい。

【主な活動歴】

京都弁護士会

1982	副会長
89	人権擁護委員会委員長（〜 91）
93	懲戒委員会委員長（〜 95）
95	司法修習委員会委員長
99	会長
2000	新会館建設推進本部本部長
02	司法改革推進委員会委員長（〜 04）
03	常議員会議長

その他　司法問題対策委員会委員長・地裁庁舎建替対策委員会委員長・広報委員会委員長など

日本弁護士連合会

1993	人権擁護大会「日本の戦後補償」シンポジウム副委員長
99	常務理事
2000	理事
03	弁護士制度改革推進本部副本部長（〜 08）
08	副会長
09	人権のための行動宣言検討委員会委員長
10	法曹人口検討会議副議長

自由法曹団

1977	京都支部事務局長（〜 81）
77	全国幹事・全国常任幹事（〜 97）
92	京都支部幹事長（〜 97）

総評弁護団・労働弁護団

1970 年代から 90 年代にかけて全国常任幹事など

青年法律家協会

1969	23 期会副議長（〜 71）
71	京都支部常任委員（〜 90 年代頃）

弁護団

1991	全日本教職員組合常任弁護団（〜 2012・代表）
	京都過労死弁護団代表

結成等にも関与した主な運動団体

1972	司法の独立と民主主義を守る京都連絡会
77	職場の自由と人権を守る京都連絡会
84	京都労災職業病対策連絡会議
95	憲法 50 フォーラム

その他、京都クレサラ問題対策協議会など

調停委員

1996	右京簡易裁判所調停委員（〜 2018）
2000	京都家庭裁判所調停委員（〜 18）
13	京都調停協会連合会会長・京都家事調停協会会長

公益財団法人ひかり協会

1978	京都府地域救済委員会委員
98	同委員長（現職）
2000	評議員（現職）・

第三者機関

1978	京都府森永ひ素ミルク中毒未確認被害者認定委員会
2010	京都刑務所視察委員会委員長（〜 12）
10	城陽市情報公開・個人情報保護審査会委員（〜 20）

【主な編著書】

弁護士がみた戦後補償と人権
自由にできる選挙活動（編著）
法律に強くなる 75 章（編著）
教職員の権利ハンドブック（編著）

【扱った主な事件】

1971	京医労加茂川病院企業閉鎖全員解雇事件（和解）
	滋賀銀行けいわん否認訴訟（〜73 勝利和解）
	関西電力人権侵害事件（〜95 最高裁勝訴）
	市教協3・30団交弾圧事件（弁護団事務局長）（67〜91 有罪）
	化学一般新日本理化部分スト事件（勝利和解）
	京大民主化闘争刑事弾圧事件（69〜74 無罪）
	京阪バス運転手解雇事件（70〜76勝訴）
	京都御苑メーデー会場使用不許可処分取消請求事件（以後毎年）
72	全国一般京都ゴルフ東キヤディ労組ロックアウト・執行部解雇・全員解雇事件（〜74 勝訴・勝利和解）
	全自交都タクシー労組年末一時金仮処分事件（75まで毎年勝訴）
73	京都薬害スモン訴訟−国と製薬企業に全面勝訴（〜79勝訴・和解）
	森永ひそミルク中毒恒久救済実現訴訟（〜74国と森永乳業に恒久救済を実現させ終結）
	民放労連近畿放送労組昇格差別事件（〜75勝訴・勝利和解）
	京都製作所熊沢解雇事件（〜82 勝訴・原職復帰）
	私保労集団労災申請事件（〜80 労働保険審査会で勝利裁決）
74	三菱重工思想信条差別事件（〜84 勝利和解）
	全自交京聯労組弾圧事件（61起訴 高裁無罪判決）
	山本公選法弾圧事件（63起訴 高裁無罪判決）
75	民放労連近畿地区労組社員化闘争事件（〜76 勝訴・勝利和解）
	京都市職労民生支部けいわん認定事件（審査会で3名認定）
76	千曲製作所会社再建事件（更生法認可）
	映演総連大映映画破産宣告会社再建事件（会社再建）
77	合同繊維日本レース企業閉鎖全員解雇事件（〜79 勝利和

解）

77	亀岡寺町公選法弾圧事件（〜 83　罰金。公停なし）
78	全国一般京都証券企業閉鎖全員解雇事件（〜 80 勝利和解）
	綴喜教組田中公選法事件（〜 84　罰金・公停なし）
79	京都府職労不当配転事件（〜 84 原状復帰）
	京都府職労一斉年休闘争否認事件（〜 84　和解で取り下げ）
1980	網野町山添公選法事件（勾留請求棄却）
	全国一般高木貞証券倒産全員解雇事件（〜 90　勝利和解）
	化学一般滋賀ニッショー労組処分・差別事件（〜 82　勝訴）
	合同繊維第一レース倒産事件（会社再建）
82	西京民主府政の会刑事弾圧事件（不起訴）
	山城高校田中公選法弾圧事件（不起訴）
	公安条例刑事弾圧事件（不起訴）
83	化学一般ラクヨーカラー小林解雇事件（〜 84　原職復帰）
84	城陽市教育次長過労死事件（〜 93　勝訴）
85	ユニチカ2硫化炭素中毒労災事件（〜 97　労災認定・損賠勝利和解）
	吉祥院病院選挙弾圧事件（不起訴）
86	化学一般日之出化学工業出向停止仮処分事件・組合差別攻撃事件（〜 91　勝訴・勝利和解）
	国労村西・長谷川停職処分効力停止事件
	国労京都人活センター仮処分事件（センター廃止）
	八木中木下新採免職処分取消訴訟（敗訴）
88	村田製作所賃金差別等是正救済事件（〜 94　勝利和解）
89	関西電力賃金差別事件（〜 95　勝利和解）
	京都府地方労働委員会労働者委員任命拒否事件
	化学一般全竹中団交拒否事件（勝利解決）
1990	府立勤労会館会場使用取消処分執行停止事件・執行停止決定（〜 2000 頃まで、全国各地の会場使用
	取消処分執行停止決定勝訴（高知県須崎市・和歌山県粉河町・兵庫県・愛知県一宮・名古屋市など）
	京教組組合費請求事件
94	日教済出資金返還訴訟（〜 98　最高裁勝訴→脱退者全員

現在系属中の事件 (2023年6月現在)

建設アスベスト京都訴訟2陣高裁、3陣地裁
京大職組タテカン撤去損害賠償請求事件
平安女学院教員降格査定差別事件

あとがき

　大変な作業でした。どの事件にも、起こった時代背景や人間模様があります。それを再現することには大きな限界が伴います。そして、辛かったことは、ともに生きてきた人たちの何人もの方が、お亡くなりになったことで、その方々とはお話をすることすらできません。また私自身についても加齢との闘いは、時が待ってくれません。そこで、今回の企画では、今のうちに、一緒に取り組んだ方々と語り合いたいとの思いで、座談会を持ちました。また、数名の方から寄稿をいただきました。貴重なご意見とご寄稿は、本書の要をなしています。本当にありがとうございました。心から御礼申し上げます。

　お話をお伺いしたい方、取り上げたい事件や活動は、まだまだありますが、紙数や時間、何よりも私の力に限界がありました。さらにバージョンアップをはかる機会があればと念じています。

　私は、これまで「語る」こと、「伝える」ことに気を配って仕事をしてきましたし、「文章化」にも留意してきたつもりですが、こういう形で、書籍にすることは、本当に骨が折れました。何のためにこの作業をしているのか、自身のためでもありますが、それに勝る意義を見出したいという強い思いがあり、できるだけそのことを心がけたつもりです。ただ、成功したかどうかは、みなさま方の評価にゆだねるしかありません。

　とはいえ、事務所の渡辺輝人・谷文彰・高木野衣弁護士に援助していただき、形あるものを創ることができました。三君には多忙

316

なか貴重な時間を割いていただき感謝にたえません。また、花岡
路子事務長・登尾育様はじめ第一法律事務所のみなさま、ウイン
かもがわの斉藤治様にお力添えをいただきました。心から御礼申し
上げます。

　「扉をひらく」という題字は、元所員の髙井敏秀様にお世話にな
りました。私の気持ちを筆にして表していただき皆さまに思いを伝
えることができたことを感謝しています。

　私の思いや経験してきたことが、少しでも次の時代を切り拓くヒ
ントになり力になることを願って筆をおきます。

　喜寿を迎えた日に

村 山 　 晃

▓編▓集▓後▓記▓

　「弁護士として人生をかけて取り組んできたことを形にしたい」との村山弁護士の想いから始まった今回の書籍出版。これまでも様々な弁護士が自叙伝を書いているが、著者が全てを書き下ろすというものが多く、本書においても当初はそのような構想があった。

　しかし、本書において大きく取り扱う社会的事件を選定するにあたり、村山弁護士から事件概要を話してもらうのだが、そこで生き生きと語られるのは、弁護士として、いかにして相手方の主張を崩し、裁判所を説得してきたかということ以上に、ともに闘う当事者や組合等の事件関係者の姿だった。「弁護士は常に依頼者とともにある」ということを改めて痛感させられた。

　どの事件も、依頼者や支援者の存在を抜きには語れない。依頼者や支援者とともに歩んできたこれまでを振り返り、未来を考えるのであれば、彼らと一緒に過去の記憶を辿り、未来について語り合うのが良いだろうとの結論に至った。ゆえに、本書には、村山弁護士とともに闘った当事者や組合等事件関係者との対談や座談会、寄稿文が収録されている。ご協力をお願いした皆様には、ご快諾頂いた。この場をお借りして、改めて感謝を申し上げたい。

　書籍の出版を正式に決定し、編集者の方と打ち合わせを始めたのが 2022 年 10 月 7 日であり、書籍の構成が概ね完成したのが 2022 年 12 月 21 日であるが、村山弁護士は結局、3 ヵ月で書

き上げてしまった。事件処理にせよ何にせよ、とにかく立ち止まらず、物事を前へ前へと推進させるのが村山弁護士の持ち味。執筆活動でもその能力を発揮し、我々を引っ張り、導いてくれたように思う。

　1人の弁護士が広く門戸を開き、権利を切り拓くべく、依頼者や支援者とともに闘った記録である。

　本書は、市民や労働者、若手の弁護士にとって貴重な情報がたくさん詰め込まれている。是非ご一読いただき、今後の活動に生かして頂ければと願う。

高木　野衣

編 著 者　　村山　晃

編集協力　　谷　　文彰
　　　　　　髙木　野衣
　　　　　　渡辺　輝人
　　　　　　京都第一法律事務所

カバー題字　髙井　敏秀

扉をひらく　人権を守る歴史を刻んで

2023 年 6 月 19 日　初版第 1 刷発行

著　者　村山　晃

発行者　竹村正治

発行所　株式会社ウインかもがわ
　　　〒 602-8119
　　　京都市上京区出水通堀川西入亀屋町 321
　　　TEL 075（432）3455
　　　FAX 075（432）2869
発売元　株式会社かもがわ出版
　　　〒 602-8119
　　　京都市上京区出水通堀川西入亀屋町 321
　　　TEL 075（432）2868
　　　FAX 075（432）2869

印刷所　シナノ書籍印刷株式会社

ISBN978-4-909880-46-8　C0036